Cozinha Judaica

5.000 anos de histórias e gastronomia

MARCIA ALGRANTI

Cozinha Judaica

5.000 anos de histórias e gastronomia

7ª edição

EDITORA RECORD
RIO DE JANEIRO • SÃO PAULO
2023

CIP-BRASIL. CATALOGAÇÃO NA PUBLICAÇÃO
SINDICATO NACIONAL DOS EDITORES DE LIVROS, RJ

A386c
7. ed.

Algranti, Marcia
  Cozinha judaica / Marcia Algranti. – 7. ed. – Rio de Janeiro: Record, 2023.
  480 p.: il. ; 25 cm.
  ISBN 978-85-01-11393-1
  1. Culinária judaica. I. Título.

17-46739 CDD: 641.5676
  CDU: 641

Copyright © Marcia Algranti, 2001
Projeto gráfico de miolo e capa: Glenda Rubinstein

Texto revisado segundo o novo Acordo Ortográfico da Língua Portuguesa.
Todos os direitos reservados. Proibida a reprodução, no todo ou em parte, através de quaisquer meios. Os direitos morais da autora foram assegurados.

Direitos exclusivos de publicação em língua portuguesa somente para o Brasil adquiridos pela
EDITORA RECORD LTDA.
Rua Argentina, 171 – Rio de Janeiro, RJ – 20921-380 – Tel.: (21) 2585-2000, que se reserva a propriedade literária desta tradução.

Impresso no Brasil

ISBN 978-85-01-11393-1
Seja um leitor preferencial Record.
Cadastre-se no site www.record.com.br e receba informações sobre nossos lançamentos e nossas promoções.
Atendimento e venda direta ao leitor:
sac@record.com.br

Sejam muitos os amigos com quem tu vivas em paz, e seja teu conselheiro um dentre mil.
(Eclesiástico 6:6)

Em memória de Pedro Lispector, meu avô materno, que sobreviveu bravamento a muitos acontecimentos citados neste livro.

A minha querida e dedicada mãe, Tania, lamentavelmente falecida, que tanto contribuiu para eu fazer o que gosto.

A meu pai, William, que fez parte de minha vida, alegria contagiante em pessoa. Saudades.

Aos meus filhos, Patricia, Marco e Nicole, que arriscam e apreciam paladares inusitados.

A Sig, companheiro e grande amigo, que tão pacientemente tornou-se cobaia de minhas experiências gastronômicas.

Não devemos pensar nesses judeus talmúdicos como visceralmente pessimistas, sofrendo das dores dos talentos desprezados, atirados ao léu pelas tempestades doutrinárias e perdidos no anelo de sua pátria saqueada. Em meio a dispersão e opressão, expiação e pobreza, mantiveram a cabeça erguida, provaram o amargor e a luta da vida, a beleza efêmera de suas mulheres sobrecarregadas de serviços e o esplendor permanente da terra e do céu.

Will Durant
(*História da civilização*)

APRESENTAÇÃO 15

PARTE I – OS JUDEUS, UMA HISTÓRIA 17

Introdução 19

A alma judaica 25

Duas culturas: Ashkenaze e Sepharade 41

Guia para observância do Kashrut:

As leis dietéticas da religião judaica 51

O Shtetl 65

Delis 71

Schmaltz 77

O calendário judaico 79

Shabat 85

Cholent e Adafina 93

Rosh Hashaná 103

Iom Kippur 107

Sukot 109

Chanuká 113

Purim 117

Pessach 121

Shavuot 127

PARTE II – ASPECTOS DA VIDA JUDAICA 129

A sinagoga 131

A circuncisão 139

Bar-Mitzvá e Bat-Mitzvá 143

O casamento 145

A morte 149

PARTE III – SUA COMIDA E COZINHA MILENAR 153

Pães 155

Challah e outros Pães 157

Challah 159

Berches ou Challah de Batatas 161

Lahuhuha 162

Bagel 163

Pão de Centeio 167

Pita 169

Variações em torno da Pita 171

Roska 172

Pain Pétri 173

Bejma 175

Babke 176

Bollo 177

Hungarian Mohn Strudel 179

Sfenj 181

Mouna 183

Hanoch's Olive Brot 184

Kubbanah 185

Dabo 187

Pain Juif à L'Anis 188

Sopas 191

Goldene Yoich ou Caldo de Galinha 193

Kreplach 195

Mandlen 197

Galinha no caldo com Knaidlach 198

Knaidlach 199

Krupnik 200

Sopa de lentilhas com tomates 201

Minestra di Esau 203

Schav ou sopa de azedinha judaica ou Green Borscht 204

Schav nº 2 quente ou fria 205

Sopa de espinafre à moda da Galileia 206

Crema di Carciofi d'Ester (Sopa de alcachofra) 207

Sopa de frutas Judaico-Palestina 208

Sopa de Hummus 210

Sopa de melão à moda israelense 211

Caldo de galinha com bolas de Matzá recheadas com fígado de galinha 212

Borscht 1 gelado 214

Borscht 2 gelado 215

Borscht 3 gelado 216

Borscht quente 217

Sopa de ameixa 218

Zuppa di Pesce 219

Sopa búlgara de Berinjela e Iogurte 220

Sopa de Huevo y Limón 221

Sopa Minestra Dayenu 223

Gondy 224

Goulash Soup 225

Kartoffel Zup 226

Sopa de Ajo 227

Caldo vegetal (básico) 228

Alguns Provérbios Judaicos 230

Peixes 233

Gefilte Fish 236

Chrain ou Hreim 239

Lox, creme de leite e caviar enformados 240

Salmão curado 242

Terrine de salmão 243

Arenque com creme de leite 244

Peixe agridoce 245

Pescado Sofrito à la Judia 246

Agristada 247

Salsa de Alho 248

Ajada 249

Vinagrico 249

Pishkado Kon Guevo y Limón 250

Pescado Ahilado con Abramela 251

Keftedes de pescado (tortas de peixe) 252

Keftedes de Pishkado (bolinhos de peixe) 254

Saluna 255

Pesce al Sugo di Carciofi 256

Croquettes de Poisson 257

Fish Curry 258

Pasticcio di Baccalá e Spinaci à Fiorentina 260

Aves 263

Poyo estofado com tomate y miel 265

Frango com mel e laranja 266

Poyo com P'Kaila y Azafrán 267

Ganso ou Pato Recheado com Batata 269

Helzel 270

Keftes de Pechuga 272

Poyo Assado 273

Poyo de Bodas 274

Pollo Arrosto All'Arancia, Limone e Zenzera 275

Poulet Aux Dattes 276

Pombos Recheados 277

Minima 279

Pollo com Peperoni 280

Doro Wat 281

Carnes 283

Historinha em um Açougue Kasher 286

Pachá de Kodrero 287

Kebabs de Ternera de Kodrero Adobado 288

Adobo Griego para Ternera 289

Kebabs de Kodrero Moido 290

Kebab de Karne 291

Keftes de Prasa 292

Keftes de Espinaka 293

Klops 294

Meoyo Frito Kon Agristada 295

Kotleti 296

Moussaka 297

Yaprakes 298

Prakkes ou Holishkes 302

Alburnia 304

Peito de Vitela Recheado 305

Peito de Vitela Recheado com Batata 306

Língua Guepeklte 307

Língua Agridoce 308

Mina de Carne 309

Yarkoie ou Rossale 310

Arroz, Outros Grãos, Massas - Acompanhamentos 313

Mamaliga com Queijo 316

Kasha ou Sarraceno 317

Kasha Varnishkes 318

Cevadinha 319

Matze Brei 320

Farfel 321

Latkes 322

Lokshen Kugel para Comer com Carne 323

Lokshen Kugel para Queijo 324

Kugel de Batata 325

Kugel de Batata com Matzá 326

Kugel de Matzá para Pessach 327

Kugel de Fígado de Galinha 328

Varenikes 329

Batata Amassada 330

Burgur 330

Shirin Polo 332

Pilaf (Básico) 333

Mujeddra 335

Fideos 336

Aroz Kon Fideos 337

Aroz Kon Tomat 338

Aroz Frito 339

Couscous 340

Couscous básico 341

Couscous con Siete Legumbres 342

Riz-au Hamod 345

Riso del Sabato 346

Polenta 347

Borekas (massa básica) 348

Gomos de Borek 349

Borekas de Pessach 352

Burmuelos de Pessach 353

Pasticcio di Maccheroni com Funghi e Piselli 354

Boyos de Phila 356

Boyos de Pan 358

Kniches 359

Sabedoria Sepharade 361

Saladas e Verduras 363

Coleslaw 366

Salada de Batatas à Moda Judaica 367

Fígado Batido 368

Cholodetz 369

Tsimmes de Cenoura 370

Salada de Abacate com Yogurte e Tahine 371

Tabbouleh 372

Yaprak de Aroz 373

Djadjik 374

Raita 375

Salada de Grão-de-Bico 376

Salada Agridoce de Repolho Roxo e Maçãs 377

Salada de Beterraba Especial 378

Salada de Melão-Espaguete com Berinjela e Gergelim 379

Endjinaras 380

Salata de Apyo 381

Salata de Berendjena Asada 382

Fongos 383

Fritada de Kalavasa 384

Fritada de Prasa 385

Fritada de Tomat 386

Tomat Kon Guevos 387

Miscelânea 389

Vegetais em Conserva 391

Pepino em Conserva 391

Conserva de Melancia 392

Zhough 393

Harissa 394

Hummus 395

Tahine 396

Falafel 397

Beterraba Picante 398

Applesauce 399

Keso a La Turca 400

Abudaraho 401

Taramá 402

Aperitivos de Ovos Cozidos 403

Likerda 404

Charosset 405

Sobremesas e Confeitaria 407

Blintzes de Queijo 411

Torta de Ricota 413

Delie Cheesecake 414

Bolo de Cenoura 416

Honik Leikech 417

Leikech de Laranja 418

Nuant 419

Bolo de Maçãs de Chanuká 420

Lokshen Kugel Mit Eppel 421

Travados 422

Bolo de Azeite 424

Kheer Bengali 425

Chamali 426

Plava 427

Zalabia 429

Bocca di Dama 431

Sufganiyot 432

Mustatchudos 433

Maronchinos 434

Hamantaschen 435

Panquecas de Maçã para o Pessach 436

Bolo de Tâmaras para o Pessach 437

Mandeltorte 438

Kadaif de Keso y Mueses 439

Compota de Pêssegos e Damascos 441

Apfelstrudel 442

Bolo de Semente de Papoula 443

Marzipã 444

Biscoitos de Mohn 446

Biskochos de Vino 447

Lokmas 448

Kamish Broit 449

Orelhas de Haman 450

Torta de Uvas de Purim nº 1 451

Torta de Uvas de Purim nº 2 453

Baklava 454

Pequena História sobre o Baklava 456

Bolo de Açúcar Mascavo, Canela e Nozes

para o Shabat 458

Pão de ló de Pessach 459

Parte IV– Glossário 461

Parte V – Bibliografia 475

Apresentação

Costumo, com frequência, dar sermões na minha mãe e na minha avó pelo fato de não se terem jamais iniciado na cozinha judaica, apesar de minha bisavó ter sido uma especialista nas delícias da diáspora eslava.

Quando precisam fazer um *Goldene Yoich* com *Knaidlach* (caldo de galinha com bolinhos de pão ázimo), um *Gefilte Fish* (peixe recheado da páscoa judaica), um *Helzel* (pele de pescoço de galinha com miúdos), ou um prato de *Kasha* (trigo sarraceno, de preferência com cebolas fritas), têm de recorrer a uma velha empregada doméstica que, na moita, aprendeu tudo com a matriarca. Por sinal, para cada judia ou judeu desgarrado há pelo menos uma Tia Nastácia convertida. Em parte, nossas amadas pretas velhas, gordas ou não, filhas da diáspora africana, são a reserva da riquíssima culinária da ingrata diáspora judaica.

Só por esse motivo, o livro de Marcia Algranti já seria carregado de louvor. Ao catalogar dezenas de receitas das mais variadas vertentes da culinária judaica, torna acessíveis sabores antigos e riquíssimos, que carregam não apenas as tradições patrícias, mas os temperos das regiões por onde a civilização de Abraão vem se dispersando ao longo de dois mil anos. Adicionando democraticamente o frugal pão caseiro de *Shabat* aos aromas das estepes russas (com suas ervas misteriosas) ou os fortes temperos do oriente árabe às vitrines bovinas das delis americanas, Marcia nos oferece um banquete pantagruélico.

E isso, acreditem, é só o tira-gosto... Pesquisadora faminta e apaixonada, compulsivamente curiosa, Marcia não se contenta com pouco. Além de dissertar com propriedade sobre a natureza e a história dos judeus, recheia seu livro com um saboroso anedotário alusivo ao universo que percorre. E, antes de entrar nas receitas propriamente ditas, disseca o calendário de festas judaicas, explicando como cada uma tem seu cardápio particular, pleno de simbolismo e correlações milenares.

O maior mérito, porém (e isso diz respeito às liberdades fundamentais do espírito e do estômago), talvez seja a forma como Marcia circula entre o religioso e o secular: por um lado, explica detalhadamente, mas sem cansar, as regras alimentares do *Kashrut* (complexo corolário que rege a dieta ortodoxa); por outro lado, rompe com as mesmas: pelo menos vinte por cento das receitas de seu livro não são *Kasher*. Ou seja, seriam prontamente excomungadas da mesa de um religioso atento.

Sem querer desmerecer a dieta *Kasher*, saborosa e altamente saudável para o corpo e para a alma, seria injusto censurar o *Borscht* (sopa de beterraba) quente, com carne, gordura e creme de leite. Ou as misturas de pão ázimo com ovo (que rendem magníficos pitéus doces ou salgados). Sem mencionar dezenas de outras pequenas e médias heresias que o tempo, a história e a fome adicionaram ao cardápio divino. De qualquer forma, *Kasher* ou não, cada um usa o divino na acepção que bem entender, em respeito ao livre-arbítrio do gosto, do credo e do apetite.

Arnaldo Bloch

Parte I

Os Judeus, uma História

Introdução

Muitos séculos atrás, os judeus foram banidos da Palestina. Sem um país, e como foram migrando pelo mundo, sua cozinha foi sendo emprestada de várias cozinhas locais, fazendo uso dos ingredientes de que podiam dispor. Conservando as leis dietéticas impostas pela religião, e os costumes alimentares relativos às festividades judaicas, cada grupo de judeus desenvolveu seus próprios pratos. O judaísmo, uma religião que sobretudo é baseada na combinação da fé, prática e devoção, não é apenas a mais velha das religiões monoteístas, mas também é carregada de história, folclore e comportamentos diferenciados. Como consequência, tornou sua coexistência nos países onde os judeus passaram a viver frequentemente difícil, muitas vezes trágica, principalmente pelo fato de serem minoria e se sentirem profundamente discriminados por serem vistos de forma diferente.

Nos dias de hoje, quando o estudo da gastronomia tem despertado um interesse crescente, nesse contexto está também inserida a milenar cozinha judaica. Numa tentativa de simplificação feita com repetitiva frequência, existe uma tendência em se considerarem as raízes culturais da Europa, com um crédito somente para os gregos e romanos, tendo atuado como responsáveis pela civilização europeia. Para não incorrer em simplificações injustas, convém que se faça uma análise mais cuidadosa da história, para se verificar facilmente, e com bastante nitidez, que muitos outros povos e nações fizeram parte integrante da formação europeia, entre esses os judeus, com sua religião, cultura, língua, costumes e hábitos culinários, pois, como se sabe, a partir do século I a.C., se espalharam por cada canto desse continente.

Muito da vida comunal judaica se centraliza em torno de uma mesa. No preparo de pratos deliciosos, cada ato dentro da cozinha judaica está ligado a fortes laços com a religião e seu mestre maior, Deus. Possuindo uma longa e variada história no ciclo da vida, os judeus acreditam piamente que comidas cheias de simbolismos devem ser preparadas, exaltando, conforme a ocasião, a fertilidade, a prosperidade, a boa sorte e a imortalidade. Por se tratar de uma cozinha antiga, é repleta de memória – uma memória coletiva, espalhada pelos quatro cantos do mundo. Se é possível afirmar que um povo tem uma memória culinária, a cozinha judaica tem pelo menos cinco mil anos de história, ou mais, se levarmos em conta que o calendário judaico começa a contar do primeiro homem, Adão. A cozinha judaica é também cordial e saborosa, com receitas que foram adaptadas para os dias de hoje, seguindo interessantíssimos costumes de um povo que conseguiu de certa forma salvaguardar vários de seus pratos, que resistiram ao impacto dos acontecimentos, do desenraizamento geográfico, causado pelas inúmeras migrações.

Uma cozinha geralmente é definida como uma culinária que deriva de uma cultura particular. Como a população judaica foi essencialmente dispersada pelo mundo, a cozinha judaica, e por extensão a cozinha de Israel ou *sabra*, subentende as cozinhas dos países da maior parte do mundo, porque absorveram específicas combinações de ervas, temperos e sabores, cujas misturas têm-se desenvolvido em função de clima, solo e hábitos locais. Nesse particular, a cozinha de Israel, tida como "uma nova cozinha", é híbrida e se inspira nos quatro cantos do mundo, embora dê ênfase aos ingredientes nativos: trigo, cevada, figos, tâmaras, romãs, azeitonas e ervas, sete elementos bíblicos, mencionados no Deuteronômio.

Este livro não foi escrito apenas para judeus mais ou menos devotos. Dirige-se sobretudo para qualquer um interessado na história e cozinha judaicas. Expressa uma obser-

vação sobre o espírito de um povo, o porquê de cada costume. Não se trata apenas de culinária, embora esta esteja intimamente ligada a um aprendizado de cunho sociológico e histórico. Muitos dos hábitos culinários judaicos resultaram de uma segregação social, obrigando o imigrante a se adaptar forçosamente a novas formas de viver, em grande parte bastante limitadas pelas adversidades que encontrou. É, entretanto, através da comida, nos arraigados hábitos de alimentação, que o imigrante, muitas vezes destroçado, humilhado, apega-se a um dos poucos elos que lhe restaram, entre o passado, seus antepassados, sua gente e um mundo desconhecido e árido, com o qual se defronta.

Como livro, começou a germinar quando terminei de escrever um longo dicionário gastronômico. Na procura febril de verbetes, tornei-me apaixonadamente envolvida em redescobrir minhas raízes e, nesse processo, a mergulhar com profundidade na culinária e história do povo de minha ascendência. Fiquei fascinada e concluí que não se trata apenas de entrar em contato com uma cozinha que demanda um estudo sério e com a história de um povo sofrido ao qual pertenço. Pelo que se sabe, a cada dia que passa, os fabricantes de alimentos do mundo inteiro reconhecem que o símbolo *Kosher* (ou *Kasher*) **U** e **K** estampado nas embalagens, ou simplesmente a expressão "certificado Kosher", significa melhores negócios, não só em direção à clientela judaica, mas também para outras que exigem alimentos bem-cuidados, aprovados por organizações judaicas exigentes, que fazem, sob supervisão de rabinos, um rígido controle de qualidade.

Gostaria de justificar as inúmeras menções feitas sobre as atuações dos judeus nos Estados Unidos, onde a cozinha judaica se desenvolveu, se fixou com grande força, criou raízes e inúmeros adeptos judeus da nova geração e não judeus. Acontece que realmente se trata da maior concentração de judeus do mundo, onde vive desde o século XIX a maior leva dos que saíram da Europa e depois seus descendentes, mesmo após existir o tão almejado Estado de Israel, nascido em 14 de maio de 1948, quando foi proclamada a criação do país. Quanto aos israelenses, estes, por sua vez, desenvolveram técnicas avançadas na agricultura, estendendo sua surpreendente produção a processos adiantados

no preparo de alimentos *Kasher*, seguindo os preceitos da religião judaica. Todos esses fatores combinados contribuem para que a cozinha judaica se mantenha viva no meio de velhas tradições e novas tecnologias.

Marcia Algranti

Maio, 5778

Porque o Senhor teu Deus te há de introduzir numa terra excelente, numa terra cheia de regatos de água e de fontes: em cujos campos e montes arrebentam os abismos dos rios: numa terra fértil de trigo, de cevada e de vinhas, onde se dão figueiras, e romãzeiras, e olivais: numa terra de azeite e de mel. Onde sem alguma penúria comerás o teu pão, e gozarás da abundância de todas as coisas.

(Deuteronômio 8:7-8-9)

A Alma Judaica

Ora, o Senhor disse a Abraão: Sai da tua terra, e da tua parentela,
e da casa de teu pai, e vem para a terra que eu te mostrarei.
E eu te farei pai dum grande povo, e te abençoarei:
eu farei célebre o teu nome, e tu serás bendito.

(Gênesis 12:1-2)

Quando se questiona de que é feita a cozinha judaica, é melhor que se pergunte antes de que é feito um judeu. Em seguida, para se conhecer melhor um judeu, há de se perguntar: por que os judeus sempre respondem a uma pergunta com outra pergunta? "Por que não?", será a resposta.

A verdade é que toda cozinha possui uma história para ser contada, e o que este livro se propõe, até certo ponto, é relatar um pouco da história de um povo, sua visão do mundo intimamente ligada a um conjunto de tradições, contraídas no decorrer de séculos e que resultou em hábitos alimentares muito próprios, com receitas culinárias que passaram de geração para geração. Antes, porém, de se aprofundar em conhecimentos da cozinha judaica, é preciso entender a *alma judaica* – a alma de um povo atado a uma herança milenar, feita de costumes, conceitos, sentimentos e impressões muito particu-

lares, muitas vezes fruto do resultado de um sofrimento comum, muito mais do que a alegria comum.

Na versão bíblica da genealogia dos povos, o povo judeu descende da tribo semítica dos hebreus, sendo considerados também semitas os assírios, arameus, árabes e babilônicos. Originários de Sem, um dos três filhos de Noé, os hebreus tiveram como patriarca Abraão, chefe da tribo que teria vivido por volta de 1850 a.C.

Migrando do baixo Eufrates para regiões situadas às margens do Mediterrâneo, o povo judeu, que pelos relatos do Velho Testamento seria o povo escolhido, abandonou essas terras por dificuldades de sobrevivência e rumou em direção ao Egito, onde passou por vários sofrimentos durante séculos, e para não continuar escravo fugiu em massa, com o objetivo principal de reconquistar o território perdido ou a Terra Prometida. Embora não seja possível determinar a época exata em que os judeus se estabeleceram no Egito, e quando o abandonaram, há uma estimativa de que esta saída tenha ocorrido em aproximadamente 1250 a. C., sobressaindo-se como herói da libertação do povo judeu Moisés, quem Deus decidiu que seria o homem para cuidar das "ovelhas perdidas de Israel" e a quem Deus confiou os dez mandamentos, conseguindo levar sua gente gloriosamente do mar Vermelho ao deserto do Sinai.

Numa travessia cruel, grande parte do povo sucumbiu no deserto árido, enquanto outra parte foi salva, pois Deus cuidou dos que restaram enviando em chuva um alimento milagroso – uma coisa redonda e miúda, em forma de orvalho, que serviu de sustento, a que os judeus deram o nome de *man* (maná). Conforme conta a Bíblia: "À tarde pois veio um sem-número de codornizes, que cobriram todo o campo; e pela manhã também todos os arredores do campo foram carregados de orvalho. E estando a superfície da terra coberta dele, viu-se aparecer no deserto uma coisa miúda, e como pisada num gral, que se assemelhava àqueles pequenos grãos de geada branca, que caem sobre a terra. O que, tendo visto os filhos de Israel, disseram uns para os outros: *Manou*, isto é: Que é isto? Porque não sabiam o que era. Moisés lhes respondeu: "Este é o pão que o

Senhor vos deu para comerdes" (Êxodo 16:13-14-15). "Ora, o maná era como os grãos do coentro, da cor do bdélio*. O povo ia ao redor do campo, e colhendo-o, moía numa mó, ou pisava num gral, e cozendo-o numa panela, fazia tortas de sabor como de pão amassado em azeite. E ao tempo que de noite caía o orvalho no campo, caía também o maná" (Números 11:7-8-9).

Ainda que alguns relatos bíblicos sobre a maneira de viver dos judeus pareçam meros contos de fadas, trata-se de uma história contida no primeiro livro do Pentateuco, que encerra várias imagens e tradições que foram difundidas não só entre os hebreus e seus descendentes judeus como também por outros povos, que se utilizaram dela para ter um registro das primeiras gerações.

Há, entretanto, a respeito do maná algumas outras teorias, pois no deserto de Eilat existe uma árvore, a tamargueira, um arbusto nativo da África, com flores pequenas e tufos de pelos, e nessa árvore uma resina é produzida por um pulgão (espécie de pequeno inseto que parasita a seiva dos vegetais), produzindo uma secreção adocicada, que atrai as formigas que se alimentam no arbusto. À noite essa resina solidifica-se e se solta em grumos bem cedo pela manhã. Essa é uma teoria mais científica acerca da origem do maná, a comida que Deus supostamente teria enviado do paraíso e colocado na Terra durante os quarenta anos em que os judeus vagaram pelo deserto, sendo que no sexto dia da semana uma porção dobrada era enviada. Assim os judeus não teriam que colher no *Shabat* (dia sagrado de descanso), para servir-lhes de alimento.

Outra hipótese postula que o maná parecia-se com a semente do coentro: era branca e de gosto semelhante ao do pão amassado com mel (Êxodo 16:31).

Seja como for, como consequência da libertação e do Êxodo, foi-se formando um profundo sentimento causado pelas experiências vividas, desenvolvendo-se na alma do povo judeu o senso de pertencer a um povo, de ser o povo eleito e que considerou

---

*Bdélio: espécie de resina que sai em gotas da árvore da mirra.

também como eleita a Terra Santa ou a terra prometida por Deus. Apesar de passar por incontáveis vicissitudes, o povo judeu chegou a viver gloriosos momentos, tanto com o reinado de Davi, como posteriormente de Salomão, tendo a fama deste último por sua inteligência chegado à longínqua terra de Sabá, cuja rainha foi visitá-lo para obter conhecimentos de feitiçaria. Salomão, em sua juventude, escreveu o *Cântico dos cânticos,* um livro bíblico na forma de uma série de poemas; *Provérbios,* em sua meia-idade, um dos livros de sabedoria da Bíblia referindo-se à Torá, e *Eclesiastes,* em sua velhice, que contém reflexões e aforismos sobre a futilidade da vida, com uma crítica aos valores convencionais. Além de sua obra literária, construiu o Primeiro Templo de Jerusalém, sua mais grandiosa obra, para substituir o Tabernáculo. Todos esses reinados foram quase completamente dizimados da história quando metade de seus membros foi morta pelos assírios, enquanto a outra metade ressurgiu do cativeiro da Babilônia. Nessa ocasião, foi construído o Segundo Templo, que foi impiedosamente destruído pelos romanos, pelo pecado do ódio infundado que se propagou entre os judeus.

No ano 70 depois de Cristo, os judeus passaram por uma das piores crises da história, quando a cidade santa, Jerusalém, foi arrasada pelos romanos, o que ocasionou a privação de sua pátria e de seus templos. Dilacerados com tudo, os judeus tiveram o apoio dos rabinos, que, segundo consta, surgiram nessa época vindo em socorro dos judeus e criando o que passou a se chamar Talmud ou doutrina. A partir daí, onde quer que os judeus andassem errantes, encontravam formas de sobreviver, pois o Talmud não era apenas uma enciclopédia da história, da teologia, do ritual, da medicina e do folclore judaicos. Tratava de agricultura, jardins, indústria, profissões, comércio, finanças, tributações, prosperidade, escravidão, herança, roubo, processos legais e direito penal. Tratava-se acima de tudo de um código de ética. Segundo Heine, o Talmud era uma pátria portátil. Onde quer que os judeus estivessem, podiam estabelecer-se novamente em seu próprio mundo, cercados de seus profetas e rabinos.

Nos países onde os judeus se estabeleceram, inúmeras vezes a cultura judaica conheceu épocas grandiosas, como um apogeu na Espanha nos séculos XII e XIII, tendo

como ícone um dos maiores filósofos judaicos, o rabino Moisés ben Maimon, mais conhecido como Maimônides. Apesar desse crescimento em vários momentos da vida, isso não impediu que, desde a Baixa Idade Média até os dias do século XX, os judeus sofressem constantes perseguições. A história relata, com incontáveis detalhes, inúmeros períodos em que a sociedade cristã acusou-os do assassinato de Jesus e considerou os infortúnios vividos pelos judeus um castigo. Nos séculos XIII e XIV os judeus foram deportados da Inglaterra e da França e expulsos da Espanha em 1492, sendo esse último acontecimento considerado um dos grandes holocaustos da História e, para os judeus que se encontravam estabelecidos, um dos períodos mais sombrios de suas vidas.

Na marcha dos judeus pelo mundo, a Espanha conquistada pelos mouros em 711 foi uma das pontes por onde os judeus da Ásia e África penetraram a Europa. Esta, vivendo de início com relativa tranquilidade, dissipou-se à medida que aumentou o número de judeus, que nessa época dominavam grande parte do comércio mundial, crescendo também as perseguições por parte dos cristãos, sendo os judeus expulsos não só da França como da Alemanha.

Na Espanha as perseguições aconteceram ao mesmo tempo que um grande número de cristãos da Europa Ocidental se desligava da Igreja Católica romana, filiando-se a novos dogmas. Simultaneamente, Lutero lutava pela Reforma na Alemanha, Gutenberg criava a imprensa e Cristóvão Colombo preparava-se para empreender sua viagem, que resultou no descobrimento da América, época em que os judeus passaram por acontecimentos que os obrigaram a se abrigar em territórios na Turquia e outras localidades como desterrados e foram denominados como povo de *sepharditas*.

Grande parte dessa fuga em massa foi causada pelo casamento de Isabel de Castela e Fernando de Aragão, que promoveu nessa época a união dos grandes reinos cristãos da Espanha. Em nenhum momento Isabel hesitou em empreender uma campanha para tornar a Espanha uma terra cristã, quando criou a Inquisição, que obrigava os judeus a renegarem o judaísmo. E na marcante data de 2 de agosto de 1492, todos os judeus da

Espanha foram obrigados a escolher entre converter-se ao catolicismo ou marchar para o exílio, neste último caso abandonando todas as suas propriedades e possessões, que foram confiscadas pelos reis católicos. A esse respeito, afirma-se que a dispendiosa viagem feita por Cristóvão Colombo, no dia 3 de agosto de 1492, foi financiada com os bens confiscados dos judeus. Relatos demonstram que os judeus não apenas financiaram os descobrimentos marítimos como também deles participaram, além de estarem entre os primeiros povoadores no Novo Mundo, representando tanto uma nova fronteira econômica como também um refúgio contra as perseguições religiosas. Estima-se que 250 mil judeus abandonaram a Espanha, enquanto os que ficaram foram forçados a aceitar a conversão. Incontáveis execuções denominadas "autos de fé" foram feitas contra judeus ou *marranos*, conforme eram chamados aqueles que de forma velada continuaram a praticar sua fé. (O termo referia-se também, de forma chula, ao indivíduo "excomungado", "sujo", "imundo", "porco".) Sucederam-se terríveis torturas por "praticar tamanha heresia" contra a Igreja, sendo muitos judeus queimados na fogueira, o que por séculos provocou uma migração de judeus secretos: alguns marcharam para Portugal, onde a Inquisição era menos violenta; outros se dirigiram para colônias portuguesas e espanholas em várias localidades das Américas. Um grande contingente seguiu em direção à Holanda, que mais adiante veio a se tornar o maior centro de judeus emigrados de Portugal e onde puderam por um período considerável praticar a religião judaica com mais liberdade. Muitos judeus fugiram para a Turquia e adjacências. Outro grupo rumou para a Itália, ali se estabelecendo, onde viveram com relativa calma por um curto período, pois a partir da segunda metade do século XVI os judeus de Roma e imediações passaram a sofrer privações de seus mais elementares direitos, tendo que, entre inúmeras humilhações, vestir trajes marcados, que os distinguiam propositadamente dos outros habitantes. Contudo, os judeus desterrados, ora radicados na Itália, alcançaram alto grau de desenvolvimento espiritual nos séculos XVI e XVII.

Diga-se de passagem que, por séculos, os judeus foram os únicos mercadores na Europa. No comércio bizantino, tiveram grande participação, como importadores, intermediários e atacadistas, trazendo mercadorias do Oriente para a Europa. Em termos gastronômicos, tinham suas comunicações por intermédio de mercadores, mascates, rabinos, peregrinos e viajantes que traziam de suas viagens descrições de pratos exóticos e ingredientes de terras estrangeiras. Frequentemente navios e atacadistas judeus saíam do Mediterrâneo, enquanto outros atacadistas judeus aguardavam sua chegada em todos os portos. Ainda que inúmeras vezes os judeus tenham vivido isolados, tinham conhecimento dos costumes por correligionários estrangeiros. Quando convertidos a cristãos-novos, estes, conforme já se disse, eram os primeiros a chegar à América com os novos conquistadores. A partir de 1492, quando na Espanha foi decretada a expulsão dos judeus e mouros, caso não se convertessem ao cristianismo, um número expressivo de judeus mudou-se para Portugal, onde já residiam cerca de 75 mil judeus. Antes do casamento de Isabel de Castela com Fernando de Aragão, D. Manuel pretendia esposá-la. Isabel teria concordado, contanto que não houvesse judeus em seu reino. Historiadores judeus comprovam que Gaspar da Gama, por exemplo, convertido ao catolicismo, teria sido o primeiro judeu a pisar em solo brasileiro, vindo na expedição de Pedro Álvares Cabral; e que outros judeus convertidos estariam na mesma situação, como Fernando de Noronha, João Ramalho, Diogo Álvares Correia (o Caramuru), Fernão Dias Paes Leme, Diogo Fernandes, que veio mais tarde, além de vários outros.

Depois de a Espanha perder sua hegemonia na vida dos judeus, essa supremacia passou em grande parte para a Polônia, num período que, para a maioria dos judeus ali radicados, foi considerado a Idade de Ouro, dado o fato de que os reis polacos protegeram os judeus, e estes desfrutaram de uma série de direitos e certa solidez, e quando o ensinamento rabínico floresceu a olhos vistos. Porém, embora a ciência hebraica estivesse em plena efervescência, várias transformações começaram a ocorrer quando inúmeras perdas foram vividas pelo judaísmo polonês. Em consequência, veio a surgir

entre os próprios judeus uma nova doutrina, o chassidismo, movimento que se dirigiu sobretudo àqueles judeus que haviam ficado material e espiritualmente empobrecidos com os massacres pelos quais tinham passado, principalmente nas aldeias (ver *Shtetl*, pág. 65), introduzindo na religião o espírito da fé simples e das preces em lugar da sabedoria dos livros, uma espécie de reação à sofisticação do judaísmo ocidental que reavivou a esperança de salvar a alma. Essa doutrina gerou inúmeros adeptos leais.

Em 1772, quando os territórios poloneses da Ucrânia, Lituânia e Bielo-Rússia foram anexados pela Rússia, os judeus que ali viviam foram subjugados pela Rússia sob as ordens dos czares. Antes disso, não havia permissão para os judeus morarem na Rússia, pois, além de os russos daquela época não gostarem de estrangeiros, menos ainda admiravam os judeus. Dessa forma, o estabelecimento de judeus na Rússia czarista tornou-se restrito pelas ordens superiores à chamada Área de Estabelecimento, onde os judeus eram segregados, com exceção daqueles que gozavam de direitos especiais, seja devido à sua riqueza, seja por possuir qualificação como médico, com formação universitária, um privilégio de muito poucos, ou por servir ao Exército russo. A chamada Área de Estabelecimento estendia-se do Báltico ao mar Negro, e foi dentro dessa demarcação, contando com cerca de cinco milhões de judeus, que saíram, a partir de 1880, levas de imigrantes para a Europa Ocidental e para a América, fugindo de perseguições em grande escala (*pogroms*) ou da pobreza excessiva, além da superpopulação que caracterizava essa área, espécie de gueto ampliado, que finalmente, com a Revolução Russa de 1917, foi extinta. Todo esse enorme conglomerado, que veio a representar a maior comunidade ashkenaze judaica, foi representado por agricultores, carpinteiros, atacadistas, artesãos, pequenos comerciantes e uma pequena classe aristocrática.

Enquanto havia judeus com grandes posses em São Petersburgo, Moscou, Kiev, Odessa, Cracóvia e Varsóvia, ocupando cargos na indústria, na importação, na advocacia, a grande maioria dos judeus na Rússia e na Polônia viviam na mais desesperada pobreza, sofrendo todos os tipos de restrições sem nenhuma oportunidade de melhora, além de

uma sabida discriminação legalizada que era representada pelos *pogroms*. A grande maioria vivia em aldeias (ver *Shtetl*, pág. 65) onde não tinha acesso ao mundo em sua volta, nem às oportunidades que ele poderia oferecer.

A Revolução Russa estilhaçou toda a estrutura social judaica, e o holocausto de 1939 a 1945 dizimou o que restava das aldeias onde esses milhares de judeus moravam. O homicídio em massa de seis milhões de judeus foi a culminação do processo de antissemitismo nazista, que se iniciou com legislação e agitação contra os judeus, numa Alemanha em crise. O holocausto, que, conforme se sabe, terminou estendendo-se por toda a Europa, não só deixou uma profunda marca do desaparecimento físico de quase metade dos judeus desse continente, mas sobretudo representou o fim de uma era, principalmente porque a criatividade do povo judeu basicamente já não se achava mais no Velho Continente, e sim em países fora dele.

Conscientemente ou não, os judeus de um modo geral estão moralmente unidos por tradições ligadas a um importante passado, repleto de acontecimentos, alguns de elevada missão histórica, com forte ênfase no campo espiritual. Pelas narrativas da Bíblia, Deus fez uma aliança, um pacto com o povo que escolheu – o povo hebreu. Pelos autores da Bíblia, cada acontecimento é visto como a expressão da vontade soberana de Deus, ainda que o valor histórico da Bíblia tenha sido assunto de intensa polêmica por mais de duzentos anos, especialmente os primeiros capítulos, que relatam a criação do mundo e de como viveram as primeiras gerações.

Ainda que existam diferenças entre os judeus ashkenazim e os judeus sepharadim (ver *Duas Culturas: Ashkenaze e Sepharade*, pág. 41), trilhando caminhos semeados de sofrimentos, em meio às mais adversas ocorrências, terminou se cristalizando *uma alma popular judaica*. Em sua essência, para qualquer um desses judeus, o judaísmo tanto é uma identidade hereditária e um modo de vida quanto um sistema religioso, mesmo que haja distinção entre os judeus praticantes ou religiosos e os que observam poucos ou quase nenhum dos ritos religiosos.

O judaísmo ofereceu ao mundo uma ideia única, o monoteísmo, que com o correr dos séculos foi sendo cultivado por gerações, repleto de dogmas éticos, acreditando num único Deus e cercado de um conjunto de leis, a Torá. Seguindo os judeus, outros povos também absorveram o credo monoteísta, que não se trata apenas de um credo judaico, mas de profundas ideias sobre o homem e seu procedimento no universo.

Segundo Paul Johnson em *A história dos judeus*, por mais de cinco mil anos, os judeus provaram não somente ter uma grande capacidade de sobrevivência, como também uma surpreendente habilidade para se adaptar às sociedades para onde foram empurrados, forçados pelo destino. Em sua opinião, nenhum povo mostrou-se mais fecundo no enriquecimento da pobreza ou na humanização da riqueza, ou em fazer da desgraça um uso criador.

Mesmo que os judeus tenham vivido quase dois mil anos como minoria na Europa e na Ásia, onde eram mais ou menos tolerados, no meio às mais frequentes hostilidades, sendo obrigados a criar comunidades isoladas, voluntária ou involuntariamente, em todas as situações em que penetraram deixaram sua marcante presença. Na criação do mundo em que vivemos, incontáveis figuras judaicas de destaque desempenharam papel da maior importância. Abraão e Moisés, nos primórdios; depois, Maimônides, Spinoza, Marx, Freud, além de inumeráveis expoentes como Mahler, Bizet, Kafka, Soutine, Mendelssohn, Modigliani, Sarah Bernhardt. Dizem que, se Freud mudou a maneira como nós nos vemos, Albert Einstein mudou a maneira como nós vemos o universo.

Em toda a vida o povo judeu pagou um alto preço pela sobrevivência. Depois de disperso, procurou viver concentrado a fim de poder guiar-se pelas leis do Talmud. Por sua própria maneira de viver, e isso se repetiu por vários séculos, sempre que crises de ordem social abalavam a sociedade, utilizou-se propaganda antissemita como pretexto para perseguições. Na opinião de Elena Romero Castello e Uriel Kapon, autores de *The Jews and Europe – 2000 years of History*, desde o holocausto, o centro nervoso do judaísmo deixou de ser a Europa, e alguns europeus que acham difícil aceitar esse fato agora saem à procura de novas minorias para que nelas possam depositar seus infortúnios.

Durante várias gerações, os judeus foram obrigados a viver em certos países em bairros separados, chamados guetos, e proibidos de participar da vida econômica e cultural, limitados por grossos muros e portões que eram mantidos fechados à noite, e em certas festividades, como por exemplo, de quinta a sábado da Semana Santa. Na Itália, sob o pontificado do papa Paulo IV em 1555, os guetos foram edificados por quase todo o país, com a vida dos judeus absolutamente restrita. Vivendo em grande pobreza e sob condições de superpopulação, resultou numa população de duas mil almas em 1555 para sete mil no fim do século XVII. Por volta de 1938, a população chegou a alcançar 12 mil judeus, principalmente nos arredores de Roma. Hoje, depois da guerra e da imigração, 15 mil judeus vivem em Roma. Geralmente por falta de espaço, as casas eram muito altas — forçadas a um crescimento vertical —, com várias consequências nefastas acarretadas pela aglomeração. A vida nos guetos estendeu-se até a Segunda Guerra Mundial, a exemplo dos judeus da Polônia, especialmente em Varsóvia, onde desencadearam uma revolta desesperada contra o exército alemão, lembrada como "O levante do gueto de Varsóvia", um dos poucos casos de resistência, e de revolta, que ocorreu em 19 de abril de 1943. Para os judeus de todo o mundo, esse episódio é guardado como o Dia do Holocausto (*Iom Hashoá,* em hebraico), que culminou em extermínio total de seus habitantes. Estima-se que o gueto de Varsóvia no início continha meio milhão de habitantes.

Só se deixa de vez o amado país onde se vive e se criam raízes para migrar quando a vida se torna insuportável. No curso do século XIX intensificou-se a migração dos judeus ashkenazim para a América, cujo início se deu com maior frequência entre 1881 e 1882, depois dos primeiros *pogroms* na Rússia. O maior contingente saiu da Rússia, Polônia e Romênia em direção aos Estados Unidos, sobretudo Nova York, que se tornou um centro judeu de vários milhões, além de outros países menos procurados, como Canadá, Argentina e Brasil. Por várias décadas grandes barcos cruzaram o Atlântico conduzindo judeus da Europa para o Novo Mundo, onde os imigrantes recomeçaram aceitando o que pudessem agarrar para sua sobrevivência, ocupando trabalhos em fá-

A Alma Judaica *Cozinha Judaica*

bricas em cargos secundários ou em comércio ambulante até conseguir uma profissão mais lucrativa.

No meio de inesgotáveis infortúnios que constantemente afligiram os judeus, estes, como forma de sobrevivência e válvula de escape, foram obrigados a desenvolver de maneira muito peculiar o humorismo, às vezes sarcástico, às vezes melancólico. Esse exercício para suportar a difícil sobrevivência acabou por criar personagens muito particulares, como, por exemplo, os *schnorers* (mendigos profissionais), que se tornaram heróis estimados por suas excentricidades. Todo estabelecimento judaico, por menor que fosse, tinha seus *schnorers*, que sobreviviam mesmo nos mais pobres *shtetls* (ver *Shtetl*, pág. 65). Conta-se que, quando consideravam insuficiente o dinheiro recebido, deixavam cair no chão, em sinal de protesto, deixando o doador com um profundo sentimento de culpa, pois dessa forma não lhe era permitido, como um bom judeu, exercer seu dever de fazer caridade, conforme ensinava a religião. Vários outros personagens entraram para o repertório do anedotário judaico, e ninguém melhor do que o próprio judeu para entendê-lo, pois sua sutileza era contada em iídiche, uma língua tão *sui generis* que algumas anedotas perdem a graça na tentativa de traduzi-las, pois o humor e o praguejar nesse idioma têm sabores únicos.

Como cada grupo judaico desenvolveu seu modo de ver as coisas, os judeu-hispano-marroquinos desenvolveram, além das anedotas, as famosas *bendiciones* (bendições) e *baldiciones* (maldições), que são uma espécie de arma de quem não tem e não pode ter outra. Cultivadas em prosa e verso, foram se espalhando pelo mundo afora. As *baldiciones* serviam para se amaldiçoar por vingança e descontentamento, por diversão e também por desafio, segundo Abraham R. Bentes, autor de *Os sefardim e a Hakitia*. Algumas frases são verdadeiros tesouros que enriqueceram o folclore sepharade.

Não obstante o humorismo judaico, cujo anedotário é bem vasto, tendo rendido inúmeros livros, nos tempos difíceis passados pelos judeus sempre foi um consolo para o povo mais ortodoxo que algum dia chegaria um redentor – O Messias – que libertaria

todos os judeus. Naquela ocasião, os judeus iam fazendo suas vidas em torno do trabalho, da luta diária, com exceção do sagrado dia de *Shabat*, assim como de outras festas religiosas.

Momentos da vida judaica sempre representaram motivo de celebração: a circuncisão, o *bar-mitzvá*, um casamento, a inauguração de um novo lar, assim como a gravidez ou morte de um ente querido. Nessas ocasiões, a cozinha judaica acompanha o acontecimento com alimentos especiais, que enobrecem essas tradições, em geral com grande significado simbólico, e pratos importantes, porque são a representação da ligação com o passado, a celebração da lembrança de raízes – um símbolo de continuidade. Mais do que uma resposta individual, certas preparações expressam um sentimento ligado aos momentos mais difíceis, que significam parte da cultura do imigrante que sobrevive em meio às adversidades.

Os pogroms *na Rússia, em princípios deste século, provocaram vastas migrações. Um rabino peregrinava pela Europa de terra em terra à procura de um novo posto. Finalmente foi dar a Nova York e de lá, ao termo de meses de correspondência, o informaram de uma vaga na Argentina. Porém um amigo tentou dissuadi-lo, argumentando que a Argentina ficava muito longe.*

– Muito longe? – suspirou o rabino errante. – Longe de quê?

Para os judeus, a fundação do Estado de Israel constituiu o apogeu de um longo processo, que se iniciou quando, a partir do século XIX, recomeçaram a sonhar com a possibilidade de retornar à sua antiga pátria. *Le shaná habá, b'Ierushalaim* ("no ano que vem em Jerusalém") era para muitos um sonho profundamente acalentado. Não obstante, muitos judeus, exauridos, prefeririam se manter onde estavam: enfrentar uma nova imigração seria demais, após tanta luta.

Os judeus reconhecem que a expansão e a consolidação da população judaica nos Estados Unidos, no fim do século XIX e durante o século XX, foi tão importante

para sua história quanto a própria criação do Estado de Israel, que por sua vez, como país, em tamanho, é menor do que o estado de Nova Jersey, nos Estados Unidos, e menor do que Sergipe, o menor dos estados brasileiros. Pela primeira vez, livre de *pogroms*, ainda que vivendo em velhos e arruinados prédios do Lower East Side de Manhattan, os judeus tiveram a verdadeira oportunidade de se tornar uma parte integral na cultura americana, ainda que lutando com dificuldades, principalmente nos invernos gélidos de Nova York, sobrevivendo precariamente em qualquer tipo de trabalho que pudesse se traduzir em alguma condição de vida, cientes porém de que estavam "num país livre".

Não se pode esquecer, no entanto, de que, onde os judeus começaram a vida, no Lower East Side, esta região recebeu inúmeras denominações: "bairro do tifo", "bairro suicida", "bairro dos trapaceiros" ou simplesmente "Jewtown", ou "cidade dos judeus". Na realidade, o saneamento era primitivo e precário; a febre amarela e o cólera eram constantes ameaças e o trabalho infantil e a exploração existiam, não obstante Nova York já houvesse tornado-se a grande metrópole que é hoje. Naquele tempo, não era incomum um pequeno quarto ser habitado por até doze pessoas, que se espremiam em tábuas presas horizontalmente nas paredes, um fato inacreditável que no entanto pode ser constatado por fotos que surpreenderam um estupefato fotógrafo e jornalista, Jacob A. Riis, interessado em visões de problemas sociais, e que podem ser vistas não só em entidades ligadas ao judaísmo – como o Museu Judaico de Nova York – como em arquivos da história dessa cidade. Pagando uma exorbitância, e sem muita escolha, as famílias dormiam, cozinhavam, comiam, moços e velhos, no mesmo recinto onde também trabalhavam, sobretudo para confecções, costurando pilhas de roupas, numa máquina que ficava no centro do quarto, ganhando por produção US$8,00 a US$10,00 por semana, num trabalho que começava às seis da manhã e continuava pela noite adentro. O que se ganhava era evidentemente logo consumido, indo diretamente para comprar o escasso alimento que se podia conseguir. Entre as muitas formas de sobrevivência, a de trabalhar

costurando roupas, nessas condições, recebeu a denominação de *the needle trade**, que veio a se tornar a pedra angular das inúmeras confecções que hoje existem nos Estados Unidos. Tal denominação provém do fato de que as condições para esse trabalho eram que os "empregados" fossem cobrados pelas agulhas que acidentalmente fossem quebradas, linhas e outros suprimentos necessários ao trabalho.

Livres de *pogroms*, puderam enfim ofertar a seus filhos a oportunidade de frequentar universidades livremente, que formaram cientistas, médicos, advogados, professores, eminentes políticos, funcionários públicos, escritores, críticos, artistas, além de destacadas figuras do cinema e do *show-business* americano.

Ainda que nem todos os judeus tenham se tornado médicos, arquitetos, músicos famosos ou políticos, pois existem também o pequeno alfaiate, o açougueiro, o sapateiro, o vendedor de frutas, o chofer de táxi, o ambulante ou prestamista, que trabalha ao sol e à chuva, nos Estados Unidos a palavra "liberdade" esteve presente nas mentes e nos corações daqueles que, com o suor de seu trabalho, puderam fazer face às necessidades mais básicas de suas famílias.

Woodrow Wilson costumava dizer: "*They are not Jews in America; they are American citizens...*" "Eles não são judeus na América; eles são cidadãos americanos ..." Era mais uma prova de que a grande força dos judeus residia na habilidade de tirar proveito de novas oportunidades; de sua tenacidade, de jamais fenecer mesmo diante de grandes infortúnios, de reconhecer uma situação sem precedentes, quando aparecia, e de usar a criatividade para criar métodos de lidar com ela, o que aconteceu também em todos os países para onde os judeus migraram, vindos da Europa.

E nisso, os judeus, sob as mais difíceis circunstâncias, tinham uma prática milenar.

"Por que não?", responderia um judeu.

---

*The needle trade: "negócio da agulha", jornada semanal de setenta horas.

"Nunca esquecerei a rua do East Side, onde morei quando menino.

Ficava a um quarteirão da famosa rua Bowery, uma tenebrosa garganta cheia de escadas de incêndio, roupas de cama penduradas nas janelas e rostos de muita gente.

Os rostos sempre ficavam nas janelas, pois a rua jamais os decepcionava. A rua era um imenso rebuliço. Nunca dormia. Rugia como o mar. Espocava como fogos de artifício.

Na rua, as pessoas abriam caminho, disputavam espaço. Exércitos de vendedores ambulantes, aos gritos, empurravam carrocinhas. Mulheres gritavam, cães latiam e cruzavam na rua. Bebês choravam.

Um papagaio xingava. Garotos em andrajos brincavam sob os cavalos de puxar carroça. Gordas donas de casa discutiam de uma porta para a outra. Um mendigo cantava.

Na cavalariça, os cocheiros vadiavam num banco. Riam alto, esvaziando latas de cerveja.

Cafetões, jogadores e bêbados de nariz vermelho, políticos baratos, pugilistas de suéter; aventureiros vagabundos e carregadores de macacão. Pelas portas de vime da taverna de Jake Wolf passeava um desfile interminável da vida do East Side.

O bode pertencente à taberna descansava na calçada, devorando distraidamente a gazeta policial.

Mães do East Side, de seios volumosos, empurrando carrinhos de bebê, cruzavam a rua trocando mexericos. Carros puxados a cavalo tilintavam. Um funileiro martelava o pedaço de latão. Tocavam os sinos do comprador de quinquilharias.

Havia remoinhos de poeira e jornais. O riso estridente das prostitutas. Passava um profeta, judeu de barba branca, comprador de roupas usadas. Garotos dançavam em volta do realejo. Dois mendigos se esmurravam.

Rebuliço, imundície, luta, caos! O burburinho da minha rua subia como o estrépito de uma grande folia ou de uma catástrofe. Um barulho que estava sempre nos meus ouvidos. Que mesmo dormindo eu ouvia. Que posso ouvir agora."

MICHAEL GOLD,
Judeus sem dinheiro

Duas Culturas: Ashkenaze e Sepharade

Na diáspora ou dispersão, que começou com a destruição do Segundo Templo, por volta do ano 70 depois da Era Comum, os judeus da Palestina nos primórdios do cristianismo desenvolveram duas distintas comunidades na Europa, cada qual com seus próprios padrões culturais e dialeto hebraico: os ashkenazim, descendentes dos palestinos da era romana, que se estabeleceram na Europa Central e na Oriental, e os sepharadim, de influência árabe, que viveram na Espanha e em Portugal até sua expulsão na década de 1490.

No idioma hebreu, a palavra *ashkenaze* vem do hebraico *Ashkenaz* (Alemanha). Trata-se de judeus procedentes da Alemanha estabelecidos também no norte da França, da Europa Central e da Oriental, assim como seus descendentes.

Quanto à denominação dada ao hebreu originário da Península Ibérica, no idioma hebreu se permite a utilização da palavra *Sephard*, que alguns também chamam de *Sepharad*, assim como *Sepharde* ou *Sepharade*. As expressões *Sephardim*, *Sepharadim* ou *Sephardies* são empregadas para indicar o ramo do judaísmo a que pertencem por sua ascendência genealógica, rito, cultura e língua.

Os judeus ashkenaze ou ashkenazim desenvolveram uma língua própria, o iídiche, cujo termo vem do alemão *juedish*, isto é, "judaico", dialeto dos judeus da Europa Oriental: médio e alto alemão do século XVI, um amálgama de eslavo e de judaico, e que se escreve em caracteres hebraicos. O iídiche era mais do que uma corruptela do alemão. Para os judeus devotos, por exemplo, tratava-se de uma língua temporária, porque não era nem divina, nem histórica. Feita de termos judeus a partir de dialetos alemães, falados nas cidades, os judeus começaram a desenvolvê-la quando se infiltraram na França e na Itália (especialmente Lotaríngia, um idioma alemão). Há quem diga que o iídiche foi a fundação da civilização ashkenaze.

O iídiche antigo (1250-1500) representou e ficou marcado como o primeiro contato de judeus que falavam alemão com judeus eslávicos que falavam um dialeto chamado *kannanico*. Foi a partir do século XVIII que o iídiche se desenvolveu e se transformou no iídiche moderno. Por volta de 1930, por sua importância, tornou-se a primeira língua de uma população de 11 milhões de pessoas até o holocausto. Embora em alguns países o iídiche seja considerado um dialeto, e noutros considerado um idioma – que, sobretudo, teve grande emprego e divulgação, sendo nele redigidos inúmeros periódicos e literatura religiosa e também leiga – se sobressaiu muito por intermédio de Isaac Bashevis Singer, especialmente quando este ganhou o prêmio Nobel de Literatura pelo conjunto de sua obra, que foi escrita em iídiche. Na opinião de Paul Johnson em a *História dos judeus* (Ed. Imago), "era a língua da sabedoria das ruas, daquele que está por baixo e é inteligente, dos *patos*, da resignação, e do sofrimento, que é mitigado pelo humor, por ironia intensa e superstição. Por meio dessa linguagem, os judeus forçados a viver mal, tolerados em meios muitas vezes de povos inferiores a eles em cultura, inconsciente ou conscientemente exercem uma vingança sutil das grosserias injustas a que eram submetidos". Considerada uma língua cheia de limitações, compensava-se com palavras de qualquer outra língua com a qual o judeu se deparasse. Atualmente o iídiche ainda é muito falado pelos judeus ashkenazim ultraortodoxos. É também ensinado em alguns cursos universitários, despertando interesse entre alguns jovens.

Já os judeus sepharadim mantiveram, além de uma cultura peculiar, uma comunicação verbal primitiva, e até certo ponto mesclada de sigilo, de grande utilidade para a sua iden-

tificação, segurança pessoal e comercial. Da linguagem própria falada pelos sepharadim surgiram duas formas privativas de comunicação verbal: o ladino, falado pelos judeus que se dirigiram para o Império Otomano após a Inquisição, e o *hakitia*, pelos que saíram da Espanha e de Portugal para o Marrocos e para a América do Sul, bem como simultaneamente para a Holanda.

O ladino, também chamado de judeu-espanhol e judesmo, correspondia inicialmente ao espanhol antigo escrito com caracteres hebreus cursivos. Sua importância na cultura judaica é tanta, que existem muitos livros de orações antigos com a sua tradução em ladino. Supõe-se que o ladino foi implantado na Península Ibérica a fim de que os que não conhecessem perfeitamente o idioma hebreu tomassem conhecimento do significado de suas preces. Depois, os judeus expulsos da Espanha mantiveram a língua, especialmente os que se dirigiram em fuga ao Império Otomano, para suas comunicações familiares, com seus correligionários, e para que pudessem usufruir de um certo sigilo nos seus contatos privados ou de cunho comercial. Trata-se de uma língua, embora arcaica, até hoje falada pelos sepharadim originários da Turquia (ou que lá vivem) e parte da Grécia ou em qualquer parte do mundo onde quer que se encontrem. O ladino foi largamente falado na Grécia, Turquia, Iugoslávia, Bulgária, Romênia, no norte da África, sul da França, em Israel e menos intensamente nos Estados Unidos e América Latina.

Embora o ladino e o *hakitia* sejam dialetos diferentes entre si, possuem a mesma base: o hebreu e o espanhol. O *hakitia*, assim como o ladino, também criou expressões próprias, possuindo, além disso, diferenças na pronúncia, entonação e nos gestos utilizados em conversação. Ao contrário do ladino, que foi se modificando com a inclusão de vocábulos portugueses, turcos, gregos e franceses, formando a cultura sepharade daqueles que imigraram para o Império Otomano, o *hakitia* permaneceu fiel à sua forma inicial, que pertencia aos primórdios da Península Ibérica, sendo classificado e reconhecido como um dialeto hispano-judeu-marroquino pela Real Academia de Letras da Espanha, constituído por vocábulos hebreus, espanhóis e árabes, além de umas poucas palavras

em ladino, aramaico e caldeu, que até os dias de hoje é falado pelos judeus marroquinos das cidades que fazem limite com a Espanha, assim como por judeus portugueses e descendentes que emigraram para o Brasil, especialmente para a Amazônia.

O século XIX marcou o princípio do fim do judaísmo sepharade na Europa. Após a Primeira Guerra Mundial, o Império Otomano se dissolveu. Com a instalação de muitos governos, houve uma imigração em massa da Grécia e Turquia em direção à Europa Ocidental, América e toda a América Latina. Afirma-se que em 1908, antes que os Estados Unidos limitassem as cotas de imigração, cerca de 60 mil judeus para lá imigraram. Com o holocausto, o que restou da população sepharade foi dizimado, sendo que os judeus sepharadim da Holanda foram os últimos a ser deportados para os campos de extermínio nazista. Apenas as comunidades do norte da África, do Oriente Médio e da Turquia se salvaram do holocausto.

Como um dos propósitos deste livro é introduzir não somente a cozinha, assim como as fascinantes tradições culinárias do povo judeu e seus descendentes, as culturas ashkenaze e sepharade demandam uma explicação introdutória. Com seus diferentes costumes, houve uma época em que ashkenazim e sepharadim não se casavam, ainda que ambos pertencessem aos mesmos antepassados judaicos relatados na Bíblia. Em algumas antigas famílias a união por casamento era quase considerada uma catástrofe. No Egito, por exemplo, segundo relatos, era considerada falta de refinamento a união, e ao mesmo tempo a mulher ashkenaze era tida como perigosamente livre. Evidentemente observando ambas as mulheres – ashkenazim e sepharadim – havia um grande contraste entre as duas: a mulher judia ashkenaze trabalhava fora, e era a seu modo mais independente do que a mulher sepharade, que permanecia em casa cuidando apenas dos afazeres domésticos e da família. A mulher do *Shtetl* era uma grande batalhadora, obrigada a suprir financeiramente as necessidades de sua família (ver *Shtetl*, pág. 65). Consequentemente, em termos culinários, a comida ashkenaze era desdenhada, assim como palavras tais como *Latkes*

(ver pág. 322) e *Gefilte Fish* (ver pág. 236) que os judeus ashkenazim consideravam com orgulho parte de suas iguarias. O mesmo ocorria por parte dos ashkenazim, conforme comprova extensa literatura e variados relatos populares que já existiam na Idade Média, demonstrando a repulsa que ambos os grupos alimentavam entre si por incontáveis razões. Curiosamente, até bem recentemente cada um desses dois grupos pouco conhecimento tinha da cozinha e hábitos culinários do outro, conforme afirma Claudia Roden, de origem sepharade, no livro *The Book of Jewish Food*. Em seus relatos Claudia conta que quando seus pais, em 1956, chegaram a Londres, depois de Suez, vizinhos ashkenazim, tentando uma aproximação, bateram à sua porta para dar-lhes as boas-vindas. Ao serem convidados para tomar um chá acompanhados de biscoitinhos de gergelim e outros acepipes da culinária sepharade, surpreenderam-se com alimentos que não conheciam, e sem acreditar, perguntaram se os recém-chegados eram realmente judeus. Da mesma forma, Claudia relatou as dificuldades que teve ao casar com um judeu-russo. Sua sogra anunciou que sentia muito, mas não comeria a comida que considerava exageradamente requintada da família de sua nora sepharade.

De fato, existem grandes diferenças entre os estilos de cozinha ashkenaze e sepharade. Basicamente, vindos de uma região fria, os ashkenazim se utilizavam de gordura de galinha, cebola, alho, repolho, cenoura, beterraba e batata, além de peixes defumados e salgados, como a carpa e o arenque. Mais afastados do que os sepharadim do mundo não judeu, já que grande parte vivia confinada em guetos ou em pequenas aldeias (ver *Shtetl*, pág. 65) e áreas restritas, ficavam mais limitados no aspecto da alimentação, além de sua história, desde o décimo segundo século, ter sido repleta de perseguições e expulsões. Mais apegados a valores espirituais e intelectuais, diferenciavam-se dos sepharadim, que eram mais preocupados com o sentido de suas ocupações. Sem muita variedade na alimentação, uma canção popular iídiche demonstra de certa forma a reação de um judeu ashkenaze diante do que lhe era oferecido:

Duas culturas: Ashkenaze e Sepharade   45   *Cozinha Judaica*

Domingo, batatas

Segunda, batatas

Terça e quarta, batatas

Quinta, batatas

Sexta, batatas

E no sábado um *Cholent* com batatas!

Apesar de tudo, em alguns aspectos a cozinha ashkenaze tende a ser sutil. A raiz-forte é o condimento geralmente usado para acompanhar pratos de carne ou peixe e sempre acompanha o *Gefilte Fish*. Da mesma forma, os picles e *Gherkins* (pequenos pepinos em conserva) também atuam como condimentos que dão sabor especial para acompanhar várias preparações. A combinação do vinagre, suco de limão, sal e açúcar ou mel cria nessa cozinha uma combinação acre-adocicada, usada em outros tempos principalmente na Rússia, Polônia, Alemanha e Hungria, em pratos, como por exemplo, feitos com repolho picado ou recheado. A partir do momento em que as batatas foram introduzidas na Europa, vindas do Novo Mundo, elas se tornaram tão populares entre os ashkenazim que passaram a ser a base de inúmeros pratos tradicionais, como, por exemplo, os *Kreplach* e *Kugels*. Além da batata, a cozinha ashkenaze, sem muito mais possibilidades de variações, incluía também a cevadinha, lentilhas e a *Kasha*, todos cereais bastante populares e acessíveis aos judeus de clima frio.

Quanto aos sepharadim, expulsos da Espanha durante a Inquisição, estes se dispersavam por todo o Mediterrâneo, onde a fertilidade de um clima menos frio deu lugar a uma das mais saborosas e características cozinhas do mundo, muito mais variada do que a dos judeus que enfrentavam rigorosos invernos do Leste da Europa. A abundância das frutas, ervas, grãos e especiarias existentes na região mediterrânea já era descrita pelo rei Salomão. Embora a maioria dos produtos fossem de temporada, outros poderiam ser encontrados o ano inteiro. Ao contrário dos ashkenazim, os sepharadim elaboraram os mais engenhosos e delicados pratos, cujo sabor provinha muito mais de ervas aromáticas e de especiarias do que do sabor de cebola frita em gordura animal. Além disso, a

abundância de alcachofras, aipo, aspargos, espinafre, alfaces variadas, tomates, berinjelas, azeitonas, pimentões, pepinos, feijões-verdes, favas, amêndoas, melões, tamarindos, abricós, uvas etc. resultou numa cozinha mais próspera, colorida e variada. Também devido à imensa variedade de culturas existentes na área do Mediterrâneo, havia uma preferência notável pelos alimentos vegetais, mais do que pelos de origem animal, assim como ocorre também nos dias de hoje, e se consome mais pescado do que carne, reservando-se esta última mais para o dia do *Shabat*, um dia especialmente festivo e santificado.

Os judeus sepharadim vindos da Espanha levaram consigo hábitos de utilizar o azeite de oliva, os cítricos, o açafrão e o uso dos frutos secos, como as amêndoas e avelãs, de que faziam uso em seus doces, ricos em ovos, para colocá-los em prática nas cidades do Império Otomano e norte da África. Em suas preparações preferiam o azeite de oliva à manteiga e à gordura de cordeiro largamente utilizada pelos árabes, turcos e bárbaros. Além das especiarias, faziam uso das essências de flores, como a água de rosas, usada desde tempos remotos na Pérsia, e dos frutos secos e do iogurte.

A cozinha sepharade compõe-se da mistura de deliciosos sabores procedentes de todos aqueles países banhados pelas cálidas e salgadas águas do mar Mediterrâneo: Espanha, Portugal, Itália, França, Argélia, Grécia, Marrocos, Israel e o que restou do Império Otomano, dissolvido depois da Primeira Guerra Mundial, e se estende por países como a Índia, Iraque, Irã, Iêmen, Tunísia e onde quer que os judeus estejam, nessas imediações. Embora os judeus sepharadim da Espanha jamais a tenham esquecido, gradualmente começaram a adotar novos estilos com outras influências, como a italiana e, mais particularmente, a otomana. É verdade que muitos dos pratos sepharadim possuem raízes ibéricas, como por exemplo os *Fideos* (ver pág. 336); a *Ajada* (ver pág. 249), uma espécie de maionese de alho; os *Maronchinos* (ver pág. 434), docinhos de nozes e amêndoas, e *Mustatchudos* (ver pág. 433), uma das maravilhosas ambrosias que se come na Espanha até hoje. Parte da comida sepharade desenvolveu-se quando a Espanha era um país islâmico, com grande influência da cozinha árabe. Mesmo até 1492, sob as regras cristãs na Espanha, e em Portugal até 1496, quando os judeus e muçulmanos se viram forçados a escolher entre o cristianismo ou a expulsão do país. Com o tempo, notou-se que os judeus e os muçulmanos, sobretudo os povos dos países do Império Otomano, compartilharam muitas tradições e segredos culinários.

A cozinha judaica do Marrocos, por exemplo, é particularmente refinada, influenciada por muitos anos da ocupação francesa. Combina temperos e comidas da tradição sepharade com técnicas e refinamentos da cozinha francesa. Temperos, como o açafrão, alho, coentro, e condimentos adocicados, como a canela, noz-moscada, gengibre, macis e pimenta-da-jamaica, são generosamente usados.

Na Índia, as tradições sepharadim são misturadas com temperos exóticos e condimentos, como o cominho, canela, açafrão-da-índia, cardamomo, sementes de coentro e gengibre. Os judeus da Índia são divididos em três grupos: os Bene Israel, que se encontram em Bombaim; os judeus de Cochin da Costa Malibar, e os mais recentes imigrantes, os judeus Iragi, que chegaram no século XIX e se estabeleceram em Bombaim e Calcutá.

Quanto aos judeus da Itália, em sua maioria, vivendo numa das partes mais antigas de Roma, geralmente fazem sua cozinha dentro da tradição sepharade, utilizando pratos de massa populares, da cozinha italiana, fazendo uso de tradicionais temperos italianos, como alecrim, sálvia e manjericão.

Entre os hábitos alimentares de Israel estão as influências absorvidas dos judeus iemenitas da Árabia, que estavam entre os colonizadores que chegaram em grandes levas para o novo mundo judaico em 1949. Como se mantiveram isolados do restante dos judeus por longo tempo, conservaram hábitos alimentares e receitas sem sofrer interferências externas, e as conservaram praticamente intocáveis. As preparações dos iemenitas levam cominho, açafrão-da-índia, alho, coentro e uma pasta fortemente condimentada, a que deram o nome de *Zhough* (ver pág. 393), e que passou a fazer parte do repertório da cozinha de Israel e consequentemente da culinária judaica.

Ainda que tenham ocorrido tantas mudanças na vida dos judeus, tanto de origem ashkenazim como de origem sepharadim, e ainda que os elementos consumidos na ali-

mentação sejam ditados pelo clima, estações do ano, disponibilidade do produto e o lugar onde vivam, sempre serão adaptados conforme as leis do *Kashrut*, no caso daqueles que seguem os preceitos da religião. Algumas semelhanças podem ser encontradas, por exemplo, no pão trançado ou *Challah*, que judeus de diferentes lugares conservam por acharem indispensável no serviço religioso do *Shabat*, assim como também no cozido em fogo lento, que se prepara antecedendo o *Shabat* – na Espanha conhecido como *Adafina* ou *Dfina* (ver pág. 93) e o *Cholent* do Leste Europeu (ver pág. 93). O primeiro, um termo que os judeus do país designaram para o que equivale ao *puchero* ou *cocido* madrilenho espanhol, feito, porém, conforme as normas dietéticas judaica do *Kashrut*, uma solução encontrada para não se cozinhar no *Shabat*, que constava de carnes, legumes, ervas e especiarias, como o açafrão. Feito às sextas-feiras para ser consumido no sábado, esta prática foi possível para os judeus, por cerca de mil anos, até a Inquisição, quando foram obrigados a deixar o país. O *Cholent*, por sua vez, adotado pelos judeus ashkenazim, muitas vezes a única refeição do *Shabat*, nos velhos tempos da Europa, acompanhou os judeus por onde andassem, e onde puderam fazê-lo. Na sua mais pura forma, ambos os pratos jamais poderiam levar porco, prescrito na religião judaica, porém depois da expulsão dos judeus da Espanha, os *marranos*, convertidos para mostrar sua fidelidade à nova fé, começaram a acrescentar porco no cozido.

Os hábitos alimentares são como gens em cada família, de uma geração para outra. Por meio de pratos familiares, pode-se definir a sua identidade geográfica, e nesse sentido a cozinha judaica tem um sabor de memória, apesar de apátrida por séculos, por conta de ter sofrido o difícil caminho da diáspora. Dentro desse espírito, a principal influência que recebeu foi a mobilidade imperiosa que fez com que fosse obrigada a fazer uso daquilo que se encontrasse disponível. Foi uma cozinha que se desenvolveu por pessoas comuns, cozinhando para suas famílias, tendo muitas vezes que improvisar, onde quer que estivessem. Não se trata de cozinha criada por *chefs*, acostumados a dirigir grandes e famosas cozinhas de hotéis e restaurantes. Embora suas raízes remontem a mais de cinco mil anos, começou como comida rústica, feita em certas regiões, pelas mãos de camponeses, sempre fiéis aos princípios judaicos do *Kashrut*. Apesar da difícil saga dos judeus, a cozinha judaica conseguiu preservar-se pelo esforço de mãos das mulheres judias, ashkenazim ou sepharadim, que, para não perder sua identidade original, transmitiam de mães para filhas seus conhecimentos, ricos em sabor, além do respeito às regras que regem os mandamentos, sobretudo aqueles cuja preocupação consiste principalmente em proteger a saúde, "tal qual mamãe costumava fazer".

Guia para Observância do Kashrut
As leis dietéticas da religião judaica

Vai pois e come o teu pão com alegria e bebe com gosto o teu vinho: porque a Deus agradam as tuas obras.

(Eclesiastes 9:7)

Acredita-se que o comportamento alimentar do homem distingue-se dos animais não apenas pela cozinha, mas também por dietética, prescrições religiosas, além de considerações éticas. Nesse particular, todos os povos terminam por fazer suas opções alimentares.

De acordo com a tradição judaica, as bases das leis que regem a alimentação foram reveladas por Deus a Moisés, no monte Sinai, como mandamentos. Essas leis têm sido um dos fatores mais importantes que influenciaram a culinária judaica e que prevaleceram na mente dos judeus universalmente, até surgir na Alemanha, no século XIX, o movimento reformista, que veio a se espalhar pela América. Na realidade, a preocupação judaica com a comida começou no Éden, com o fruto proibido. Porém o movimento reformista declarou que um judeu poderia ser judeu, ainda que não praticasse os fundamentos, que provêm da Torá, denominados em hebraico *Kashrut* (leis dietéticas), indicando alimentos adequados para uso *Kasher* (hebraico) ou *Kosher* (iídiche). De acordo com as prescrições, os alimentos assim designados em geral recebem um carimbo ou selo atestando terem sido fiscalizados e aprovados pelo rabinato. Alimentos proibidos são chamados em hebraico *tarefah*, em iídiche *treyf*, e não são permitidos pelos que seguem as leis do *Kashrut*.

Os ashkenazim têm sido muito mais rigorosos na prática do *Kashrut* do que os sepharadim. Habitando áreas de permanente repressão, tornaram-se mais fechados nas práticas ortodoxas. Os sepharadim, mesmo quando profundamente religiosos, têm demonstrado ser mais tolerantes. Entretanto, muitas das diferenças entre as práticas do *Kashrut* ashkenazim e sepharadim têm a ver também com os costumes locais, variando segundo as comunidades judaicas. Por exemplo: a maior parte das comunidades sepharadim permite que se coma arroz na época de *Pessach* (Páscoa), enquanto os ashkenazim não admitem tal ideia. Alguns sepharadim fazem uso da gordura retirada do rabo da ovelha, que fica abaixo do abdome, contrário aos preceitos dos mais ortodoxos, assim como alguns judeus etíopes misturam carne e leite, inadmissível pelos ortodoxos, ainda que não cozinhem a carne no leite materno, conforme manda a Torá, quando afirma: "Não cozerás o cabrito no leite de sua mãe" (Êxodo 23:19 e 34:26 – Deuteronômio 14:21). A explicação para tal afirmação é que se procura evitar um incesto culinário, ou seja, não se deve colocar mãe e filho num mesmo caldeirão, do mesmo modo que uma mãe e seu filho não devem ocupar o mesmo leito. A qualquer rabino que se pergunte, a afirmação será sempre a mesma: carne e leite não devem ser misturados.

Na realidade, as razões para as proibições não foram todas claramente explicadas, tanto na Bíblia quanto mais tarde nos livros sagrados escritos pelos rabinos, embora a Bíblia afirme: "Eu sou o Senhor vosso Deus, que vos separei de outros povos. Separai vós também as bestas limpas das imundas, e as aves puras das impuras: não mancheis as vossas almas comendo das bestas, e das aves, e do que tem movimento, e vive na terra, que vos declarei que eram imundas" (Levítico 20:24-25).

Supõe-se que muitas das regras alimentares são relacionadas com a criação do mundo. Numa tentativa de racionalizar as leis dietéticas, há uma afirmação de que algumas foram criadas por razões de saúde e precauções contra doenças, como a carne de porco

malpassada, que pode transmitir uma grave doença, a triquinose. Há uma afirmação que acompanha os judeus ortodoxos e que proclama: "O porco deve ser proscrito porque, apesar de ter o casco fendido, partido em duas unhas, não rumina" (Levítico 11:7), e nesse particular, ele representa o espírito da hipocrisia, já que o porco pode apresentar seus pés e alegar ser *Kasher*, embora careça interiormente do outro sinal necessário de um animal ritualmente limpo. A maior parte da complexidade do *Kashrut* aplica-se à carne, e em relação ao seu consumo existem algumas regras rígidas na religião judaica: o animal deve ser ruminante e ter o casco fendido. E embora o porco tenha o casco fendido, não é ruminante.

Em muitas passagens da história, tentativas de destruir ou solapar o judaísmo consistiam muitas vezes em forçar os judeus a comerem porco. Muitos deles, mesmo não cumprindo com rigor as leis dietéticas, consideram comer porco um rompimento final com a tradição judaica. A Torá, por sua vez, dá uma ênfase especial de que a carne de porco é insalubre, por serem os hábitos alimentares dos suínos imundos. Sabe-se, entretanto, que não é somente entre os judeus que a carne de porco é proscrita. Nas normas islâmicas proíbe-se o consumo de carne de porco, assim como dos animais sacrificados aos ídolos, ou abatidos em desrespeito às regras. Quanto aos judeus, existe também um tabu em relação ao sangue nesse particular; as leis dietéticas dos muçulmanos ditadas pelo Alcorão possuem muitas similaridades com as dos judeus.

Além de não comerem porco e seus derivados, os métodos rituais dentro de um açougue assemelham-se aos judaicos, costumando salgar a carne de maneira semelhante. Em Jerusalém, os judeus e muçulmanos partilham os mesmos abatedouros. Os muçulmanos, ao contrário dos judeus, misturam carne e leite, e se servem de *Leben*, uma forma de iogurte, para limpar o corpo de uma pesada refeição de carne e arroz. Todos os dias durante o mês de Ramadã, os muçulmanos mais religiosos jejuam durante o dia, do sol nascer ao poente, e depois se alimentam de uma refeição opípara no cair da noite. O jejum de Ramadã é o centro de suas crenças religiosas.

Guia para observância do Kashrut 53 *Cozinha Judaica*

Os cristãos, em comparação com os judeus, talvez numa reação contra as severas leis da dieta judaica, não possuem restrições dietéticas. Não obstante, durante a Quaresma, nos quarenta dias que antecedem a Páscoa, como uma penalidade, os muito religiosos abstêm-se de certos alimentos. Já os membros da Igreja Ortodoxa grega, por exemplo, não comem carne, peixe, ovos, manteiga, leite e queijo na Quaresma. Outros povos, como os etíopes, fazem cerca de 270 jejuns durante o ano.

A verdade é que os aspectos higiênicos da lei judaica atenuaram durante séculos os efeitos dos povoados congestionados em que habitualmente viviam os judeus. A circuncisão, o hábito do banho semanal e a proibição de certas carnes como alimento deram aos judeus uma proteção superior contra moléstias que existiam nas suas vizinhanças cristãs. A lepra, por exemplo, era frequente entre os cristãos pobres que comiam carne ou peixes salgados, e rara entre os judeus. Supõe-se que seja esta a razão, até porque em certas épocas os judeus tivessem sofrido menos do que os cristãos de cólera e outras moléstias similares. Segundo Maimônides, os preceitos das leis dietéticas judaicas visavam a favorecer a saúde do corpo e o bem social.

As leis do *Kashrut* aplicam-se somente para o consumo de produtos animais. Todos os alimentos que procedem de plantas são *Kasher*: verduras, ervas, especiarias, cereais, grãos não processados, frutas e frutos secos, o que não os transformaria necessariamente em alimentos judaicos. Por exemplo: uma batata é *Kasher*, a menos que seja frita em banha de porco ou gordura não aprovada com o selo "Kasher": "Não comereis gordura de ovelha, nem de boi, nem de cabra" (Levítico 7:23). A esse respeito, não se permite também o uso de gordura proveniente de produtos lácteos (manteiga, margarina) no preparo de carnes. O fato de os judeus ashkenazim não terem acesso a óleos vegetais ou azeite onde moravam na Europa obrigou o uso frequente da gordura obtida com a banha de galinha ou de ganso, frita em grandes quantidades e estocada em potes. (Ver *Schmaltz*, pág. 77)

Se um judeu seguisse uma dieta vegetariana rígida, automaticamente estaria seguindo um rigoroso *Kashrut*. Porém, conforme diz o Talmud: "Não há ocasião alegre sem vinho e não há ocasião alegre sem carne." Sendo assim, a maioria dos judeus não segue um regime vegetariano rigoroso.

Os critérios escolhidos para distinguir os animais "puros" referem-se especialmente aos órgãos de locomoção: as patas para os animais terrestres, as barbatanas para os aquáticos. Os animais puros devem se locomover. São proscritos então os animais aquáticos que se fixam no fundo das águas ou nas pedras. Em consequência, todos os mariscos são proibidos. Entre os animais impuros, estão incluídos aqueles desprovidos de patas: "Tudo que anda de rastos sobre a terra será abominável e não se comerá dele" (Levítico 11:41). Lendo a Bíblia com atenção, podem-se descobrir algumas proibições alimentares. Segundo o Gênesis, quando Deus puniu a serpente culpada de ter conduzido o primeiro casal humano à desobediência, declarou: "Pois que tu assim o fizeste, tu és maldita entre todos os animais e bestas da terra: tu andarás de rojo sobre o teu ventre, e comerás terra todos os dias da tua vida" (Gênesis 3: 14). Para os judeus, o fato de os répteis não terem um órgão de locomoção é considerado uma anomalia, um mal.

É considerado impuro o animal que não respeita os planos de Deus, como os crustáceos, por exemplo, e animais marinhos que se deslocam sobre patas e vivem na água com órgãos terrestres. Pois, segundo os planos do Criador: "Fervilhem as águas um fervilhar de seres vivos, e que as aves voem acima da terra, sob o firmamento do céu" e acrescenta: "Que a terra produza seres vivos segundo sua espécie."

Há também uma menção sobre os insetos que se mexem no chão sem utilizar as asas: "Tudo o que voa, e anda sobre quatro pés, será para vós abominável" (Levítico 11:20). A esse respeito, embora a abelha não seja *Kasher*, o mel não é considerado uma parte do corpo da abelha, sendo especificamente comido na festa de *Rosh-Hashaná*, quando nele se mergulha o pão e um pedaço de maçã para se ter um Ano-Novo doce. Originalmente, o mel era feito de tâmaras. Há também uma menção sobre alguns tipos de gafanhotos, considerados *Kasher*, mas só são comidos onde existe uma tradição de se comerem gafanhotos.

Um animal que oscila entre duas categorias, e confunde as fronteiras entre os animais do ar e da água, não pode ser consumido, pois os que pertencem a duas espécies dife-

rentes têm a marca de uma intervenção do Mal na criação. Há ainda uma menção sobre os pássaros que passam mais tempo na água do que no ar, transitando entre os reinos, e que são considerados impuros, como é o caso da gaivota, o alcatraz, o cisne, o pelicano e a garça, assim como o avestruz, um animal feito para voar que vive na terra, sendo considerado impuro para consumo.

De acordo com as leis judaicas, a caça é terminantemente proibida. O animal deve ser doméstico, e isto também diz respeito às aves. Galinhas, perus, gansos, patos e pombos estão entre as aves que um judeu pode comer, enquanto a maioria das outras aves, particularmente as de rapina, são proibidas. São considerados limpos e permitidos os animais herbívoros que comem gramas e folhas, que tenham o casco fendido.

A matança deve seguir as Leis de Shehitah, que têm como objetivo poupar o sofrimento do animal, e deve ser feita por um *shochet*, um indivíduo treinado, que deve ser um judeu adulto do sexo masculino, credenciado por uma autoridade rabínica, com um certificado de fidedignidade. O abate deve ocorrer, da maneira mais rápida possível, de um só golpe, com uma faca especialmente afiada, cortando a traqueia e a veia jugular, para causar o mínimo sofrimento e dor possíveis, levando o animal a uma morte instantânea. Para seguir este ritual com perfeição, o *shochet* antes examina a faca, primeiro com a unha, para certificar-se de que está perfeitamente lisa e sem chanfradura, e o rabino local também a examina em busca de ranhuras que possam invalidar a *Schehitah* (matança). Por fim, uma bênção é feita pelo *shochet*, antes de cortar a traqueia e a goela.

Após a morte, a carcaça é minuciosamente examinada à procura de qualquer vestígio de doença. Nessa ocasião, algumas precauções também são tomadas, como, por exemplo, o de não se comer o traseiro do animal onde o nervo ciático não tenha sido removido. A origem dessa norma tem fundamento numa luta corporal que Jacó teve com um anjo, e que ao tocar-lhe, colocando a mão no nervo ciático, o deixou coxeando de uma perna (Gênesis 32:32). Pelo menos, é como se supõe como razão, porque até hoje os filhos de Israel não comem esse nervo, lembrando daquele que foi tocado na coxa de

Guia para observância do Kashrut 56 *Cozinha Judaica*

Jacó, e que o deixou sem movimento. A gordura abaixo do abdome também não pode ser comida, porque nos primeiros tempos servia de oferenda às leis sacrificiais no altar. Seguindo o ritual da matança, depois de matar o animal, sua carne deve ser submersa em água fria com sal grosso por cerca de 30 minutos e com sal *Kasher* por uma hora, para que não fique nenhum vestígio de sangue, processo esse denominado, em hebraico, *melihah*. A esse respeito, os judeus que não são ortodoxos compram carne em qualquer açougue, ignorando as regras citadas, assim como se alimentam de carne malpassada. Também existem judeus que, mesmo se considerando como tal, comem porco e seus derivados, frutos do mar e caça.

Na Bíblia, Adão e Eva foram criados como vegetarianos. A história começa com dois relatos distintos da criação. A primeira criação deveria ser vegetariana, e assim permanece até as ordens dadas por Deus a Noé. Além de Adão e Eva não poderem comer da árvore da vida, não deveriam consumir carne, pois, ao matarem animais para comer, eles estariam usurpando o território do Vivente, e conforme as leis de Deus, só a divindade que dá a vida pode tirá-la. Quando Deus concedeu a Noé o direito de comer carne de animais, deixou bem claro: "Excetuo-vos somente a carne misturada com sangue, da qual eu vos defendo que não comais" (Gênesis 9:4). Para os judeus ortodoxos, o sangue representava o princípio vital e deveria ser derramado no altar em oferenda a Deus. As leis judaicas proíbem o consumo de sangue baseadas também no princípio de que o sangue é a vida. Em consequência, antes de preparadas, permanecem na salmoura, enxaguadas três vezes em água fria no final. Essa é sem dúvida uma das mais fortes proibições do judaísmo. Para que a carne esteja de acordo com a lei, é fundamental que dela se extraia a mínima gota de sangue. Em relação ao fígado, uma forma alternativa consiste em grelhá--lo, em substituição ao processo de Kasherização, salgando a carne.

Os produtos lácteos só devem ser consumidos quando provierem de animais *Kasher*. Muitos judeus ortodoxos só consomem leite que seja produzido sob a supervisão de um rabino, para não haver dúvida sobre sua origem. Produtos lácteos não podem ser cozidos nem comidos com carne. Nas residências ortodoxas é feita a separação entre lugares onde se lida com carne e onde se manipulam produtos lácteos – armários, geladeiras, pias, além de louças, talheres e utensílios em geral. No caso de ingestão de carne ou produtos lácteos, é necessário haver um intervalo entre um e outro, variando de uma a cinco horas conforme a tradição local. Após uma refeição de queijo, deve-se esperar pelo menos uma hora para o consumo da carne.

Os pescados e os ovos são denominados alimentos *Parve* (em iídiche significa neutro; também *Pareveh*). Podem ser cozidos e comidos junto com outros. Os ovos devem ser de aves *Kasher*, nunca de aves de rapina, animais carniceiros ou necrófagos ou ainda animais rasteiros. Nenhum ovo, mesmo de ave *Kasher*, pode ser comido caso apresente a mínima mancha de sangue. Caso isso ocorra, pelas leis judaicas deve ser imediatamente descartado.

Os judeus consagram os peixes como símbolos de fertilidade, mas para a utilização de pescados há que se seguir certas regras: não é considerado *Kasher* o peixe que não possua escamas e barbatanas. Porém, ao contrário da carne, os peixes não precisam ser mortos de uma forma especial. A Torá compara o envolvimento dos judeus com a posição do peixe na água. Se os peixes tentam escapar da rede dos pescadores saindo do rio, eles morrem. Assim também os judeus: se já são perseguidos quando vivem uma vida inteiramente judaica, e de acordo com o que estipula a *halachá* (em hebraico "caminho" ou "trilha"), tão mais inseguros estarão se abandonarem suas tradições.

Na lista de peixes *Kasher* estão: anchovas, atum, boga ou piapara, bótola, cavala, corvina, linguado, merluza, mero, salmão, sardinha e truta. Os problemas com pescados enlatados são vários: em primeiro lugar, se o pescado declarado é realmente o que se apresenta, como é o caso do atum, às vezes substituído por outros pescados com forma e sabor semelhantes. Outro inconveniente é o agente ou óleo utilizado, que pode ser proveniente da pata de um animal que não é considerado *Kasher*. Portanto, sendo o produto enlatado, deve-se verificar a existência do selo ou carimbo *Kasher*.

Guia para observância do Kashrut   *Cozinha Judaica*

O Talmud se preocupa bastante com a comida e a forma como esta é preparada. Por isso, é comum ver judeus realmente religiosos que não comem em outros lares ou lugares onde não são observados os preceitos do *Kashrut*. Para atender às demandas de cada segmento de clientes, as companhias de aviação costumam ter um serviço de refeição com o selo *Kosher* (termo iídiche usado para a palavra *Kasher*), que se destina aos judeus praticantes que transitam de um lugar a outro. Trata-se de um serviço absolutamente confiável, pois é fiscalizado com absoluto rigor pelo rabinato. Algumas empresas, seja por interesse comercial ou por favorecer sua imagem de compromisso com a comunidade judaica, optaram por enfrentar o desafio e oferecer alimentos elaborados segundo estrita norma da religião. Seguindo esse exemplo, a cadeia de *fastfood* McDonald's, a partir de novembro de 1998, inaugurou a primeira lanchonete oferecendo produtos *Kasher* fora de Israel. A partir disso, todos os processos de elaboração do McDonald's passaram a ser certificados por um rabino, desde controlar a forma pela qual se mata a vaca, até a chegada do produto final, forçando o McDonald's a contratar um novo fornecedor de carnes que cumprisse as normas exigidas. Ao mesmo tempo, alguns sanduíches foram modificados para não misturar carne e queijo. Apesar de todo esse trabalho, segundo as estimativas hoje, a lanchonete *Kasher* recebe cerca de quarenta mil pessoas por mês.

Durante a Páscoa judaica todo judeu que segue a religião não come pão nem derivados que tenham sido fermentados com levedura ou bicarbonato (*Chametz*, termo hebraico para "fermento"). Utiliza-se, pois, a farinha de *Matzá* e a fécula de batata. São proibidos cinco tipos de grãos por possuírem agentes fermentadores: trigo, cevada, centeio, aveia e espelta (espécie de trigo de qualidade inferior). Os ashkenazim também descartam arroz, milho seco, feijões e lentilhas por causa da similaridade com esses outros grãos mencionados e consequentemente por sua capacidade de fermentação. Apesar de a *Matzá* ser feita de farinha de trigo, sua preparação segue certas precauções, e é assada no máximo dezoito minutos depois de se misturar a farinha com a água, pois se passar desse tempo o produto será considerado levedado. Os judeus ortodoxos praticantes costumam ter jogos de cozinha e de mesa adicionais, que são para o uso de *Pessach*. Como o cristal é considerado material não absorvente, não é necessário possuir mais de um jogo numa casa *Kasher*. Entretanto, segundo a tradição, em Pessach, os cristais devem ficar submersos em água por vinte e quatro horas.

No calendário anual judaico, existe um período durante o qual não se come carne e que está relacionado com as três semanas que antecedem o jejum de *Tisha B'Av*, que celebra a destruição do Primeiro e Segundo Templos hebraicos de Jerusalém. Os judeus mediterrâneos mais religiosos também têm o mesmo comportamento lembrando do exílio forçado depois da Inquisição da Espanha em 1492. Nos nove dias anteriores ao *Tisha B'Av* os judeus praticantes do mundo inteiro fazem uma alimentação vegetariana.

O ramo de bebidas também despertou para a comunidade judaica, como é o caso da Pepsi, que desde 1934 já vinha elaborando concentrados *Kosher* em sua unidade de Arlington, nos Estados Unidos, e em Porto Rico. A Pepsi da Argentina já lançou a Pepsi *Kosher*, o que não é de estranhar, por ser a comunidade judaica desse país muito expressiva. Seguindo o exemplo da Argentina, a Pepsi do México também passou a fabricar o novo refrigerante. Segundo dados do relatório do Instituto de Política do Povo Judeu de 2015, Israel contém a maior comunidade judaica do mundo, seguido pelos Estados Unidos, pela França, pelo Canadá e, em quinta posição, pela América Latina.

Em relação ao consumo de bebidas alcoólicas, a história demonstra que beber nunca foi passatempo favorito dos judeus, embora membros do movimento hassídico usem o álcool como forma de dar mais intensidade a suas práticas religiosas. Não obstante, as bebidas alcoólicas desempenharam importante papel em várias histórias e proibições da Bíblia. Ao beber vinho em excesso, depois do dilúvio, Noé, por exemplo, acabou sendo desdenhado por seus filhos. Após a destruição de Sodoma, Lot, por ter se embriagado, foi levado a procriar com suas duas filhas e, sem perceber o que estava acontecendo, terminou por tornar-se pai dos filhos delas.

Em Israel, hoje, existe uma razão primordial para não se beber em excesso: a segurança. Os judeus precisam estar em constante estado de alerta. A única ocasião em que um judeu é incentivado a beber mais é na festa do *Purim* (ver *Purim,* pág. 117), quando se pretende que ele perca sua capacidade de discernir entre heróis e vilões. Tal comportamento recebe a denominação *Adei-lo-iada,* que em aramaico significa "até que ele não saiba". Nessa festa, a história explica que de tanto beber, não se sabe diferenciar entre Mordecai, o herói do Livro de Ester, e a maldição de Haman, o vilão da história. No moderno Estado de Israel, o *Adei-lo-iada* é um festival, carnavalesco, com desfiles pelas ruas. Porém, mesmo nesse país, onde quer que os judeus estejam, o vinho tem um lugar sagrado na vida judaica. Não se trata apenas de qualquer bebida alcoólica. É o vinho usado para fazer o *Kiddush,* no cerimonial de bênção que se recita no *Shabat,* em dias sagrados, assim como em celebrações especiais. No *Pessach* ou Páscoa, quatro copos de vinho são tomados; no cerimonial de um casamento, dois copos; um copo ao se fazer uma circuncisão, dando-se ao recém-nascido uma porção ínfima de vinho, colocada em sua língua, ainda que tenha apenas oito dias de nascido. Independente da ocasião, o vinho que se toma é em geral vermelho, adocicado e fortificado.* Por ser um vinho agradavelmente adocicado e não muito forte, não só os adultos mas também as crianças podem fazer uso dele.

Existem famílias muito religiosas que preparam seu próprio vinho, em casa, para atender as suas necessidades. Não é permitido beber vinho produzido por não judeus na dieta *Kasher.* Para atender ao *Kashrut,* existem algumas produtoras em Israel, França, Itália, Austrália, África do Sul e Estados Unidos, sobretudo na Califórnia, produzindo em grande escala e segundo as exigências da religião.

Primeiramente, as uvas só podem ser manipuladas por judeus que pratiquem os mandamentos do *Shabat*. Na Antiguidade, os sábios judeus condenavam o vinho produzido

---

*Vinho fortificado: nome genérico que se dá ao mosto ou vinho que recebeu a adição de aguardente de vinho. Dependendo do momento em que se adiciona o álcool, transforma-se em vinho doce natural ou vinho de licor. Nesse ponto, sua fermentação é interrompida, e seu teor alcoólico, intensificado.

por não judeus. Vários relatos contam que na Idade Média todo ano parte da população judaica ocupava-se das colheitas, desde calcar as uvas com os pés, até colocar o vinho em cubas, guardando a chave na adega, para evitar que um gentio interviesse em sua elaboração. A explicação é que em passado distante era o vinho utilizado no culto idólatra, e não se aceitava entre os judeus esse vinho de idolatria. Por extensão, não se bebia vinho utilizado nas igrejas. Para evitar situações de sociabilidade, que poderiam conduzir a uma assimilação e por conseguinte a possibilidade de casamento de diferentes grupos religiosos, não deveriam os judeus beber vinho dos gentios, e, além disso, há uma exigência da religião judaica de que o vinho *Kasher* deve ser aberto à mesa, na frente de quem irá bebê-lo, e somente aberto por um judeu religioso.

Como distinguir o vinho *Kasher* do não *Kasher*? As leis para o vinho são mais rigorosas do que para outros alimentos e outras bebidas, porque o vinho faz parte de rituais nas sinagogas ou em casa, como o *Kiddush*, a bênção que se recita sobre o vinho na véspera do *Shabat* ou em outras comemorações, como *bar-mitzvá* e casamentos. Duas organizações tornaram-se conhecidas para garantir a segurança de um vinho *Kasher*: a Orthodox Union, um organismo internacional que existe há 75 anos, e cujo símbolo que estampa na garrafa é a letra U dentro da letra O, e a norte-americana Kosher Overseers Associates of America, que usa uma letra K estilizada. Além disso, o vinho *Kasher* deve ter um rótulo em que se leem os dizeres "*Kosher* para *Pessach*" (ou *Kosher for Passover*) ou com a letra P. Isto garante que o vinho não teve nenhum contato com farináceos, pão e grãos ou qualquer produto de massas levedadas. Dentro desse esquema, são requisitos imprescindíveis aplicados à vinicultura que pretender fabricar vinho *Kasher*: as plantações de uva não podem estar próximas à plantação de trigo (ver *Pessach*, pág. 121).

Todos os equipamentos envolvidos no cultivo, na fermentação, no envelhecimento e no engarrafamento devem ser usados exclusivamente na produção de produtos *Kasher*. A cada sete anos, seguindo-se uma lei bíblica, os campos produtores de vinho devem descansar sem dar colheitas. Isto se refere ao *Shemitá* (em hebraico, ano sabático), quando o trabalho agrícola em terras de propriedade judaica em Israel é proibido, e isso se reflete ao último ano de cada

ciclo de sete anos, e também durante o ano de Jubileu, após sete desses ciclos: "Semeareis os vossos campos seis anos a fio, e seis anos podareis as vossas vinhas, e recolhereis os seus frutos. O ano sétimo, porém, será o sábado na terra, consagrado à honra do descanso do Senhor. Não semeareis os vossos campos, nem podareis as vossas vinhas. Não segareis o que a terra produzir espontaneamente, nem comereis os cachos da vinha, cujas primícias costumáveis oferecer, com quem a quer vindimar: porque este é o ano do descanso da terra" (Levítico 25:3-4-5). Entretanto, como as parreiras precisam ser nutridas e cuidadas, os agricultores podem vender temporariamente suas parreiras a não judeus, enquanto durar o sétimo ano de descanso. Nos primeiros três anos, a fruta de uma nova parreira não deve ser retirada, por isso os botões da flor são removidos, evitando assim a formação de frutos. Essa regulamentação, no entanto, aplica-se somente às viniculturas de Israel, onde as leis que regem a agricultura datam de tempos remotos.

Numa religião cheia de simbolismos não é de causar admiração uma cerimônia, feita pelos judeus, na qual se despreza 1% da produção da videira, com o objetivo de não esquecer os 10% ou taxa um dia pagos no Templo de Jerusalém. Este dízimo ou *maasser* (em hebraico) nos tempos bíblicos era cobrado de diferentes produtos da Terra Santa, pois há a crença de que Deus recompensa os dízimos com riquezas: e acreditava-se que aquele que oferecia dízimos livrava-se do inferno (Números 18:21-6 e Deuteronômio 14:2-9 e 18:3-4). Desses dízimos, alguns iam para os sacerdotes, outros para os levitas* ou para os pobres, em diferentes anos do ciclo da *Shemitá*. O equivalente ao dízimo hoje é revertido para caridade, como uma extensão da lei do dízimo agrícola.

Antigamente os judeus utilizavam nas bênçãos durante as funções judaicas vinhos adocicados *Kasher*. Nos dias de hoje são incontáveis os estabelecimentos vinícolas e vinhas que estão produzindo vinho de primeira qualidade, permitindo seu uso o ano inteiro, e com isso os vinhos adocicados *Kasher* praticamente se tornaram uma coisa do passado.

---

*Levitas: membros da tribo de Levi, aos quais se incumbia a especial tarefa de cuidar do Tabernáculo e do Templo. Os levitas são descritos como guarda-costas de Deus, e eram sustentados por dízimos.

O Shtetl

P arte da cozinha ashkenaze desenvolveu-se no *Shtetl* (em iídiche, "cidadezinha ou "aldeia").*

A grande maioria daqueles que viveram no *Shtetl* não existe mais, porém seus descendentes sabem por intermédio de relatos o significado do que era viver confinado na "área de estabelecimento", especialmente na área onde existiam os *Shtetls*, e que se estendia desde os extremos da Alemanha, a oeste de regiões da Rússia czarista. Por volta do século XIX, enquanto uma pequena parcela de judeus morava nas cidades maiores, uma outra vivia num outro mundo, a do *Shtetl* formado por pequenas aldeias quase que exclusivamente habitadas por judeus, embora nas imediações vivessem alguns gentios, morando todos em choupanas de madeira, que se enfileiravam quase sempre em ruas sem calçamento, feitas de terra batida, geralmente enlameadas pelas chuvas, especialmente depois de a neve derreter, em várias localidades, após longos e gélidos invernos. A carência material era visível: as pequenas casas não possuíam mais de dois cômodos, raramente três, e apesar de pequenas, algumas famílias, por necessidade, conseguiam para sobreviver reservar um canto para o sustento, seja como sapateiro, ferreiro, artesão, alfaiate ou até alugando o pedaço para um vizinho de família numerosa, para que pudesse trabalhar.

**Shtetl*: pronuncia-se "steitl".

De um modo geral, a vida nas "áreas de estabelecimento", como na verdade em toda a Rússia sobretudo, exigia um esforço desvairado para ganhar o sustento da família, e quase sempre o judeu era obrigado a aceitar qualquer espécie de trabalho, por mais degradante ou exaustivo que fosse. Entretanto, no *Shtetl*, em meio a um mundo hostil e brutal, com rigorosos invernos, os judeus conseguiam desenvolver seus valores próprios, obcecados por seu passado repleto de misticismo, guardando a esperança de um futuro melhor. A lembrança dos *pogroms* (em russo "destruições") não os abandonava. Todos os judeus sabiam muito bem que *pogroms* eram massacres organizados para aniquilamento de qualquer grupo ou classe, com especial conivência do governo, mais especificamente contra judeus. Era sabido que o governo czarista, por exemplo, incentivava os *pogroms* para forçar os judeus do *Shtetl* a migrar, e para proporcionar um bode expiatório à população russa insatisfeita. Sabia-se também que os sentimentos antijudaicos dos russos comuns que participavam desses ataques se baseavam em ressentimentos gerados pelo caráter econômico, e que eram inspirados também pelo antissemitismo. Na tentativa de escapar às perseguições religiosas e aos *pogroms*, e à grande dificuldade para ganhar a vida, uma grande parte dos homens judeus do *Shtetl* mergulhava no estudo da religião, pois na falta de um objetivo de mais largo alcance, a religião passou a tornar-se um misto de obsessão e recreação, e de certa forma, através do conhecimento, resultado de um profundo estudo e de um certo prestígio que no final se traduzia num fio de orgulho. Sendo a religião o principal sustentáculo dos judeus, viver sem o conforto espiritual de uma sinagoga não passava pela imaginação dos habitantes de um típico *Shtetl*. O saber tornou-se uma peça fundamental para a sobrevivência, e apesar das limitadas oportunidades, o homem do *Shtetl* o cultivava por intermédio da religiosidade, tanto que a educação dos meninos era feita no sentido de os enviar depois para uma *ieshiva* ou colégio talmúdico, onde os estudos da religião se aprofundariam. Para aqueles judeus, o *status* provinha do estudo tanto quanto da riqueza. A importância que se dava ao estudo talmúdico quase sempre transformava muitos dos jovens em homens inteiramente despreparados para a

luta pela vida, tornando-se necessário em tais casos que as esposas tomassem a frente dos negócios, transformando-se no arrimo do casal. Porém, curiosamente, apesar de uma aparente desordem no *Shtetl*, os judeus desenvolveram uma poderosa e interna ordem e uma sociedade formal dirigida pelos rabinos. A lei talmúdica, que exercia profunda influência moral, determinava as responsabilidades sociais dos judeus. Os crimes de violência entre os judeus eram praticamente desconhecidos. A infidelidade e a embriaguez, extremamente raras. Talvez mais comuns eram delitos tais como sonegação de impostos, o contrabando e outras negligências extralegais semelhantes. Todos os *Shtetls* possuíam uma sinagoga, por menor que fosse, onde os homens passavam grande parte do tempo, estudando a Torá e *Midrash*, enquanto as mulheres, em sua maioria, dirigiam e governavam a casa. Trabalhadoras incansáveis, heroínas anônimas, eram elas que em geral labutavam pelo sustento da casa, ao mesmo tempo que cuidavam da família, algumas trabalhando em alguma banca ou barraca no mercado que por sua vez era o centro nervoso do *Shtetl*. Ali tudo se vendia: tecidos, couro, sapatos, peles, conservas, farinhas, grãos, frutas e carnes. Havia um dia na semana em que o mercado se enchia de campônios de várias outras regiões, carregando carroças com produtos variados: vacas e consequentemente leite, galinhas, frutas, ovos e vegetais. As mulheres não usufruíam de uma vida aconchegante, pois além de cuidar da casa trabalhavam febrilmente, muitas vezes viajando também de uma cidade para outra, onde poderiam vender com mais sucesso alguns dos produtos que preparavam em casa, e que nem sempre era possível vender no recinto onde moravam. E assim o faziam com geleias feitas em casa, pepinos marinados, arenques em conserva, além de que algumas fabricavam sabão. Com todas essas tarefas, ainda eram responsáveis pelo ritual doméstico, mantendo as leis dietéticas impostas pela religião judaica, que assumiam com um profundo sentimento junto à família. Os rituais ligados à comida eram seguidos não como uma obrigação, mas como uma satisfação e esforço contínuos com cuidados especiais na preparação dos alimentos a serem servidos nas sextas-feiras à noite e no dia de *Shabat* até o seu término. Naquele mundo onde havia

uma íntima ligação com Deus, a comida funcionava como um elo entre o sagrado e o profano. E dentro desse espírito, a mulher atuava como a alma da constelação familiar. Entre as mulheres havia um forte conceito de que os homens possuíam suas necessidades e as mulheres se devotavam a essas necessidades, além das da família como um todo. No *Shtetl* havia alguns esquemas de assistência social para dar apoio aos que estivessem em situação particularmente difícil, e nesse sentido, esperava-se que todos contribuíssem para a caridade. Mendigos locais eram parte da comunidade. Apesar da luta constante, os judeus do *Shtetl* procuravam conviver com a alegria, que era parte da vida. Na véspera do *Shabat*, o judeu se despia de suas preocupações diárias, fazia suas abluções e vestia roupas limpas. Entre os moradores do *Shtetl* quase não havia portas fechadas. Mesmo ocupados, havia sempre uma chance para uma conversa amistosa, seja para contar a última novidade, um cochicho, a última anedota, fruto de um peculiar e melancólico humor, nem que esse procedimento ocorresse ao se passar rapidamente na casa do vizinho mais próximo para se obter emprestada uma xícara de farinha e que em geral resultava em se usufruir de uma chávena de chá, que saía fumegante de algum samovar. A língua franca era o iídiche, que os judeus chamavam de *"mame loschen"*, ou língua mãe. No núcleo da vida no *Shtetl* estava a grande família, *mishpoche* (em hebraico *"mishpachá"*), com seus ramos e grande número de filhos. Em alguns poucos casos a cidade possuía uma feição inteiramente judaica, porém, embora houvesse tensão no *Shtetl* entre os judeus e não judeus, tinham algumas relações recíprocas. Era comum que entre os judeus ao nascer uma criança os visitantes aparecessem com alimentos prazerosamente ofertados. A comida estava presente em todas as comemorações: o nascimento, o *bar-miztvá* e outras celebrações. Nessas ocasiões toda pequena comunidade era convidada e com ela vinham os votos de *"mazal tov"* (congratulações). Mesmo nas ocasiões tristes, quando desaparecia um ente querido, se trazia comida da mesma forma, para preencher o vazio do desaparecimento do parente, do amigo.

Em função do *Shabat*, os dias que antecediam esse dia sagrado e de descanso semanal eram bastante ocupados. Fora o *Shabat* seguiam-se todos os rituais das festividades judai-

cas lideradas pelo rabino local, e nessas ocasiões havia um encantamento no ar. O ciclo da vida doméstica era marcado pelas preparações das comidas que iriam ser servidas nas festividades. Durante a semana, o tempo era curto. Antes que o implacável inverno chegasse, era preciso estocar comida. No fim do verão, aproximando-se o outono era a melhor época para se prepararem os vegetais para conservas, as frutas para as geleias. Algumas frutas eram desidratadas no forno. A gordura de galinha ou *Schmaltz* era derretida e estocada em potes, e com esse líquido viscoso fazia-se grande parte das preparações salgadas tão apreciadas da culinária ashkenaze.

O *Shtetl* tornou-se o principal centro demográfico ashkenazim, onde era permitido grande parte dos judeus viver, perfazendo uma população de cinco milhões de almas. Foi na aldeia, no *Shtetl*, que desabrochou uma rica literatura em iídiche, sobressaindo-se também um folclore judaico-poético, introspectivo, filosófico, sutil, piedoso e moralista, porém quase sempre ético, contendo lições de conduta. Mas, principalmente, foi no *Shtetl* que surgiu uma nova cultura judaica, o chassidismo, espécie de movimento evangélico das massas, dando lugar a uma nova liturgia, fervilhante, renovadora, supersticiosa e confortadora, que se desenvolveu sobretudo na Polônia, trazendo para o movimento muitos eruditos, além de atrair também judeus iletrados, terminando por se erguerem sinagogas autônomas, no início formalizando uma religião de protesto, aproximando-se da ortodoxia institucionalizada, hoje em dia uma grande e importante força conservadora que se opõe às introduções da modernidade na vida judaica tradicional.

No fim do século XIX, com a Europa empobrecida e dilacerada por conflitos sociais e nacionais, os judeus, especialmente os do Leste Europeu, fugindo de uma vida quase insustentável, com situações de extrema pobreza, gerada principalmente pela falta de oportunidades, vislumbraram na América a possibilidade da esperança de uma vida melhor. Um enorme contingente de judeus conseguiu emigrar. O que restou no *Shtetl* foi desaparecendo e finalmente sucumbiu com o holocausto, sem deixar vestígios.

Delis

Por volta do fim do século XIX, os imigrantes russos, ucranianos, poloneses e alemães escolheram para moradia o Lower East Side de Manhattan, assim como a região em torno de Brighton Beach em Brooklyn. No século XVIII, o Lower East Side era uma área rural dividida praticamente por duas abastadas famílias: De Lanceys e Rutgers, e no começo do ano de 1800 tornou-se a escolha residencial de famílias prósperas, onde construíam-se elegantes residências. Porém, veio a onda de imigração modificando o perfil da vizinhança, que começou primeiro com a chegada dos irlandeses na metade do século XIX, que fugiam da famosa devastação da batata (Potato Blight, em 1846), e, posteriormente, a partir de 1880, a vinda dos judeus-russos, fugindo dos *pogroms* da Rússia czarista.

Apesar das incontáveis dificuldades, vivendo a princípio em míseras condições no Novo Mundo, com cenas de crueldade e condições de trabalho e moradia desumanas, que foram captadas pelo famoso jornalista e fotógrafo Jacob Riis, que as expôs no livro *How The Other Half Lives,* em 1890, os judeus conseguiram de alguma forma desenvolver uma infraestrutura forte, que lhes permitia sobreviver na parte quadrangular formada pelas ruas Canal, Essex, Delancey e Bowery, formando-se depois um corredor que também ocupava da rua Orchard à rua Pitt perto da Williamsburg Bridge.

Entre 1880 e 1920, mais de dois milhões de judeus do Leste Europeu chegaram nos Estados Unidos, sendo que quinhentos mil se estabeleceram sobretudo no Lower East

Side, perfazendo uma das mais densas áreas populosas no mundo, onde cada centímetro quadrado era disputado.

Em meio a uma fervilhante e energética Babel constituída de um comércio onde se praticava o que fosse possível e impossível para sobreviver como meio de vida, surgiram também as *delis* judaicas, dirigidas em sua maioria por judeus imigrantes, que de início vinham, grande parte, da Alemanha, muitos deles não praticantes da ortodoxia alimentar da religião.

O espírito das *delicatessens*, conforme se tornaram conhecidas em seus primórdios na América, era vender comida originalmente alemã, como certas salsichas incrementadas, presuntos; um tipo de toucinho de porco curado, levemente defumado, que mais se assemelhava a um presunto cru do que ao *bacon*, conhecido como *speck*, e algumas carnes fortemente temperadas – de boi, paleta ou peito – que depois eram defumadas ou cozidas, que se denominavam *pastrami* (originalmente romeno). Geralmente eram vendidas fatiadas, cortadas tão finas como o *prosciutto* italiano, e com as quais se preparavam sanduíches apreciadíssimos e fartos, famosos até hoje. Porém, algumas dessas *delis*, com o intuito de enriquecer o repertório de suas comidas, sem a preocupação de oferecer comida *Kasher*, vendiam também *Gefilte Fish* (ver pág. 236), rosbife, saladas de batatas, arenque, além de conservas, como a de pepino e picles, e *Sauerkraut* ou chucrute.

Apesar do surgimento das *delis*, quando os judeus se instalaram no Lower East Side, não se podia usufruir de nenhuma fartura. As compras de comida resumiam-se em pitadas de cada alimento, no sentido figurado da palavra: o equivalente a cinco *cents* de manteiga, três *cents de* açúcar; tudo resumido em frações de dólar, sem nenhuma margem para excesso, conforme descreve Michael Gold, em sua obra-prima *Judeus sem dinheiro*, escrita anos mais tarde, em 1930. A sobrevivência de uma família tinha que ser reduzida a alguns poucos centavos.

Entretanto, para as famílias judaicas ortodoxas, que só comiam em suas próprias casas, preservando a dieta *Kasher*, algumas *delies* começaram a se preocupar em introduzir

um novo conceito de comer fora. Novos estabelecimentos supervisionados por rabinos começaram a surgir aos poucos, como restaurantes diferenciados, alguns cuja aparência assemelhava-se a leiterias conjugadas com panificação, servindo refeições e pequenos lanches em mesas, oferecendo sopas que não continham carne, *Blintzes* ou panquecas de queijo (ver pág. 411), bolos e pastelaria rica em sabor, farta variedade de pães orgulhosamente caseiros, que, além de se poder levar para casa, se transformavam em deliciosos sanduíches feitos com peixe defumado e *Cream Cheese*, conforme o faziam com o *Bagel*, uma espécie de emblema judaico da cozinha ashkenaze (ver pág. 41). Este tipo de alimentação era compatível com os princípios do *Kashrut*, infundindo confiança entre os mais ortodoxos; como consequência, terminou entrando para o cenário gastronômico de Nova York, onde existe uma população judaica de milhões, além de cair no gosto dos não judeus. Uma *deli* poderia ser uma loja que vendia comida preparada, ou um tipo de restaurante especializado em carne ou em queijo e peixe; nunca em ambos. Os sanduíches feitos nas *delis* tornaram-se uma das preferências do nova-iorquino judeu ou não judeu, habituado a fazer seu *breafkfast* na rua. Uma das estrelas cintilantes até hoje é o *Bagel* com *Lox* e *Cream Cheese* (ver págs. 163 e 240), resultado da feliz descoberta de que salmão, *Cream Cheese* e *Bagel* fazem um trio insuperável.

Consta que os estabelecimentos no estilo de leiterias judaicas foram criados pela primeira vez em 1905. O mais famoso deles, conhecido como Ratner's, localizava-se na Delancey Street, entre a Suffolk e a Northfolk, no Lower East Side. O Ratner's era rigorosamente *Kasher*, não servia carne, e era conhecido por servir os melhores *Blintzes* de queijo da cidade, além de deliciosos pratos judaicos vegetarianos. Um restaurante pode manter um cardápio *Kasher*, mas se preparar e servir comida ou fizer negócios no *Shabat* não poderá receber o certificado *Kashrut*. Restaurantes *Kasher* (ou *Kosher*) que servem leite não oferecem qualquer alimento contendo carne ou ave, embora possam servir peixe, conforme os mandamentos sagrados. Outras *delis* surgiram no cenário do Lower East Side, como a Katz's Delicatessen, na Houston Street, perto da Orchard Street, tida como

outra autêntica *deli* judaica, que entre uma miscelânea de alimentos tornou-se famosa pelo seu salame, conhecido como Katz's Salami. *Delis* do tipo do Ratner's oferecem em seu repertório *Borscht* uma famosa sopa de beterrabas, de paladar irrepreensível, não obstante a ausência de carne; *Gefilte Fisch, Blintzes, Cheesecakes* monumentais com deliciosas coberturas de frutas silvestres: morangos e amoras variadas, tornando-se um delírio para seus clientes.

Ao surgirem, as *delis* desvendaram uma comida que só existia dentro de lares judeus ashkenazim, passando a se apresentar na vitrine dos estabelecimentos, servindo como chamariz aos olhos do mundo. Embora algumas das melhores *delis* sejam absolutamente desprovidas de decoração, pois pouca importância se dá às suas mesas de fórmica, ou então a um ambiente cuja decoração parece não ter mudado desde a virada do século, e que, segundo opiniões, costumam ser servidas por garçons resmungões (até bem pouco tempo judeus, e, nas últimas décadas, paquistaneses e chineses), ao se entrar numa *deli*, pode-se sentir imediatamente que ali se come bem. Dos alimentos recém-preparados, inundando o ambiente, uma miscelânea de aromas desperta o apetite. Podem vir do cheiro suave dos defumados; da semente torrada de alcaravia que cobre o pão de centeio; dos *Kniches* de batata ou de queijo, do penetrante cheiro da mistura das maçãs e canela, que recheiam incomparáveis *Strudels* em aparência e sabor.

Em geral, o ritual de uma *deli* nova-iorquina, que serve refeição fixa para o cliente comer sentado, começa por oferecer uma tigela contendo pepino em conserva e tomates verdes grandes e suculentos. O cardápio básico é constituído de *Krupnik* de galinha com *Kreplach*. Segue-se uma porção do que os americanos chamam de *Chopped Liver*, uma pasta de fígado de galinha batido, possivelmente o mais conhecido e o mais saboreado dos pratos judaicos, uma espécie de epítome da cozinha judaica: rica, mas simples. Costuma ser servido acompanhado de fatias de pão de centeio, *Challah* ou *Matzá*. Como salada, geralmente surge a de batatas e a de *Coleslaw*, e depois outros pratos, como *Kishke, Cholodetz, Holishkes* ou repolho recheado e almôndegas no final. Nesse caso refere-se a uma *deli* que

não mistura carne e queijo, optando por carne. Na região do Lower East Side, algumas *delies* servem *Cholent* (ver pág. 93) aos domingos, além de sanduíches de pasta de ovo ou de fígado batido saborosos, provocando verdadeiras filas na porta.

Embora não sejam numerosas, as *delis* judaicas costumam atrair turistas ávidos por novidades, ou judeus nostálgicos à procura de uma comida inconfundivelmente saborosa, digna dos mais exigentes paladares. O que para os judeus representava a continuidade de sua herança e hábitos ortodoxos preservados, para outras pessoas, interessadas em cozinha do estilo *nouvelle*, passou a representar uma experiência de requinte, ao se dar o prazer de experimentar pratos como *Latkes*, *Kniches*, *Kasha* e *Kugels*, o que para muitos representa algo exótico para ser desfrutado.

Um judeu chassídico foi a um restaurante judaico e perguntou ao garçom se tal restaurante era super-kosher. O garçom mostrou-lhe o retrato de um rabino que estava pendurado na parede e falou: "Pode confiar em mim, com aquele retrato pendurado lá." E o chassídico replicou: "Eu poderia confiar em você se ele estivesse aqui no seu lugar e você estivesse pendurado no lugar dele."

Schmaltz

Na cozinha ashkenaze o *Shmaltz* é tido como um ingrediente indispensável que confere um sabor especial a grande parte dos pratos. Trata-se de banha de galinha ou de ganso preparada muito usada pelos judeus do Leste Europeu, que, além de não poderem fazer uso da banha de porco, preferida pelos gentios, mas proibida na alimentação judaica *Kasher*, era para aqueles que não queriam utilizar gordura suína na época o único óleo a que tinham acesso. A esse respeito, os alemães não judeus utilizavam gordura de porco e partes gordas do porco, além de condimentos para preparar uma gordura, estocada em potes e que também denominavam de *Schmaltz*, embora nada tivesse a ver com a que os judeus usavam. Como o iídiche e o alemão se confundem em muitas palavras, o *Schmaltz* era um desses termos em comum. Além de servir para frigir e refogar os alimentos, na cozinha judaica era um elemento que participava de vários pratos: da batata amassada, que acompanhava aves e carnes e que também era utilizada no recheio dos apreciadíssimos *Varenekes*, um tipo de ravióli da cozinha russa e polonesa, e que foi absorvido pela cozinha judaica; no preparo de ovos cozidos amassados com cebola picada, um delicioso aperitivo para se comer com pão ou *Matzá*; no *Kugel*, um bolo de macarrão salgado, assim como na *Kasha*, um prato nutritivo feito com sarraceno, ou em uma de suas variações – a *Kasha Varnishkes* – em que se mistura o cereal com fios de macarrão ou com *Farfalle*, isto é, macarrão gravatinha.

Para se preparar o *Schmaltz* costumam-se juntar pequenas porções da gordura amarela da galinha, mais facilmente encontrada do que a de ganso, estocando-se aos poucos no congelador, ou então conseguindo-se com o açougueiro a quantidade necessária, de uma só vez. A banha deve ser picada em pequenos pedaços e derretida numa grande frigideira, acrescida de pele de galinha igualmente picada, e que com a fritura se transforma em torresminhos deliciosos. A cebola picada acrescida à mistura na hora de fritar é um ingrediente indispensável para conferir sabor ao *Schmaltz*. Há uma preferência pela pele do pescoço da ave, rica em gordura, que em geral costuma ser desprezada, mas para o preparo do *Schmaltz* é excelente.

Hoje, em que há uma constante preocupação com o colesterol e calorias, há uma tendência a não se abusar do uso do *Schmaltz*. Porém quem quiser fazer a verdadeira cozinha ashkenaze terá de incluí-lo em alguns pratos em que se torna indispensável.

- *300g de banha de galinha ou ganso picada*
- *150g de pele picada*
- *1 cebola grande picada bem fina*
- *Sal*

Numa caçarola misturar os ingredientes e, sem parar de mexer, fritar até adquirirem um tom dourado claro. Salgar e utilizar conforme a necessidade. Deve ser estocado num vidro tapado na geladeira. À medida que for usado, retiram-se quantidades necessárias, de acordo com cada preparação.

O Calendário Judaico

Em hebraico, o termo *luach há-shaná* significa calendário. Constituído de 12 meses, o calendário hebraico é baseado no ciclo lunar – 12 meses lunares organizados no marco de um ano solar: *Nissan* (30 dias), *Iyar* (29 dias), *Sivan* (30 dias), *Tamuz* (29 dias), *Av* (30 dias), *Elul* (29 dias), *Tishri* (30 dias), *Marcheshvan* (29 ou 30 dias), *Kislev* (29 ou 30 dias), *Tevet* (29 dias), *Shevat* (30 dias) e *Adar* (29 dias).

Cada mês começa com uma nova lua, e pelo fato de a lua girar em torno da Terra em 29 dias e meio, o ano normal é feito em 12 meses e cada mês, ou *chodesh*, alterna-se em 29 ou 30 dias, representando 354 dias num ano. Como existe uma discrepância de pouco mais de 11 dias entre os 354 dias do ano lunar e os 365 dias do ano solar, a cada 19 anos é intercalado sete vezes um mês suplementar, no caso *Adar*, o 12º mês lunar do calendário hebraico. Um ano bissexto tem dois meses de *Adar*, sendo o segundo a cair na festa de *Purim*, semelhante ao carnaval. Com isso permite que a festa da Páscoa (*Pessach*) seja celebrada na primavera. Da mesma forma, um outro ajuste é feito com os meses de *Marcheshvan* e *Kislev*, tornando-os mais longos ou mais curtos por um dia. Esta foi a forma encontrada para evitar-se que o dia do Perdão (*Iom Kippur*) e o sétimo dia de *Sukot* (*Hoshana Rabba*) caiam num sábado.

Segundo as palavras do Gênesis, o dia dura de crepúsculo a crepúsculo: "E chamou à luz dia, e às trevas noite; e de tarde e de manhã se fez o primeiro dia" (Gênesis 1:5).

Como uma semana consiste em sete dias, pela ordem, o primeiro (*yom reshom*), o segundo (*yom sheni*) etc., culminando no sábado, o *Shabat*.

Nos tempos bíblicos, *Rosh Chodesh* (literalmente, cabeça do mês) era uma importante festividade acompanhada de sacrifícios no templo. Esse culto, administrado pelos sacerdotes e pelo sumo sacerdote, envolvia oferendas diárias regulares, oferendas especiais. A esse respeito, com o tempo, a oração tornou-se maior do que o sacrifício, e a hospitalidade demonstrada por alguém que convida pessoas pobres para comer à sua mesa foi considerada um ato que transforma a mesa num altar, e a refeição, numa expiação.

A princípio, os meses eram fixados quando testemunhas confirmavam em Jerusalém o aparecimento da lua nova, sendo então declarada a santificação do novo mês. Se nenhuma testemunha se apresentasse no trigésimo dia, então o 31º dia do mês a findar tornava-se o primeiro dia do novo mês e era celebrado como o feriado da lua nova ou *Rosch Chodesh*. À medida que os judeus foram se dispersando e foram se afastando para terras longínquas, tornou-se muito difícil esse procedimento, pois não havia como informar àqueles que viviam longe.

Hoje, no mundo judaico, utiliza-se mais cálculo matemático do que a visão da lua, embora seja considerado um tanto impreciso, levando-se em consideração que a cada 216 anos ganha-se um dia, o que no futuro poderia fazer com que a Páscoa deixasse de ser uma festa da primavera*, conforme os desígnios da Bíblia: "Observa o mês dos frutos novos, que é o princípio da primavera, para celebrares nele a Páscoa em honra do Senhor teu Deus: porque neste mês é que o Senhor teu Deus te tirou do Egito de noite." (Deuteronômio 16:1.)

O calidoscópio de festas judaicas que fazem parte do calendário é provavelmente o elo mais forte que os judeus possuem de sua herança com o passado. As festas são feitas

---

*Em relação à primavera, esta não é comemorada em todos os países na mesma época. No Brasil, por exemplo, a primavera ocorre no segundo semestre do ano, o que seria contra os princípios bíblicos.

principalmente entre as famílias, e nessas festividades são servidas comidas especiais com sabores inesquecíveis e marcantes. Os feriados e as festividades não devem ter começado com alimentos como *Gefilte Fish, Latkes, Blintzes* ou *Baklava,* entretanto alguns desses alimentos tornaram-se símbolos gerados pelo que havia disponível durante a grande diáspora. Na realidade, desde os tempos mais antigos, a culinária esteve presente nas preparações feitas para o *Shabat* e as festividades que ocorriam ao correr do ano.

Joelle Bahloul, antropóloga, autora do livro *Le Culte de La Table Dressée: Rites et Traditions de La Table Juive Algérienne*, descreve as mesas festivas como um lugar de culto e o desdobramento da refeição como um estatuto litúrgico do que acontece no templo em forma de repetição. Segundo ela, os ritos dos atos gastronômicos transformam a cozinha num santuário; a sala de jantar na miniatura de um templo; a mesa num altar; a convivência do encontro numa fé comum e a dona de casa, autora do que foi preparado, na entidade máxima e, quanto ao acendimento das velas, à repartição do pão e ao pronunciamento do *Kiddush*, que fazem parte do *Shabat*, uma contribuição para dar à refeição um caráter sagrado. (Ver *Shabat*, pág. 85).

O ano judaico contém cinco grandes festividades de origem bíblica: as três festas de peregrinação ou festas de colheita, associadas ao Êxodo do Egito, ou seja, *Pessach, Shavuot* e *Sukot,* e as festas de penitência, como *Rosh Hashaná* e *Iom Kippur*. Há ainda a festa de *Purim*, semelhante ao carnaval, e outras festas menores, como *Chanuká*, uma festa pós--bíblica, *Tu Bi-Shevat, Lac Ba-omer* e *Simchat Torá. Tu Bi-Shevat* refere-se ao Ano-Novo das árvores e cai em 15 de *Shevat*. Nessa época, em Israel, a maior parte da estação de chuvas já passou, e as árvores frutíferas começam a florescer. É costume comer frutas em *Tu Bi-Shevat*, especialmente as típicas da Terra Santa. Na Israel moderna é costume as crianças plantarem mudas de árvores. *Lag Ba-omer* em 18 de *Ivar*, um dia semifestivo, é uma espécie de pausa de alegria no meio da tristeza, supostamente o aniversário da morte de Simão Bar Iochai, o místico palestino do século II, a quem se atribuem os ensinamentos do Zohar. Como a morte de um santo é vista como um "casamento" espiritual, *Lag Ba-*

-*omer* é a ocasião preferida para casamentos. Quanto à *Simchat Torá*, que acontece em 23 de *Tishri*, é uma comemoração que se faz associada à conclusão do ciclo anual de leitura da Torá. (Em hebraico, *Simchat Torá* significa "alegria da Torá".) Na festividade, os congregantes do sexo masculino carregam os rolos da Torá, circulando na sinagoga com cantos e danças. Em *Simchat Torá,* a pessoa chamada para recitar as bênçãos para a leitura do trecho conclusivo da Torá é chamada "noivo da Torá" e é costume que esses noivos patrocinem uma festa para a congregação, após o serviço religioso. Nas comunidades reformistas, as mulheres chamadas para a leitura são chamadas "noivas da Torá".

Embora as festas menores não devam ser esquecidas, sem dúvida nenhuma, as festas de *Pessach, Shavuot, Sukot,* e sobretudo *Rosh Hashaná* e *Iom Kippur,* representam a expressão máxima do povo judaico no calendário anual.

Tabela de Equivalência dos Meses

MÊS	COMEÇA EM GERAL EM:
Tishri	setembro
Marcheshvan ou *Cheshvan*	outubro
Kislev	fins de novembro
Tevet	segunda metade de dezembro
Shevat	segunda metade de janeiro
Adar	fevereiro ou março
Nissan	fins de março ou começo de abril
Iyar	abril ou maio
Sivan	fins de maio ou começo de junho
Tamuz	julho
Av	julho ou princípio de agosto
Elul	fim de agosto

Shabat

A cozinha judaica sempre funcionou em torno das festividades religiosas dos judeus, sendo uma das mais importantes a tradição de se comemorar o repouso sabático, considerado símbolo de louvor e de evocação ao repouso do Senhor, após a criação do homem à sua imagem. Superando o repouso dominical dos cristãos, existe um extenso tratado que discute com minúcia exagerada o que é permitido e o que não deve ser feito no *Shabat*.

Por meio de um documento, o Decálogo (em hebraico, *asseret há-dibrot*), ou Dez Mandamentos, ficou claro para os judeus como representação das palavras de Deus que deveriam seguir incondicionalmente como direcionamento para suas vidas. De acordo com o quarto mandamento, essas são as palavras de Deus:

"Observa escrupulosamente os dias de guarda... Seis dias trabalharás, para fazeres a tua tarefa; no sétimo dia, porém... não trabalharás tu nem teu filho, ou filha, nem teu escravo, nem teu boi, nem teu burro, nem qualquer cabeça do teu gado, nem os estranhos que empregas e vivem na tua comunidade..."

Sendo o trabalho proibido no *Shabat*, isto significa que acender o fogo é proibido, assim como cozinhar, no sentido mais claro da palavra. Além do mais, segundo o Êxodo 35:3: "Não acendereis lume em todas as vossas casas no sétimo dia." A *Mishná*, a mais antiga das obras remanescentes da literatura rabínica, enumera 39 atividades proibidas

nesse dia, entre as quais acender o fogo, cozer alimentos, abater, degolar e salgar animais, assim como amassar farinha, o que se subentende por fazer pão, o mais elementar dos alimentos, entre outros itens.

Seria muito fácil satisfazer as condições básicas do *Shabat* usando apenas comida fria ou então restos de comida, contanto que se tratasse de comida *Kasher*, mas o *Shabat* não foi criado para ser um dia de sofrimento, tanto que, em relação ao espírito da data, nenhum jejum ou luto público é permitido. Desde tempos imemoriais, procura-se transformar a ocasião num dia de muita alegria, de bem comer. Como o *Shabat* é um dia especial, comidas festivas devem ser preparadas, podendo envolver comida quente que não exija se acender o fogo – na verdade, a comida é uma das maiores atrações do *Shabat*, em qualquer parte do mundo onde existam judeus devotos. Na realidade, segundo as prescrições da Bíblia, o *Shabat* deve ser um dia de alegria e beleza. De acordo com as possibilidades de cada um, a melhor comida deve ser preparada. Segundo o Talmud, durante a semana pode haver até escassez de alimentos, mas no *Shabat* as melhores escolhas devem estar à mesa.

A festividade deve incluir vinho, duas *challot* (pães trançados de *Shabat*, ver pág. 85), peixe ou carne. A exaltação do dia santificado engloba como regra três refeições: a de sexta-feira à noite, véspera do *Shabat*, feita antes do cair da tarde, a de sábado na hora do almoço e uma antes de escurecer, *seudá shelishit* (em hebraico significa "terceira refeição" ou *shalosh sides*, em iídiche). Os judeus mais místicos dão ênfase no sentido de se comerem as três refeições com alegria, afirmando que quem não fizer a terceira refeição não estará entre os cortesãos do rei celestial. No judaísmo uma refeição sem pão não é considerada uma refeição, e, assim, cada refeição deve começar com a bênção do pão. A esse respeito existe um ditado judaico que diz: "Onde não existe pão não existe Torá."

Embora haja regras para o *Shabat*, o modo como cada família desenvolve sua atuação nesse dia é pessoal. Trata-se, porém, de um dia feito para relaxar, ficar com a família ou na sinagoga, fazer caminhadas, visitar amigos ou simplesmente permanecer em

casa. Algumas famílias cercam-se de convidados, pois é um dos dias mais agradáveis para entreter amigos.

Por meio de um planejamento prévio, a comida do *Shabat* começa a ser preparada na quinta-feira, podendo se estender ainda na sexta-feira, antes do crepúsculo, pois o *Shabat* se inicia aos dezoito minutos antes do pôr do sol e termina no final da tarde de sábado, após escurecer, quando três estrelas podem ser vistas no céu.

Na Antiguidade, nas famílias que seguiam o rito judaico, em sua maioria, todos os pratos que eram comidos no sábado eram frios, exceto por um único prato quente, espécie de sopa rica em ingredientes, mais precisamente um cozido, que se deixava num forno comunal aceso ou no forno do padeiro mais próximo, por toda a noite, em fogo lentíssimo, preparado em recipiente hermeticamente fechado, e com uma pasta feita com água e farinha, para a água não evaporar, e que com o tempo endurecia, e por fim o recipiente era levado para casa, quando os homens e as crianças retornavam da sinagoga em direção às suas casas, fato bastante comum que podia ser visto sobretudo no *Shtetl*, ou pequena aldeia de judeus (ver pág. 65). No Leste e Centro da Europa este prato recebia o nome de *Cholent* e não era apenas um privilégio dos judeus europeus, pois os judeus sepharadim tinham uma série de outras denominações para essa preparação, como *Hamin* ou *Adafina*. O termo *Hamin* veio da mistura do hebraico e aramaico. Em Calcutá é conhecido como *Hameen*, significando "coberto e quente". O termo *Adafina*, conforme era denominado na Espanha (significa "coisa quente"), tem raízes árabes e é também conhecido como *Dfina*, *Tfina* ou *Adefina*. No Marrocos, este mesmo prato é denominado *Sefrina* (ou *S'kina*), e significa "quente". No Iraque é conhecido como *Tbt* ou *Tabyeet*, que diz respeito a algo que passa a noite cozinhando, enquanto no Iêmen os judeus árabes denominam *Gillah*, ou prato de feijão do *Shabat*.

Ficou conhecido por muitos como "sopa dos judeus". Para alguns, o prato deriva de *Shul End*, como se fosse algo que tem ligação com o término do serviço religioso na sinagoga, vindo da palavra *Shul* (em iídiche significa "escola"), nome comumente usado

entre os ashkenazim para referir-se à sinagoga. Uma parcela que o proclama que o *Cholent* é uma espécie de feijoada judia dos sábados e que o nome seria uma corruptela de um *Cassoulet* francês, e nesse caso o certo não seria *Cholent* e sim *Chaud Lent*, referindo-se a "calor lento". Seja como for, os filólogos até hoje arrancam seus cabelos acerca da etimologia do termo, pois, para outra facção, o termo poderia ter vindo da expressão francesa *chauffe-lit* (espécie de cobertor com o qual se envolvia o *Cholent* para mantê-lo quente), e como também se trata de um prato que é cozido lentamente, seu nome teria vindo de *chaud lent* (calor lento, em francês antigo), ou derivado do francês *chaleur*, que significa calor ou quentura. Qualquer que seja sua origem, trata-se de uma solução que preenche os requisitos de se ter um prato quente num dia em que acender o fogo seria considerado uma heresia.

Nos tempos difíceis, quando muitas famílias não tinham condições de comprar carne, o *Cholent* era composto somente de grãos e feijões. Atualmente, os judeus vegetarianos o preparam assim, sem carne. Porém o *Cholent* é para ser um prato rico em carnes, podendo se apresentar sob várias versões: contendo bolinhas de carne, língua, salsicha (*Kasher*), galinha ou carneiro. O *Cholent* tradicional europeu é feito com galinha gorda e é acompanhado de *Kishke*, uma salsicha recheada com mistura de cebola frita e farinha, e *Knaidlach*, outra especialidade em geral cozida, junto com tudo no mesmo caldeirão (ver receita, pág. 199). Algumas famílias, contrariando hábitos antiquíssimos, preparam o *Cholent* na sexta-feira, e ainda em temperatura bem quente envolvem o recipiente com vários panos grossos para comer no sábado.

Para os judeus do Mediterrâneo, a preparação do *Shabat* assemelha-se a uma boda. As mulheres preparam-se com esmero, colocando a melhor roupa, preocupando-se principalmente com a limpeza da casa. Os judeus da Grécia e Turquia, por exemplo, costumam na véspera do *Shabat* lavar os pátios de suas casas. Muito já se descreveu sobre belas cenas de um *Shabat*. Desde a Antiguidade, mesmo no *Shtetl* antes da ida à sinagoga os homens mais religiosos costumavam ir na véspera do *Shabat* a uma casa de banhos (em

hebraico, *mikve*) para se purificar, hábito observado não só nos grandes centros como nas aldeias. Cuidados especiais são tomados com a mesa de jantar, onde se coloca uma toalha branca impecavelmente engomada, enquanto a louça é trocada por outra especial, como símbolo de regeneração. Sobre a mesa são colocados os candelabros de prata com *nerot* (velas) e *perachim* (flores). No lugar onde se sentará o pai ou cabeça da família, são postos um copo de prata com *ian* (vinho) para o *kiddush* (bênção do vinho) e duas *challot* (plural de *Challah*, em hebraico pão trançado de *Shabat* – ver *Challah*, pág. 157), que por sua vez deve estar coberto com uma toalha branca bordada e ao lado o sal. As *challot* só serão descobertas depois do *Kiddush*. Na Idade Média só se acendia a *menorá* (em hebraico, candelabro) – tarefa reservada às mulheres – depois que se estendia a toalha branca na mesa. As duas velas representam as duas referências ao *Shabat* no Decálogo: "Lembra o dia do *Shabat*" (Êxodo 20:8) e "Guarda o dia do *Shabat*" (Deuteronômio 5:12). As velas do *Shabat* são o símbolo da santidade. O seu brilho ilumina a melancolia, ilumina o caminho da fé e da esperança. A luz do *Shabat* lembra os sagrados compromissos que unem o povo judeu, acima do tempo e do espaço. A mulher de uma casa judaica praticante, passando a mão sobre as chamas, cobre os olhos e diz a oração: "Bendito sejas Tu, Eterno nosso Deus, Rei do universo que nos santificaste com Teus mandamentos e nos ordenaste acender as velas do *Shabat*." E abre os olhos para a luz do *Shabat*. As velas devem ficar acesas até se consumirem, e costuma-se colocar um pouco de sal no pavio para a chama durar mais tempo.

Quanto ao sal ao lado do pão, este, na religião judaica, tem um simbolismo especial. O sal era incluído em toda oferenda de sacrifício no Templo e representava a eterna aliança entre Deus e Israel, devido ao fato de não se decompor. "Temperarás de sal tudo o que ofereceres em sacrifício; e não tirarás do sacrifício o sal do concerto do teu Deus. Toda a tua oferenda deve levar sal" (Levítico 2:13). Esse simbolismo de sacrifício continuou no uso de pão com sal nas refeições do lar judaico, pois, após a destruição do Templo de Jerusalém, o lar passou a se tornar um santuário, e a mesa, um altar. Ao partir o pão,

cada pedaço oferecido aos que estão à mesa é passado antes no sal, um ritual praticado pelo chefe da casa.

No sábado, à medida que a noite se aproxima, e o dia sagrado chega ao seu fim, uma nova reza de santificação é feita para marcar a distinção entre o *Shabat* que termina e o novo dia da semana, cuja cerimônia é chamada *havdalá*. Seja ashkenaze ou sepharade, cabe à mulher judia a responsabilidade de manter o ritual doméstico, e seguir as leis dietéticas. Ainda que o chefe da família coordene a cerimônia, sempre coube como dever à mulher cuidar do vinho, do pão e da faca para cortá-lo. Desde o início dos tempos, à mulher judia cabia representar o espírito de uma boa mãe e esposa – limpa, paciente, trabalhadora, silenciosa e submissa. Ainda que algumas não fossem tão silenciosas nem tão submissas, esperava-se que fossem devotadas às suas famílias, especialmente ao bem-estar. Nesse aspecto, em épocas difíceis, mesmo com a comida escassa, o alimento sempre representou o amor materno, e isso era uma coisa que as mães jamais permitiam faltar, e lutavam duramente para obtê-lo. Talvez assim se explique a famosa expressão *yiddished mamme* (pela constante e solícita superalimentação dada aos filhos), acompanhada de uma famosa e eterna frase: "Você já comeu o suficiente? Coma mais um pouco." Nesse sentido, o *Shabat* é a oportunidade de a mãe preparar o que de melhor pode para satisfazer o gosto de cada um, com a família reunida.

Para o judeu, no *Shabat* cada um recebe uma alma suplementar que lhe confere a santidade adicional associada a esse dia. O *neshamá ieterá* (em hebraico, alma adicional), de acordo com os preceitos do judaísmo, baixa sobre todo judeu, durante o *Shabat*, permitindo-lhe comemorar o dia com grande alegria, comendo até mais do que usualmente faz. Alguns judeus sepharadim têm o costume de recitar bênçãos, baseadas na crença cabalística de que quanto mais bênçãos forem ditas, mais perto estarão de Deus.

É costume também entre os devotos mais religiosos, no sábado à noite, quando termina o *Shabat*, fazer-se uso de especiarias no ritual da *havdalá* para reanimar o corpo após a partida da *neshama ieterá*, ou alma adicional. Esse hábito, que era seguido no tem-

plo de Jerusalém, destinava-se a dar um estímulo à alma para os dias de semana comuns, quando a alma suplementar já havia se afastado. A prece de *havdalá* é então recitada abençoando Deus, que diferencia o sagrado e o profano, a luz e a escuridão, entre Israel e os gentios e entre o sétimo dia e o dia útil. O *Shabat* termina então com o costume de apagar a chama da vela com um pouco de vinho, que se verte num prato, como sinal de fartura, e por fim, esfrega-se um pouco desse vinho nas pálpebras e nos cantos dos bolsos.

Porém, mais do que as deliciosas comidas preparadas para a ocasião e o espírito religioso, está o espírito de compartilhar a experiência com as pessoas, amigos, entes queridos, considerado a mais importante parte da refeição. Há um provérbio ladino que diz: *"Lo que comiste o no comiste no importa. Lo que importa es que te sentaste a la mesa."* E que em *hakitia* é dito: *"Comiste o no comiste, a la mezza te pussites."*

Receita para uma Alma Atormentada

(CONTO POPULAR LADINO)

Uma vez um judeu foi visitar um m'Kubbal *(rabino erudito em* Kaballah *ou* Cabala*), que também era médico para lhe pedir conselho sobre uma questão de suma importância:*

– Minha alma está muito enferma, disse o visitante.

Tenho cometido muitos pecados. Dai-me um medicamento que cure meu mal espiritual e me ajude a não continuar pecando.

O m'Kubbal *olhou compassivamente para o homem e lhe disse:*

– Para uma pessoa como tu, cujo espírito está tão atormentado, toma uma raiz de humildade e duas panelas, uma de paciência e outra de esperança. Mistura-as com galhos da Torá e com pétalas rosadas de

sabedoria. Coloca tudo em um socador de arrependimento, amassa com grandes quantidades de amor e de afeto. Acrescenta algumas gotas de temor a Deus e mistura tudo muito bem. Coloca a mistura no forno e acende a chama do agradecimento. Uma vez feito isso, guarda o conteúdo num frasco de compreensão e bebe-o num copo de bondade. Se fizeres isto, nunca mais voltarás a pecar e teu espírito permanecerá em paz.

Cholent e Adafina

UM CAPÍTULO À PARTE...

De todos os pratos judaicos, provavelmente o *Cholent* e a *Adafina* são os mais antigos, e nenhum outro prato judaico influenciou tanto outras cozinhas como estes dois, que os judeus do mundo inteiro, desde épocas imemoriais, encontraram como solução para poder usufruir de uma comida quente no *Shabat*, sem ter que acender fogo. Consta que o conhecido *Cassoulet* francês e o *Cocido Madrileño* não passam de variedades do *Cholent* ou *Adafina*, este último mais conhecido como *Hamin*.

No capítulo referente ao *Shabat* (pág. 85) há uma descrição da variedade de nomenclaturas que o termo *Hamin* recebe conforme o país onde é feito. As pequenas diferenças que existem entre o *Cholent* e o *Hamin* estão apenas em certos ingredientes, como por exemplo, a carne utilizada, condimentos e alguns acompanhamentos, conforme é fácil verificar nas páginas que se seguem. Um detalhe, entretanto, essa preparação tem em comum, não importa em que localidade seja feita: trata-se de um prato que se faz no forno muito lentamente e em baixíssima temperatura.

Adafina ou *Hamin* é mencionada no Talmud e outros livros de literatura rabínica. Tanto em livros de cozinha antigos como na literatura histórica, menciona-se grande número de variedades desse prato. Em Israel, a preparação de um *Cholent* ashkenaze típico torna-se diferente da que é feita na Europa e na América porque, sendo um país peque-

no, e com poucos pastos, a carne de vaca é escassa, e a importada, exorbitantemente cara. Os israelenses a substituem pela carne de peru ou galinha.

Nota-se certa diferença no paladar de uma localidade para outra. Por exemplo: sendo preparado na Salônica, assemelha-se ao *Hamin* feito no Império Otomano, cujos temperos têm como base a cebola, o alho, o pimentão e ervas frescas. No Marrocos o *S'kheema*, denominação marroquina para o *Hamin*, obedece ao sabor do açafrão e especiarias adocicadas, como o gengibre, canela e cravos. Sendo o *Hamin* feito no norte da África, seu sabor procede da *p'kaila*, condimento à base de espinafre e várias ervas verdes e frescas (ver *Poyo com P'Kaila y Azafrán*, pág. *267*).

Cholent

RENDE 6 PORÇÕES

Para muitos o *Cholent* é comparado a uma celestial ambrosia, termo abstrato que define uma das mais importantes comidas, a única que se come quente e que satisfaz os que necessitam de um prato *Kasher* para o *Shabat*. Cantado em verso por Heinrich Heine, reconhecido poeta judeu-alemão, o *Cholent* deixou lembranças, como uma das citadas no livro *O sabor de Israel*, em que um dos autores cita que nada do que comeu até hoje se compara ao *Cholent* feito por sua avó russa.

- *1 kg de carne gorda em pedaços grandes (carne de peito, costela, paleta)*
- *3 colheres de sopa de óleo vegetal*
- *2 cebolas grandes fatiadas*
- *3 a 5 dentes de alho sem pele*
- *3 ossos de tutano cortados em fatias no açougue*

- *1 kg de batatas descascadas*
- *250 g de feijão-manteiga, feijão-branco ou favas (que tenha ficado de molho por 1 hora)*
- *100 g ou 1/2 xícara de cevadinha*
- *Sal e pimenta recém-moída*
- *1 colher de chá de páprica (opcional)*

Numa panela grande, dourar a cebola no óleo. Acrescentar o alho, retirar tudo com uma escumadeira e reservar. Dourar a carne no óleo da fritura da cebola. Acrescentar à carne a cebola e o alho já fritos, os ossos de tutano, as batatas inteiras, o feijão, a cevadinha, os temperos e cobrir com água, levando por 30 minutos a ferver. Retirar a espuma que for se formando. A partir da fervura, tampar muito bem o recipiente e levar ao forno por toda a noite na temperatura de 110°. A tampa só deve ser retirada à mesa.

VARIAÇÕES:

• Alguns judeus substituem a cevadinha por *Kasha* ou trigo sarraceno.

• Há quem doure duas colheres de sopa de açúcar acrescentando duas colheres de sopa de água e jogue por cima do *Cholent* para deixar o caldo mais escuro.

Outras pessoas costumam acrescentar as cascas de cebola por cima de tudo, o que também dá uma cor mais escura.

• Os húngaros e alsacianos, com o intuito de dar um sabor mais pronunciado, acrescentam carnes defumadas ao *Cholent*.

• Há quem coloque uma galinha gorda, cortada pelas juntas, não como substituição da carne, mas para enriquecer o caldo.

Acompanhamentos para o Cholent

KISHKE – **RENDE 6 PORÇÕES**

Kishke significa intestino, e a salsicha que se prepara é feita com esse invólucro ou revestimento, pegando uma parte. Em geral utilizam-se cerca de 30 a 50 cm de intestino muito bem lavado. Em Israel já existe congelado e pronto para o uso nos mercados. Em outras localidades é fácil conseguir *Kasher* nos açougues. O mais importante é escovar muito bem antes de recheá-lo.

RECHEIO:

- *1 cebola grande descascada e picada bem miúda*
- *1/4 de xícara de banha de galinha, finamente picada*
- *2 colheres de sopa de miolo de pão cortado em quadrados*
- *3/4 de xícara de farinha de trigo*
- *Sal*
- *Pimenta-preta recém-moída*

Costurar o intestino no comprimento e na extremidade, fritar a cebola sem parar de mexer na banha de galinha, acrescentar os pedaços de pão, a farinha, o sal e a pimenta a gosto. Rechear os *Kishkes* com a mistura, que se assemelha a uma farofa bem molhada, costurar bem as extremidades. Mergulhar os *Kishkes* em água salgada para ferver por 10 minutos. Escorrer, secar e depois levar para assar em um pouco de água salgada, por cerca de 1 hora a 180°C ou até começar a dourar. Utilizado como acompanhamento do *Cholent*, deve ser colocado por cima de todos os ingredientes antes da cocção. É servido fatiado.

OBSERVAÇÃO: O *Kishke* pode ser substituído por outra especialidade judaica bastante apreciada denominada *Relsh*. Trata-se de pescoço de galinha ou de ganso, cujo recheio pode ser o mesmo que o do *Kishke*. O único problema é conseguir com o açougueiro um pescoço, de galinha ou de ganso, cuja pele esteja intacta, permitindo inserir-se um recheio, ainda que seja necessário costurar as extremidades para o recheio não sair. O *Relsh* é uma deliciosa especialidade que tanto pode ser cozida no caldo de galinha como dentro de uma sopa ou ensopado. Depois de cozido deve ser cortado em rodelas não muito finas. Conforme o número de pessoas, aumenta-se a quantidade de pele de frango ou de pescoço de galinha e consequentemente de recheio, pois a pele bem costurada também dá bons resultados. (Ver receita no capítulo Aves.)

KNAIDLACH – RENDE 6 A 8 PORÇÕES OU 16 BOLINHAS

O *Knaidlach* é outro acompanhamento para o *Cholent*. Trata-se de um tipo de *Dumpling* (bolinhos em geral feitos com farinha de trigo, cozidos ou fritos, que servem para acompanhar caldos, sopas, assados, aves e carnes com molhos). Os judeus substituem a farinha de trigo por farinha de *Matzá*. (Ver *Galinha no Caldo com Knaidlach*, pág. 199.)

Adafina e Hamin

RENDE 6 PORÇÕES

(CHOLENT SEPHARADE)

- *1 pé de vitela cortado em 4 pedaços*
- *2 cebolas grandes*
- *1 kg de carne de peito em cubos*
- *2 ossos de tutano (opcional)*
- *250 g de grão-de-bico de molho uma hora antes*
- *500 g de batata*
- *6 ovos cozidos*
- *Sal, pimenta recém-moída, macis*, noz-moscada e canela (esta última mais utilizada na versão marroquina)*

O processo de preparação é o mesmo do *Cholent*, podendo sofrer algumas variações nos ingredientes:

• Acrescentar 1 colher de sopa de mel ou 2 colheres de sopa de açúcar depois de caramelizar com 2 colheres de sopa de água, ou

• Acrescentar tâmaras picadas, ou

• Adicionar 1 I 2 colher de chá de açafrão

• No lugar do grão-de-bico pode-se usar feijão-manteiga ou branco, ou mesmo favas.

*Macis: pouco conhecido no Brasil, é obtido da casca que envolve a semente da noz-moscada. Possui coloração laranja-avermelhada e é vendido em lâminas. Os franceses chamam-no de *macis*, e nos países de língua inglesa é conhecido como *mace*.

• Componentes extras são colocados no topo do *Adafina,* como intestino de boi, recheado de mistura feita com arroz e carne, denominado *Serra,* ou pedaços de um pudim denominado *Kora,* feito com carne moída.

• Pode-se adicionar também verdura ou folha.

SERRA
RENDE 6 PORÇÕES

MISTURA PARA RECHEAR O INTESTINO

- *1 1/2 xícara de arroz*
- *200 g de carne moída*
- *1 cebola picada*
- *3 colheres de sopa de passas*
- *Sal e pimenta recém-moída*
- *1 colher de chá de canela*
- *1/4 de colher de chá de açafrão*
- *1 pitada de gengibre*
- *3 colheres de sopa de óleo vegetal*
- *1 ovo levemente batido*

Misturar todos os ingredientes, rechear o intestino conforme explicado (ver *Kishke,* pág. 96), porém deixando algum espaço para o arroz expandir-se ao cozinhar.

Cholent e Adafina 99 *Cozinha Judaica*

KORA
RENDE 6 PORÇÕES

- *500 g de carne moída*
- *1 ovo levemente batido*
- *4 colheres de sopa de salsa picada*
- *5 colheres de sopa de miolo de pão ou farinha de Matzá*
- *1/2 colher de chá de sal*
- *Pimenta recém-moída, noz-moscada, canela, gengibre*
- *3 colheres de sopa de óleo*
- *2 xícaras de chá de nozes picadas ou Pignoli*

Misturar todos os ingredientes numa tigela. Dar o formato de um rolo e enrolar num pano fino, que por sua vez deve ser antes untado com óleo, apertando-se bem as extremidades, e amarrando-as. O rolo deve ser colocado no topo dos ingredientes na panela e, depois de cozido, deve ser cortado em fatias na hora de comer.

No norte da África, a Adafina *costuma ser servida acompanhada de um* Couscous *(ver pág. 340) preparado um dia antes do início do Shabat. Em geral existe um ritual para servir a* Adafina. *Batatas e ovos cozidos são servidos primeiro, com bastante caldo. Depois vem a carne com o grão-de-bico e os demais ingredientes. Alguns judeus* sepharadim *da Turquia, por exemplo, costumam comer os ovos cozidos no próprio caldo, com a casca, adquirindo uma coloração parda, devido ao caldo da preparação. Esses ovos são chamados de* Huevos Haminados. *Nas comunidades onde se fala o ladino, os* Huevos Haminados *são servidos também com um tipo de pastel de forno (Borekas ou Boyos) acompanhados também de salada preparada para o almoço de Shabat ou para o café da manhã, consumido depois do serviço matutino da sinagoga.*

Huevos Haminados

(OVOS COZIDOS NO ESTILO SEPHARADE)
PARA 12 PESSOAS

Por muitos séculos os sepharadim têm comido o que se denomina de *Huevos Haminados*, uma especialidade genuinamente judaica, e das mais antigas do Mediterrâneo. Embora costumem ser cozidos no caldo do *Hamin* ou *Adafina*, também podem ser cozidos separadamente. Em qualquer um dos casos, adquirem depois de cozidos uma coloração parda. Ao serem cozidos separadamente, grãos de café são acrescidos ao cozimento para que os ovos adquiriram um tom bem escuro, mais do que os cozinhando apenas com as cascas de cebola. Não obstante esse método antigo de cozimento, há quem os ache mais saborosos quando cozidos no caldo do *Hamin*, pois através da porosidade da casca absorvem o sabor da preparação. Na Espanha, durante a Idade Média, ao se concluir um negócio, era prática comum comerem-se *Huevos Haminados* acompanhados de um copo de vinho.

- *12 ovos cozidos com a casca*
- *6 a 10 cascas grandes de cebola escura (não serve roxa)*
- *grãos de café triturados (opcional)*
- *1/4 de xícara de azeite de oliva*
- *1 colher de chá de sal*
- *1 colher de chá de pimenta recém-moída*

Numa grande panela com água suficiente para deixar os ovos submersos, acrescentar cuidadosamente os ovos, a casca de cebola, grãos triturados de café, azeite, sal e pimenta. Deixar ferver por no mínimo 6 horas, acrescentando água para não evaporar. Ficam bem escuros.

Rosh Hashaná

Para os judeus, o *Rosh Hashaná* (em hebraico, "cabeça do ano") é o começo do Ano-Novo, que começa em 1 e 2 de *Tishri*. Celebrado durante dois dias, inicia-se com o cair do sol, sendo a festividade anunciada na sinagoga ao se tocar o *shofar* (em hebraico, trompa), antigo instrumento de sopro mais comumente feito de chifre de carneiro tornado oco, para uso litúrgico, lembrando o carneiro que substituiu o sacrifício de Isaac. O *shofar* é uma forma de despertar as pessoas de sua letargia espiritual, convocando-as para o arrependimento. Segundo a Bíblia: "O primeiro dia do sétimo mês será também para vós venerável e santo: não fareis nele obra alguma servil, porque é o dia do sonido e das trombetas" (Números 29:1). Como parte da liturgia do *Rosh Hashaná*, são cem os toques de *shofar*. Os judeus acreditam que as orações e o arrependimento característicos dos dez dias de penitência, que começam com o *Rosh Hashaná* e vão até o *Iom Kippur*, asseguram que seus nomes sejam incluídos no livro dos justos, e assim não serão punidos por seus pecados. Não obstante a seriedade do espírito dessa data, os judeus costumam saudar-se mutuamente, com votos de um ano bom, além do sentimento profundo de cada um pela alegria do dom da vida e de poder compartilhar em volta de uma mesa o convívio com familiares na passagem do Ano-Novo.

Na sinagoga, o *chazan* (cantor) e o rabino vestem-se de branco e até a cortina da Torá torna-se branca (ver Sinagoga, pág. 131), pois sendo o branco a cor da pureza, é costume

que na sinagoga nessa data tudo seja branco, para mostrar que os judeus estão tentando limpar seus corações.

Os alimentos especiais preparados para a festividade são escolhidos baseados num simbolismo de positividade com arautos de boa sorte. Vestidos com suas melhores roupas, os judeus comemoram com alegria. Faz parte do ritual mergulhar-se o pão e um pedaço de maçã no mel para se ter um ano doce. O *Rosh Hashaná* é uma ocasião para doces, tanto que em alguns países carne, galinha e mesmo pratos de vegetais são adocicados, como por exemplo: substitui-se a batata comum por batata-doce; as cebolas passam a ser carameladas e as carnes são cozidas com passas, ameixas, tâmaras e marmelos, acrescidos de mel ou açúcar.

Conserva-se a tradição ashkenaze incluindo o *Challah* redondo recheado com passas (ver *Challah*, pág. 157), cuja forma simboliza a continuidade. No cardápio, inclui-se caldo de galinha, contendo algum tipo de massa. Costuma-se acrescentar também peixe, símbolo da fertilidade, e come-se a cabeça de peixe ou outro animal, um simbolismo para ser uma "cabeça" e não uma "cauda", durante o ano. Como o folclore iídiche associa a cenoura em rodelas com moedas, como símbolo de prosperidade e boa fortuna, costuma-se acrescentar às refeições *Tsimmes de cenoura* (ver pág. 370), um prato típico bem adocicado. Alguns judeus de origem europeia, principalmente os ucranianos, evitam servir pepinos, picles e raiz-forte nessa ocasião, alimentos azedos. No final não pode faltar o *Honik Leikech* (pág. 417), bolo de mel, sendo também muito apreciado o *Strudel* de maçãs adocicadas. Os mais devotos costumam comer também alguma nova fruta de estação, embora a preferida seja a romã, porque na Torá esta é tida como uma fruta da Terra de Israel, e porque acredita-se possuir 613 sementes, o mesmo número dos mandamentos como um todo.

Os sepharadim costumam comer a cabeça da ovelha preparada no forno, pois, segundo a crença, "devem manter-se sempre no topo e não na cauda com suas cabeças bem no alto". Trata-se de uma velha tradição que consta de escritos feitos desde a Idade Média.

Na falta de cabeça de ovelha, preparam-se miolos cozidos ou língua, ambos partes da cabeça, seguindo o espírito desse pensamento, o que é seguido principalmente no norte da África, assim como também são comidas azeitonas verdes (as pretas são descartadas). Como o número sete é presságio de boa sorte, no Marrocos o *Couscous* é preparado *aux sept légumes* (com sete legumes). Comidas com formas arredondadas têm a preferência, assim como bolinhos de carne, pães e folhados, ervilhas, grão-de-bico, para que o ano seja cheio e redondo. No Egito costuma-se comer ervilha verde, um símbolo de abundância e fecundidade. Em outras comunidades, pela mesma razão, comem-se grão-de-bico, arroz, *Couscous* e sementes de gergelim. Há uma preferência por prepararem-se pratos como *Pilafs*, omeletes, saladas, vegetais recheados e tortas, fazendo uso da cor verde, como espinafre, ervilhas, abobrinha e quiabo, simbolizando um novo começo. Em geral as refeições costumam terminar com tâmaras e figos frescos, e sobretudo romã, um presságio de boa sorte. Há também no Egito um costume de comerem-se as sementes de romã salpicadas de flor de laranjeira, água e açúcar, assim como o de comerem-se alimentos brancos, como pudim de leite, geleia de coco e um tipo de xarope branco e grosso feito de açúcar, para trazer alegria e paz. Na realidade, nada amargo ou azedo deve ser servido, nem nada preto (isto inclui berinjela, azeitona preta e chocolate). No lugar do café preto, costuma-se ingerir algum tipo de chá verde, de menta, por exemplo.

Mel

Denominado *dibs* pelos árabes e *dvash* pelos judeus, o mel é um termo também usado para uma espécie de melado feito do cozimento em fogo lento de certas frutas, como figos, romãs, alfarroba e sobretudo tâmaras, ricos em açúcar. Nos tempos antigos, existia um tipo de abelha selvagem que extraía mel das flores de certas pereiras espinhosas e da árvore da acácia, uma das poucas que sobreviviam no causticante deserto de Arava.

Na primavera as árvores da acácia, frondosas, assemelhavam-se a um enorme guarda-sol, protegendo os nômades ou quem quer que pelo deserto andasse com suas folhas fartas. Embora muitas pessoas façam em suas casas um mel de mistura de frutas, alguns *kibbutzim* no Kinneret produzem uma versão desse mel e até o exportam. Depois de pronto, denominam-no de *Halek* e costumam prazerosamente adicioná-lo ao iogurte ou ao sorvete, salpicado com *Halvah*, ou ainda cobrir deliciosas panquecas. Seja como for, o mel é citado com frequência como um antigo alimento comum nas passagens do Velho Testamento. Em uma destas citações, durante uma época de grande fome, Jacó enviou "os melhores frutos da terra", entre eles o mel, para serem trocados por trigo no Egito. (Gênesis 43:11). Por significar desde os tempos bíblicos a doçura e a amenidade da vida, nunca falta a uma mesa de *Rosh Hashaná*, quando nele, e não no sal, se mergulham o pão e um pedaço de maçã, para se ter um ano doce.

Iom Kippur

Dez dias depois de *Rosh Hashaná*, em 10 de *Tishri*, segue-se o Dia do Perdão ou *Iom Kippur* (em hebraico Dia da Expiação). Tido como o dia mais sagrado do ano, marca o fim dos dez dias de penitência, sendo precedido de certos rituais, como por exemplo, a cerimônia de *Kaparot*, costume datado de tempos medievais, de matar um galo ou galinha antes do *Iom Kippur* como a expiação para um judeu ou judia. Ao matar-se a ave, dá-se sua carne aos pobres. Hoje, os judeus costumam substituir esse costume, contribuindo com dinheiro, em vez de uma galinha, embora muitos conservem esse antigo costume, mandando matar no açougue *Kasher* uma ave por cada membro de sua família.

Os judeus mais religiosos costumam purificar-se no *mikve*, uma piscina de água "viva" comunal judaica, usada no ritual de purificação, e os homens assim o fazem antes do jejum do *Iom Kippur* para postar-se diante de Deus em estado de pureza. Na Antiguidade era feita com água acumulada da chuva ou de uma fonte.

O *Iom Kippur* é um jejum de 24 horas, que se inicia antes do sol se pôr e termina na noite seguinte, ao aparecerem as três primeiras estrelas. Nas sinagogas, antes do serviço da véspera do *Iom Kippur*, a arca onde estão os rolos da Torá é aberta, antes de ser entoado o *Kol Nidrei*, termo aramaico que significa "todos os votos" ou "todos os juramentos", cujo propósito é proclamar a anulação dos votos religiosos, removendo a culpa pelos juramentos não cumpridos ou que haviam sido esquecidos. A esse respeito, nos tempos de conversão forçada ao cristianismo, na época da Inquisição, os judeus associavam a fórmula do *Kol Nidrei* à anulação dos votos feitos sob coação, o que irritava os cristãos, que alegavam que com isso os judeus desfaziam os compromissos que haviam feito com a Igreja católica, e por isso, alguns rabinos, temendo a desmoralização, tentaram abolir o ritual do *Kol Nidrei*.

No dia que precede o *Iom Kippur*, recomenda-se que se coma mais que o habitual para se fazer face ao jejum, evitando-se entretanto alimentos excessivamente salgados ou condimentados que provoquem sede excessiva, pois ao começar o jejum, além de não se comer, não se bebe água até o seu término.

Durante o dia sagrado os judeus são proibidos de se lavar, trabalhar, dançar e manter relações sexuais. Trata-se de um dia de austeridade. Passa-se a maior parte do dia em oração, ouvindo a leitura da Torá. No *Iom Kippur*, como no *Rosh Hashaná* a saudação tradicional é que a pessoa seja registrada e confirmada para um bom destino nos livros celestiais, e os judeus costumam saudar-se mutuamente. O dia encerra-se com o toque do *shofar*, assinalando que o jejum terminou, quando as famílias dirigem-se para suas casas ou de parentes, onde quebrarão o jejum.

Os ashkenazim costumam quebrar o jejum com um caldo de galinha quente acompanhado de *Kreplach* recheado de frango (ver pág. 195), chá, arenque, galinha assada, *Tsimmes*, compota de fruta e algum tipo de *Leikch* ou bolo esponjoso, e talvez uma fruta fresca. Comidas muito pesadas devem ser descartadas.

Os sepharadim são mais adeptos de um tipo de lanche que pode se iniciar com um leve suco de frutas (melão, damasco, laranja). São também colocados à mesa *Borekas* (ver pág. 348), pastas de queijo, azeitonas, biscoitos, pãezinhos e possivelmente um caldo quente de galinha. No norte da África, mais precisamente Marrocos, prepara-se também um *Couscous* de galinha, além de galinha ensopada com grão-de-bico e uma rica sopa com todos os vegetais, que alguns denominam de *Harira*, e da qual curiosamente os muçulmanos também fazem uso no jejum de Ramadã.

Sukot

Sukot é uma das festas de peregrinação, após o *Rosh Hashaná* e o *Iom Kippur*. É a Festa dos Tabernáculos ou Festa da Colheita. Começa em 15 de *Tishri*.

Celebrarás também por sete dias a solenidade dos tabernáculos, quando tiveres recolhido da eira e do lagar os teus frutos: e te banquetearás nesta festa, tu, teu filho e filha, o teu servo e a escrava e também o levita e o estrangeiro, o órfão e a viúva que estão das tuas portas para dentro. Por sete dias celebrarás esta festa em honra do Senhor teu Deus no lugar que o Senhor eleger: e o Senhor teu Deus te abençoará em todos os teus frutos, e em todo o trabalho das tuas mãos, e tu viverás alegre.

(Deuteronômio 16:13-15)

Comemorando a proteção que Deus deu aos judeus que habitavam no deserto morando em frágeis cabanas, durante os sete dias de *Sukot*, os judeus improvisam cabanas temporárias feitas de galhos ou plantas onde comem e moram, durante esses dias. Essas cabanas improvisadas podem ser montadas num quintal, jardim ou mesmo no interior de uma casa, segundo certas determinações.

Apesar de o Êxodo ter sido na primavera, a festa de *Sukot* é comemorada no outono, que, por sua vez, é o fim da estação da colheita. Existe um pensamento de que em cada

noite dessa comemoração sete personagens bíblicos são convidados para a *suká* (em hebraico, cabana) como hóspedes espirituais, ou sejam: Abraão, Isaac, Jacó, Moisés, Aarão, David e José. A religião recomenda que se convide em cada noite uma pessoa pobre, pois, do contrário, os hóspedes espirituais irão se retirar, pois é o pobre quem deve comer a porção deles. Os mais místicos acreditam que os hóspedes representam as sete *Sefirot* inferiores. Algumas versões encontradas na Cabala sustentam que o mundo está sob a influência de cada uma das sete *Sefirot* inferiores, um assunto para quem se aprofunda no Zohar e na Cabala. A esse respeito, a influência da Cabala no judaísmo esotérico foi muito ampla, oferecendo aos judeus um poderoso conjunto de símbolos místicos.

Quatro plantas simbólicas são enumeradas na Torá, como parte do ritual de *Sukot*. São elas: o galho do salgueiro (*aravá*), o galho da mirta (*adass*), o broto da palmeira (*lulav*) e um tipo de cidra semelhante ao limão, que perfuma o ambiente com sua fragrância (*etrog*).

A *suká* não deve ser apenas relativamente confortável, mas também bela em sua aparência. É hábito pendurarem em suas paredes maçãs vermelhas, uvas verdes, pimentões, berinjelas novas e brilhantes, espigas de milho e, dependendo da região, tâmaras, figos, laranjas e romãs.

O mandamento principal para esta festividade é viver na *suká* a partir da primeira noite de *Sukot*, quando a primeira refeição festiva é feita no local. Ainda que as celebrações bíblicas da festa de *Sukot* sejam apenas uma memória hoje em dia, sua construção começa logo após o *Iom Kippur*. A habilidade de construir-se essa cabana vai depender da criatividade de quem a faz, sejam pequenas, maiores, simples ou luxuosamente adornadas. Suas paredes podem ser feitas de tijolos, pedras, estacas de madeira ou metal. Seja como for, o mais importante é o seu telhado, que deve ser coberto com galhos e plantas naturais, com uma fenda imprescindível que permita ver as estrelas. Considera-se que se o mau tempo impedir a permanência na *suká*, observando-se o mandamento de Deus, que pelo menos algumas bênçãos obrigatórias sejam feitas no interior da cabana acompanhadas de um pouco de vinho e que nela se coma um pedaço de pão. Se o tempo for

favorável, pelo menos duas refeições principais devem ser feitas na *suká*, durante os sete dias. Os judeus mais ortodoxos fazem da *suká* um lugar de meditação, estudo da Torá, e discussão sobre os mandamentos.

O sétimo dia da festa de *Sukot* chama-se *Hoshana Rabá*, devido às orações de *Hoshana* recitadas durante as sete voltas que se fazem em torno da sinagoga carregando as quatro espécies de plantas e batendo no chão com os ramos de salgueiro. Sete rolos da Torá são levados à *bimá* (plataforma na qual se lê o *Sefer Torá*; em hebraico significa "Rolo da Torá", que contém o texto hebraico do Pentateuco – ver Sinagoga). À medida que cada volta é completada, devolve-se um rolo à arca.

Em *Hoshana Rabá*, o julgamento que começou em *Rosh Hashaná* é concluído e decidido seu destino no ano que se segue. *Hoshana* significa "nos ajude", "tenha piedade de nós".

Durante os festejos de *Sukot*, embora não haja comidas especiais, dá-se preferência a preparações feitas com vegetais e frutas. Nesse caso, as sopas, o arroz e o *Couscous* são feitos com vegetais. Saladas e compotas de frutas são decoradas com sementes de romã. Tradicionalmente, os judeus ashkenazim, no último dia da festa, tomam um caldo de galinha com *Kreplach*, feito com o formato de um triângulo, recheado com carne de frango, como símbolo da bondade de Deus e de sua proteção.

#

"Segunda-feira, 7 de dezembro de 1942

Querida Kitty,

Hanuká e o dia de São Nicolau vieram este ano quase ao mesmo tempo – com apenas um dia de diferença. Não fizemos grandes festas no *Hanuká*. Trocamos alguns presentinhos e acendemos velas. Por causa do racionamento de velas, só as mantivemos acesas durante dez minutos, mas o importante era que cantássemos a canção. O sr. Van Daan improvisou um castiçal de madeira, portanto não faltou nada."

O diário de Anne Frank

Chanuká ou *Hanuká* (que em hebraico significa dedicação, inauguração) é a Festa das Luzes, e dura oito dias. Começa em 25 de *Kislev* e comemora a vitória dos macabeus contra governantes selêucidas da Palestina, que haviam profanado o templo impondo a religião helenística aos judeus. Os macabeus, liderados por Judá Macabeu, em sua revolta demonstraram preservar sua fé e liberdade religiosa, e nesse empenho rededicaram o altar do templo para o culto judaico, reacendendo a *menorá* (em hebraico, candelabro), contendo sete braços, cheia com óleo de oliva, que era permanentemente acesa no templo de Jerusalém, e que simbolizava a sabedoria divina. Na tentativa de reacendê-la, encontraram somente um pequeno jarro contendo azeite puro, ainda intacto, para o ritual. Milagrosamente, este óleo continuou ardendo durante oito dias, permitindo que se preparasse mais óleo puro. Esse grande milagre, que aconteceu em 165 a.C., culminou na comemoração da festa de *Chanuká*, quando se acende em cada casa uma *menorá* de oito braços. Costuma-se colocar a *chanuquiá* (candelabro) sobre uma mesa no lado esquerdo da porta de entrada frente à *mezuzá*, ou na janela que dá para a rua. A cada dia se acende uma vela, um ato que nas famílias religiosas deve contar com a participação de todos os membros: marido, esposa e filhos. Desde os tempos do Templo, o candelabro representa um dos principais símbolos que consta em lápides tumulares, mosaicos de sinagogas e em diagramas cabalísticos, além de ser o emblema do Estado de Israel. Para os judeus devotos, a mensagem da história do óleo milagroso é que Deus permite que alguma coisa pura, por menor que possa parecer, ilumine muito além do seu potencial natural. Ao acenderem-se as luzes da *menorá*, costuma-se cantar um hino chamado *Maoz Tzur*, que significa fortaleza de rocha, cuja canção data de épocas medievais, no século XIII. O hino conta como Deus redime o povo de Israel do sofrimento e da perseguição em cada época.

Por tratar-se de um tempo muito difícil para os judeus que estavam sofrendo forte opressão nas mãos do rei Antíoco, Epifanes II, que os impediu de estudarem a Torá e viverem de acordo com os mandamentos, para os judeus Judá Macabeu tornou-se um herói. Contrariando todos os princípios judaicos, Antíoco ocupou Jerusalém primeiramente erguendo uma estátua de Júpiter no Templo Sagrado e um porco, que sacrificou no altar. Apesar de o inimigo possuir uma armada de 40.000 soldados e 7.000 cavaleiros, muitas vezes superior ao pequeno grupo de macabeus, os judeus ganharam a primeira batalha. Numa segunda tentativa, Antíoco enviou uma armada com 60.000 soldados e 5.000 cavaleiros para derrubarem os macabeus. Tendo mais uma vez os macabeus saído vitoriosos, o inimigo concluiu que os judeus prefeririam morrer a viver sem sua fé e assim finalmente se retiraram.

A festa de *Chanuká* é um tempo de encontro e experiências vividas junto, a lembrança de um passado e a esperança para o futuro. São as crianças que mais apreciam esta festividade, pois recebem dinheiro que lhes permite comprar presentes para si (*chanuká guelt*; *guelt* em iídiche significa dinheiro). Às vezes, com o dinheiro ganho, as crianças compram um *dreidl* de *Chanuká*, um pequeno pião, um dos símbolos da festividade, com uma letra hebraica em cada uma das quatro faces.

O *dreidl* de *Chanuká* (ou *sevivon*, em hebraico) é um brinquedo característico da festividade. Nele estão inscritas quatro letras hebraicas: *Nun*, *Giumel*, *Hei* e *Shin* que fazem alusão aos milagres de *Chanuká: Gadol Haya Sham* (*Um grande milagre aconteceu*). Estas letras também formam a palavra *goshna*, cujo valor numérico é 358, que é o valor da palavra *mashiach* (Messias), pois ao difundir a luz da Torá é uma forma de se apressar o advento da era messiânica.

Como em todas as festividades judaicas, pratos especiais são preparados. A mesa judaica deve conter alimentos fritos em óleo para lembrar o óleo de *Chanuká*. Os ashkenazim comem *Latkes* (ver pág. 322), um bolinho frito feito com batata ralada, para muitos considerado uma iguaria. Em Israel come-se *Sufganiyot* (ver pág. 432), deliciosos sonhos fritos recheados com geleia, encontradas nas vitrines das padarias e confeitarias, para delírio dos mais gulosos. Os sepharadim costumam preparar um tipo de fritura, que depois é mergulhada numa calda espessa e bem doce, além de doces como *Zalabia* (ver pág. 429), *Lokmas* (ver pág. 448) e *Sfenj* (ver pág 181).

Os judeus-italianos apreciam comer pedaços de galinha envoltos numa massa e fritos em farta quantidade de óleo, enquanto os marroquinos nessa época comem *Couscous* com galinha frita, em vez de ensopada.

Entre alguns judeus-russos é costume colocar um torrão de açúcar numa colher, molhá-lo com *brandy*, acender e jogar aceso dentro de um copo de chá quente. Pratos contendo queijo também são populares nessa ocasião, que são comidos num tributo a Judite, que salvou sua cidade sitiada, Betúlia, na Judeia, do inimigo Holofernes, outro

famoso episódio dessa época. A esse respeito, conta-se que como estava apaixonado por ela, sucumbiu ao desejo de comer um queijo excessivamente salgado, levando-o a beber muito vinho para suportar a sede. Enfraquecido pela bebedeira, tornou-se presa fácil e vulnerável, e assim Judite cortou-lhe a cabeça, levando-a até Jerusalém para mostrá-la aos soldados de Holofernes, que, horrorizados, fugiram da cidade. Para comemorar esse ato, alguns ashkenazim devotos preparam *Blintzes* de queijo (ver pág. 411) e *Cheesecake* (ver pág. 414), enquanto os sepharadim comem *Burmuelos* de queijo (ver pág. 353).

Para os judeus mais místicos, as luzes de *Chanuká* são consideradas uma manifestação da luz oculta do Messias, o rei ungido que será enviado por Deus para dar início à redenção final no fim dos dias.

> *O anseio pela vinda do Messias tem sido o sonho dourado do povo judeu através dos tempos. Na tradição judaica, porém, não existe certeza sobre onde nem como o Messias virá. Uma corrente afirma que a hora de esperá-lo será quando o homem tiver perdido completamente a esperança. Há quem acredite que ele virá quando o infortúnio se abater sobre Israel, como um mar alto desabando. Uma outra corrente garante que o filho de David* virá para a geração que se arrepender dos seus descaminhos, tornando-se absolutamente piedosa. Seja como for, a literatura judaica está repleta de advertências para não se calcular o advento da Era Messiânica, e não se deixar desviar por pseudomessias. Dizem, entretanto, que se os homens apenas ouvirem a voz de Deus, qualquer dia pode ser o tempo da vinda do Messias.*

---

*Há orações que pedem a restauração da dinastia davídica: "David, rei de Israel, vive e perdura" (*David melech Israel chai vekaiam*). David, além de rei guerreiro, foi uma grande figura religiosa.

Purim

Das festas mais religiosas judaicas, o *Purim* é considerada a menor, acontecendo em 14 de *Adar*, comemorando a história do Livro de Ester, e que, por sua vez, narra como a jovem judia Ester salvou seus conterrâneos da morte que lhes planejara Haman, primeiro-ministro do rei Assuero. Ajudada por seu tio Mordecai, obteve do rei a salvação de seu povo e o enforcamento de Haman, o grande vilão. Em consequência, judeus em todos os cantos do mundo comemoram a grande vitória sobre Haman.

Por ocasião da festividade de *Purim*, em todas as sinagogas as palavras mais ouvidas são essas: "E Mordecai, saindo do palácio, e da presença do rei, resplandecia com a real opa cor de jacinto e azul-celeste, levando uma coroa de ouro na cabeça e vestindo uma manta de seda e de púrpura. E toda a cidade encheu-se de regozijo e de alegria. E aos judeus parecia-lhes ter-lhes nascido uma nova luz, gosto, honra e alvoroço" (Ester 8:15-16).

O *Purim* é uma festa de alegria, expressada pelo povo com carnaval. O termo *Purim* vem da palavra hebraica, oriunda do persa, que significa "lançar a sorte". Isto diz respeito à sorte lançada por Haman para determinar qual seria o melhor momento para atacar os judeus, embora seus prognósticos resultassem desfavoráveis para ele e seus devotos seguidores. Para os judeus, esse acontecimento traduziu-se numa mensagem de que Deus, e não o destino, é quem determinará o que sucederá.

A história relata que durante o reinado de Assuero vivia na Pérsia um judeu, Mordecai, que por sua vez tinha uma sobrinha, Ester, de extraordinária beleza e sabedoria. Atraído por tantas qualidades, o rei Assuero tornou-a sua esposa. Haman, que gozava de favores particulares do rei, cada vez que saía às ruas, montado em seu cavalo, exigia que todos se curvassem perante ele. Como os judeus não se curvam perante nenhum homem, somente perante Deus, Haman, enraivecido, planejou que a partir da data de 13 de *Adar* todos os judeus fossem mortos. Mordecai e Ester, tomando conhecimento do fato, interferiram junto ao rei, e os judeus foram salvos.

Na festa do *Purim* costumam-se usar fantasias como uma paródia para mostrar que as coisas não são o que parecem ser e que Deus decide por caminhos misteriosos. Para muitas famílias ortodoxas, o *Purim* é comemorado como salvação de alguma perseguição ou perigo passado.

À festa precede um dia de jejum, chamado "Jejum de Ester", uma forma de recordar do perigo de vida que correram os judeus daquele tempo. Esse jejum que cai em 13 de *Adar* é rigorosamente seguido por muitas comunidades judaicas de origem persa.

O "Jejum de Ester" é calcado no jejum feito pela rainha Ester antes de sua visita ao rei da Pérsia, Assuero, para pedir por seu povo: "Vai e ajunta todos os judeus que achares em Susa, e orai todos por mim. Não comais nem bebais por três dias e três noites: e eu jejuarei da mesma sorte com as minhas criadas, e depois disto irei buscar o rei obrando contra a lei sem ser chamada e expondo-me à morte e ao perigo" (Ester 4:16).

Como não existe um cerimonial religioso específico, são vários os manjares que se preparam para a ceia do *Purim*. A refeição festiva que acontece ao entardecer é uma das únicas em que se encoraja o uso de bebidas alcoólicas, pois os judeus não costumam se embriagar, ainda que o vinho tenha sido uma constante na vida deles há milhares de anos. (Ver *Adei-lo-iada*, pág. 61.) As comidas simbólicas do *Purim* são ligadas a Haman e Ester. Os ashkenazim costumam preparar um tipo de pastel de três pontas denominado *Hamantashen*, recheado com geleia de ameixa ou com semente de papoula. As sementes

de papoula são uma homenagem à rainha Ester, que sobreviveu somente com sementes quando quebrou seu jejum, na noite enquanto rezava para Deus para repelir a sentença ditada por Haman. Faz parte da festa também comerem-se biscoitos e bolos com semente de papoula. Hábito comum tanto entre os ashkenazim quanto entre os sepharadim, e consideradas indispensáveis, são as "orelhas de Haman", um tipo de pastel frito em forma de orelhas, um dos símbolos do *Purim*. Outras iguarias são feitas, entre elas uma deliciosa torta de uvas pretas, preferida pelos ashkenazim. A refeição principal inclui alimentos vegetarianos ou lácteos para não infringir as leis do *Kashrut*. Entre os sepharadim há uma preferência por feijões e grão-de-bico. No norte da África as favas são muito apreciadas, assim como o peixe cozido com açafrão, de cor amarelada, que serve como representação da alegria.

Faz parte da festividade que no *Purim* os judeus estendam caridade a pelo menos duas pessoas pobres. Costumam-se enviar alimentos a pelo menos um amigo.

Pessach

Das três festas judaicas da peregrinação, o *Pessach* é a Festa da Liberdade, e em termos gastronômicos é o ponto alto do ritual judaico. Celebra um dos mais importantes acontecimentos da história judaica: o Êxodo do Egito, comemorando a redenção dos escravos judeus, e que culminou no nascimento de uma nação judaica. A festividade ocupa toda uma semana ou sete dias, coincidindo com a Semana Santa e a Páscoa cristãs. O *Pessach* começa ao anoitecer da véspera de *Nissan*, a noite do Êxodo, e termina no momento em que os judeus cruzaram o mar Vermelho, e com o afogamento dos egípcios ao tentarem resgatar os judeus.

O *Seder*, que em hebraico significa "ordem", é a refeição ritual das famílias que começa e termina na mesa familiar, com atos de caráter ao mesmo tempo reflexivo e gregário. Em todos os cultos judaicos, nada se compara com o *Seder* na sua complexa referência e densa ressonante observância. Por essa razão, para acompanhar o *Seder* faz-se imprescindível ter à mão o livro de rezas, a *Hagadá*. Além de ser uma festividade gastronômica, trata-se de uma oportunidade de ensinar às crianças acerca do movimento em bando em direção à liberdade e o exílio pelo qual passaram os judeus.

O termo *Pessach* significa em hebraico "passar sobre", e o nome da festividade diz respeito à última das dez pragas, quando os filhos primogênitos dos egípcios foram mortos por Deus, que "passou sobre" as casas dos judeus, que haviam pintado os umbrais de suas portas com sangue de cordeiro pascal, para que Deus os distinguisse dos demais, e assim seus primogênitos foram poupados. E a Bíblia relata:

Depois chamou Moisés todos os anciãos dos filhos de Israel, e disse-lhes: "Ide tomar um cordeiro para cada família, e imolai-o. Ensopai um molho de hissopo no sangue, que estiver posto no limiar da porta, e borrifai com ele a verga da porta, e as duas umbreiras. Nenhum de vós saia da porta de sua casa até pela manhã. Porque o Senhor passará, ferindo os egípcios: e quando ele vir este sangue sobre a verga das vossas portas, e sobre as duas umbreiras passará a porta da vossa casa, e não deixará entrar nela o anjo exterminador a ferir-vos.

(Êxodo 12:21-22-23)

Esse incidente provocou não somente um temor no faraó, como em todo egípcio, fazendo com que os judeus tivessem que se retirar às pressas do Egito, levando consigo uma infinidade de ovelhas, de rebanho e de animais diversos, com uma população de seiscentos mil homens a pé além das crianças.

O povo pois tomou a farinha, que tinha sido amassada antes de levar fermento, e atando-a nas capas, pô-la aos ombros (Êxodo 12:34) e cozeram a farinha, que havia tempo tinham trazido amassada do Egito, e fizeram dela pães asmos, cozidos debaixo de cinza: porque os egípcios lhes tinham dado tanta pressa a partir que lhes não deram tempo a meter-lhes fermento, nem a preparar nada de comer.

(Êxodo 12:39)

Esses episódios da Bíblia marcantes tornaram-se para os judeus um mandamento para não se comer pão levedado em *Pessach*. "Não comerás durante esta festa pão fermentado: mas sete dias comerás pão sem fermento, pão da aflição, porque saíste do Egito vindo com muito medo: para que te lembres do dia da tua saída do Egito todos os dias da tua vida." (Deuteronômio 16:3)

No lugar do pão, come-se a *Matzá* ou pão ázimo, que simboliza o pão da pobreza, que os antepassados judeus comeram na escravidão do Egito, bem como lembrando a pressa com que de lá saíram na hora da libertação, quando não deu tempo para a massa fermentar.

Os costumes do *Pessach* variam de país para país, de família para família, de acordo com o grau de ortodoxia e a tradição local. Porém, para a festividade do *Pessach*, a casa de um judeu devoto deve ser limpa de todo e qualquer levedo. Os mais religiosos fazem uma busca de todas as migalhas que possam estar escondidas em qualquer canto ou fenda. Isto é feito na noite anterior ao *Pessach*, e o que se encontra é queimado no dia seguinte. A essa procura dá-se o nome de *bendikat chametz* (em hebraico, "busca de fermento"). Para os mais moralistas, o fermento simboliza a arrogância e a soberba, e a busca do *chametz* entendida como a realização de uma limpeza interior.

Além dos agentes fermentadores conhecidos são proibidos cinco tipos de grãos – trigo, aveia, cevadinha, centeio e espelta, que na Torá são mencionados como fermentadores. Pães, bolos, biscoitos e todas as comidas que são feitas com esses ingredientes são considerados *hametz* ou impróprios. A *Matzá* e a farinha de *Matzá* são os componentes principais das mesas do *Pessach*, sendo permitida também a fécula de batata, fazendo com que os judeus desenvolvessem pratos feitos com esses elementos.

A *Matzá* é um pão chato e quadrado, num tamanho padronizado, feita com furinhos sobre a superfície da massa, que impedem a formação de bolhas de ar. Feita só de farinha e água, sua espessura é fina, e não se pode demorar mais de 18 minutos para assá-la. Costuma ser encontrada pronta para consumo por ocasião da Páscoa.

O mais importante acontecimento do *Pessach* é sem dúvida a refeição do *Seder*, que ocorre por duas noites no início da festividade. Antes disso, a aproximação do *Pessach* implica uma revolução na casa das famílias mais religiosas, pois, além da procura de *chametz*, existe o ritual de preparar louças e cristais (ver Guia para Observância do *Kashrut*, pág. 51). A mesa deve ser adornada com seus melhores acessórios, entre eles os candelabros,

com suas velas acesas. Em frente do chefe da família colocava-se a bandeja do *Seder*, de porcelana ou metal, que se denomina *Keará*, contendo os elementos simbólicos que vão fazer parte do ritual que antecede o jantar propriamente dito: *Karpas*, um vegetal verde como a salsa, salsão, que representa um novo crescimento, e que deve ser mergulhado em água salgada para simbolizar as lágrimas derramadas (ao lado da *Keará* costuma-se colocar uma vasilha com água salgada); *Maror* ou ervas amargas. Seu gosto amargo lembra o sofrimento dos judeus pela servidão aos egípcios.

A tradição rabínica reconhece as seguintes espécies de vegetais para uso do *maror:* endívias, cerefólio, rábano picante ou raiz-forte, aceitando-se também a alface. Esta última, embora de gosto levemente adocicado, torna-se um tanto amarga na língua; *beitza*, um ovo duro cozido, que simboliza o luto e a destruição do Templo; *zeroa*, asa de galinha ou osso queimados ou grelhados, que recorda o carneiro que se sacrificava antigamente, além de simbolizar o "braço forte" que tirou os judeus do Egito; *charosset*, o único dos elementos que possui um sabor adocicado, feito de uma mistura de nozes, maçãs, vinho tinto, canela e cravo, em forma de pasta, como se fosse uma argamassa, para evocar a cor do barro e simbolizar a argila com que eram feitos os tijolos para construir as pirâmides dos faraós, pelos escravos judeus. Os sepharadim costumam substituir as maçãs por tâmaras. O vinho é adicionado para representar o sangue da circuncisão, do sacrifício do *Pessach* e dos meninos que foram mortos pelos faraós.

A refeição familiar é acompanhada do relato da história do Êxodo no texto da *Hagadá*, e tradicionalmente o filho mais moço faz quatro perguntas (em hebraico, *ma nishtaná*, que significa "o que é diferente") ao chefe da família sobre quatro aspectos que diferenciam o *Seder* das demais refeições, pois no ritual da *Hagadá* a cerimônia induz a que estas perguntas sejam feitas a fim de que as crianças participem da história. Colocadas num pano bordado estão três folhas de *Matzá*, simbolizando Cohen, Levy e Israel, sucessivamente, lembrando as três classes do povo judeu. As *Matzás* também representam Abraão, Isaac e Jacó e a união do povo judeu.

O chefe da família faz o *Kiddush* e segura os três pedaços, quebra o do meio em dois e reserva o maior para distribuir no fim da refeição; passa os alimentos simbólicos e o vinho.

Faz parte do ritual ingerirem-se quatro copos de vinho tinto no decorrer do *Seder*, para simbolizar quatro aspectos da redenção do Egito pelas mãos de Deus, mencionada na Bíblia (Êxodo 6:6-7). Enche-se um quinto cálice para o profeta Elias, ao mesmo tempo que se abre a porta da casa para que seja convidado a entrar. Segundo a tradição, acredita-se que o profeta visita toda casa essa noite oferecendo sua proteção, e enquanto as crianças olham para a porta, um dos adultos entorna um pouco do vinho contido no cálice tentando convencer que ele apareceu e bebeu do vinho, ainda que não pudesse ser visto.

Os pratos tradicionais mais judaicos por ocasião do *Pessach* sofrem certas transformações, além de se incrementar com determinadas preparações próprias dessa festividade. Tudo o que levaria farinha de trigo substitui-se por farinha de *Matzá*, batata ou fécula de batata. Bolos são feitos com fécula ou farinha de *Matzá*, ou ainda farinha de nozes e amêndoas moídas, ou coco ralado, que conferem a consistência apropriada. Entre os judeus do mundo árabe, por exemplo, certos alimentos como o quibe feito com trigo substitui-se por arroz. Os judeus da Turquia preparam suas fritadas de forno utilizando folhas de *Matzá*, enquanto os judeus originários do Leste Europeu, em substituição ao macarrão, ao preparar o *Kugel*, um bolo de macarrão, também substituem por *Matzá* ou então batata. As panquecas, comumente feitas com farinha de trigo, levam farinha de *Matzá* ou fécula de batata.

Na refeição do *Pessach*, ou *Seder*, a última coisa que se come é um pedaço de pão ázimo (*Matzá*), denominado *Afikomen*, e depois do qual nenhuma sobremesa é servida. O termo vem do grego sobremesa, daí seu nome. O ritual consiste em se partir o *Afikomen* da porção do meio em três pedaços de *Matzá* do prato de *Seder*, e que em tempos antigos simbolizava o cordeiro pascal, e se comia ao fim da refeição. Tornou-se costume que o

chefe da família o esconda e que as crianças tentem "roubá-lo" dele. Em geral o *Afikomen* só é devolvido se um presente é prometido em troca. O objetivo é manter as crianças acordadas durante o ritual do *Pessach*, que costuma ser longo.

Um rabino encomendou ao alfaiate da aldeia uma calça nova para usar nas festas do Pessach. *O alfaiate que tinha como hábito não cumprir prazos custou muito para fazer a encomenda, o que deixou o rabino muito inquieto temendo que a calça não ficasse pronta a tempo.*

Quase na véspera do Pessach, *o alfaiate ofegante foi correndo entregar a aguardada roupa.*

— Muito obrigado por me entregar a encomenda a tempo — agradeceu o rabino, depois de examinar a mercadoria com olho clínico. — Mas diga-me uma coisa, meu amigo, se Deus levou apenas seis dias para criar esse vasto e complicado mundo, por que você precisou de seis semanas para um simples par de calças?

— Não nego, rabi — concordou o alfaiate. — Mas olhem que par de calças! E veja que bagunça Deus aprontou!

Shavuot

Uma das três festas de peregrinação, *Shavuot*, que em hebraico significa Pentecostes, ocorre no fim de sete semanas a partir do segundo dia do *Pessach*. Embora seja a Festa da Colheita do Trigo, comemora principalmente o momento em que os Dez Mandamentos ou Decálogo foram revelados a Moisés e aos judeus no monte Sinai. Quando Deus terminou de falar seus mandamentos, Moisés recebeu de Deus, no monte Sinai, os ensinamentos da Torá. Agradecendo este valioso presente, a cada ano, quando apareciam os primeiros frutos em suas plantações, os judeus levavam-nos ao Templo de Jerusalém.

A história do Livro de Rute se passa durante a colheita de trigo, e antigamente os peregrinos chegavam ao Templo com cestas carregadas das primeiras espigas. Em *Shavuot*, o Livro de Rute é lido na sinagoga, e relata-se como Rute aceitou o judaísmo e se converteu, assim como os judeus aceitaram a Torá. Há também a menção de que o rei Davi, descendente de Rute, morreu no *Shavuot*.

Nessa festividade as sinagogas costumam estar decoradas com flores e plantas, lembrando o monte Sinai, uma montanha que antes era seca e árida, e que floresceu no momento da revelação de Deus. Costuma-se comer bolo de queijo, um dos alimentos clássicos dessa festividade, mas também outras versões de alimentos feitos à base de queijo: *Blintzes*, *Kreplach*, *Strudels*. Uma explicação para esse costume é o fato de os ju-

deus, ao receber a Torá, terem se satisfeito com queijo até que pudessem preparar seus alimentos de acordo com as leis dietéticas judaicas. Os judeus ortodoxos têm por hábito ficar acordados toda noite do *Shavuot* estudando a Torá. A cabala enfatizou a importância desse ritual, de uma noite inteira, e há até relatos de revelações místicas que ocorrem durante essa vigília.

Parte II

Aspectos da Vida Judaica

A Sinagoga

Todo o trabalho do homem é para a sua boca:
mas a sua alma não se encherá com isso.

(Eclesiastes 6: 7)

O termo sinagoga vem do grego lugar de reunião (*synagogé*), embora também tenha a ver com convocação; em hebraico, casa de reunião (*beit há-kenesset*), uma assembleia de fiéis entre os judeus; a sede de uma reunião, onde se desenvolve o núcleo do judaísmo; o local de culto onde os fiéis reuniam-se para ler as escrituras. Desde tempos imemoriais, a tradição proibia um judeu de viver numa cidade onde não existisse uma sinagoga. Onde quer que os judeus se estabelecessem, erguiam uma sinagoga para orar e fazer a leitura da Torá, além de debates sobre os assuntos comunitários. Suspeita-se que Moisés teria ensinado aos judeus como rezar numa sinagoga, e que sinagogas já teriam existido no tempo do patriarca Jacó. Porém presume-se que, como instituição, a sinagoga tenha começado por volta da época do cativeiro da Babilônia, após a destruição do Primeiro Templo, construído por Salomão para substituir o Tabernáculo, o santuário portátil que foi erigido no deserto e que acompanhou os judeus em suas perambulações após o Êxodo. Tendo sido o Primeiro Templo destruído pelos babilônios, foi reconstruído. O Segundo Templo, porém, em 70 d.C., foi destruído pelos romanos.

As sinagogas eram intencionalmente construções simples. Apesar de pequenas, às vezes surgiam na forma de grandes prédios, alguns portando certa sofisticação, construídos com afrescos e mosaicos, como a grande sinagoga de Alexandria, erguida no século I, no Egito. Uma comunidade judaica tradicional procura abranger uma área geográfica limitada, pois desde tempos antigos, como os judeus ortodoxos não faziam uso de condução para levá-los à sinagoga nos dias de *Shabat*, estes procuravam morar a uma distância que lhes permitisse ir a pé. Como regra até hoje, as sinagogas devem estar voltadas para o sítio do Templo de Jerusalém, além de que nelas não há imagens religiosas nem objetos no altar. De acordo com o segundo mandamento, as imagens são proibidas. Nesse particular, a decoração da sinagoga não possui figuras celestiais ou humanas. Como forma de expressão religiosa, é a mensagem sonora que predomina.

O ponto mais importante de uma sinagoga é a Arca, uma espécie de armário, que fica na parede oriental, na direção de Jerusalém. Ali são guardados os rolos da Torá, escritos em pergaminho, e que em sinal de respeito devem ser envoltos numa capa de seda, veludo ou material nobre, pois a Torá encerra toda a tradição judaica. A Torá compreende os cinco livros de Moisés: Gênesis, Êxodo, Levítico, Números e Deuteronômio. Sua importância para o judaísmo e para a Humanidade é transcendental. A "alma" da Torá, ou o seu significado interior, só é acessível àqueles que penetram em seu simbolismo místico. Várias tentativas foram feitas no sentido de resumir o núcleo dos ensinamentos da Torá. Embora existam algumas divergências sobre sua essência, para alguns estudiosos, o princípio mais importante da Torá está contido nas palavras "Ama o próximo como a ti mesmo" (Levítico 19: 18). Por sua importância, em frente à Arca, onde ficam guardados os rolos da Torá, toda sinagoga costuma manter uma lâmpada ardente.

A bênção sacerdotal é proferida na sinagoga a cada dia, ou em cada *Shabat* ou festividade, dependendo do costume local, assim como nos casamentos, para a noiva e noivo e para as meninas e meninos em seus *bat-mitzvá* e *bar-mitzvá*. O sermão costuma ser proferido de uma plataforma (*bimá*), à frente da Arca. A abertura cerimonial da Arca da sina-

goga é feita para que se possa tirar dela um *Sefer Torá* (o rolo que contém o texto hebraico do Pentateuco). Este, por sua vez, costuma ser manuscrito, feito por um escriba, em pergaminho obtido de pele de animal *Kasher*, usando-se uma tinta especial e uma pluma. Para a preparação desse pergaminho, um escriba tem que ser cuidadosamente treinado.

Um funcionário da sinagoga conduz as orações – o *chazan*, em geral designado em função de seu talento como cantor. A ele cabe também recitar orações para assinalar o fim de uma seção da liturgia, e pelos cultuantes após a morte de um parente ou aniversário de morte. Na véspera do *Iom Kippur*, é o *chazan* que proclama o *Kol Nidrei* (ver *Iom Kippur*, pág. 107). Na liturgia judaica estão incluídas a récita do *Shemá*, uma afirmação de monoteísmo, que solicita que o homem ame Deus, com todo o seu coração, alma e força; a oração da *Amidá* (em hebraico, "de pé"), principal reza da liturgia e que constitui o centro de todo o serviço religioso, sendo recitada em silêncio, de pé, com os pés juntos, voltados na direção do Templo de Jerusalém e, por fim, a seleção dos Salmos. Esses três elementos são entrelaçados com versículos da Bíblia hebraica, bênçãos, cânticos e leituras da Torá, além dos *piutim* (em hebraico, "poemas") compostos durante a Idade Média.

Cabe aos rabinos, funcionários assalariados das sinagogas, amplos deveres de pregador e de pastor. Trata-se de um mestre erudito que recebe ordenação e está licenciado para tomar decisões não só sobre questões de ritual judaico como de assuntos ligados às leis dietéticas. São responsabilidade do rabino o sermão e o ensino da lei. Oficialmente, o Estado de Israel só reconhece os rabinos ortodoxos como representantes da religião judaica.

Um dos sinais mais evidentes de uma comunidade ortodoxa numa sinagoga é a *mechitsá* (em hebraico, "separação") em que homens e mulheres se sentam separados, com uma divisão formal entre eles. Nas sinagogas ultraortodoxas os homens sequer podem ver as mulheres, separados delas por cortinas grossas. Esse aspecto foi totalmente abolido nas sinagogas reformistas e conservadoras onde qualquer discriminação contra mulheres é evitada. Nesse particular as mulheres têm sido ordenadas como rabinos em seminários

reformistas e em alguns conservadores, enquanto essa prática não é aceita no judaísmo ortodoxo.

O livro sagrado dos judeus é a Bíblia, uma coleção de textos de natureza histórica, literária e religiosa, o que para os judeus estão retidos no Antigo Testamento. A locução Velho Testamento é naturalmente cristã, pois os judeus sempre tiveram outras denominações para essa coleção de documentos, sendo a mais comum Escrituras Sagradas ou *Tanaka*, uma combinação das iniciais de *Torá, Nebi lm* e *Ketubim* (Leis, Profetas, Escrituras). O Velho Testamento compreende vinte e quatro livros, e as Escrituras Sagradas iniciam-se com a Torá ou "lei", inscrita nos chamados Cinco Livros de Moisés. É nela que se encontra a parte mais essencial da mais antiga sabedoria de Israel. No serviço da sinagoga no *Shabat*, há um grande cerimonial em torno da leitura da Torá. A arca é aberta, os rolos sagrados são levados ao redor da sinagoga, até o altar, onde se lê um trecho do texto em hebraico. Além do sábado, a Torá também é lida às segundas e quintas-feiras. No decurso de um ano lê-se o cânone inteiro. Na conclusão do ciclo anual da leitura da Torá costuma-se comemorar *Simchat Torá* (em hebraico, significa "alegria da Torá"). Idealmente as orações devem ser recitadas com um *minian* (*quorum* de dez judeus do sexo masculino, com mais de treze anos de idade), que constitui a comunidade mínima necessária para atos públicos de culto e para a leitura do *Sefer Torá*. Embora as orações possam ser em qualquer língua, a oração pública, sendo principalmente na Sinagoga, é tradicionalmente feita em hebraico com acréscimos de aramaico, através do *sidur*, nome que se dá ao livro de orações que se lê na sinagoga e no lar, quando são recitadas preces, bênçãos e graças após as refeições. No que concerne a liturgias, estas diferem bastante, variando de uma comunidade para outra e particularmente entre ashkenazim e sepharadim.

Ao rezar, o judeu usa um xale de orações denominado *talit* (em hebraico, "manto"), provido de *tsitsit* (em hebraico, franjas), em seus quatro cantos. O uso do *tsitsit* segue a prescrição bíblica, de se ter franjas nos cantos da roupa para lembrar os mandamentos de Deus: "Fala aos filhos de Israel, e lhes dirás que façam umas guarnições nos remates

das suas capas, pondo nelas fitas de cor de jacinto para que, vendo-as, se recordem de todos os mandamentos do Senhor, e não sigam os seus pensamentos nem os seus olhos se prostituam a vários objetos" (Números 15:38-39). Os *tsitsit* são quatro fios enfiados e dobrados em cada um dos quatro orifícios nos cantos do *talit* e aos quais se dão cinco nós espaçados, deixando uma franja de oito fios. Hoje em dia os fios são brancos, mas originalmente um deles em cada grupo era tingido de azul. Usar o *talit* é uma forma de lembrar os mandamentos e cumpri-los. Feito em geral de seda, algodão ou lã, com listas pretas ou roxas, deve acompanhar um judeu ao morrer, sendo sepultado com ele, quando as franjas de um dos cantos são cortadas em sinal de luto.

Além do *talit*, os homens cobrem a cabeça durante a oração. O ato de cobrir a cabeça diferencia os judeus dos gentios, particularmente dos cristãos, que descobrem a cabeça na igreja. O pequeno solidéu que os homens usam na cabeça, a partir dos treze anos, tem o intuito de lembrá-los da presença de Deus. É denominado *Kipá* (hebraico) e *Kapele* ou *iarmulka* (iídiche). Esse costume que já havia sido desenvolvido no ritual do templo, onde o sacerdote usava uma cobertura na cabeça, foi também recomendado pelo Talmud para assegurar que os meninos, ao crescer, se tornassem devotos. As mulheres que seguem o rito ortodoxo, após o casamento, costumam cobrir suas cabeças, sobretudo nas sinagogas. Uma prática que remonta aos tempos bíblicos é de que em se tratando do rito ortodoxo, as mulheres casadas usem peruca, pois as mais religiosas não devem expor seus cabelos a não ser para seus maridos. Entretanto, e principalmente entre os ashkenazim da diáspora, atualmente grande parte das mulheres passaram a adotar um chapéu.

Nas sinagogas tradicionais é comum ver um judeu balançando o corpo para a frente e para trás, enquanto reza ou estuda a Torá. São várias as explicações para esse modo de rezar, porém, segundo o filósofo Judá Halevi, que procurou encontrar uma explicação mais pragmática, o costume tem origem na escassez de textos religiosos, de modo que as pessoas tinham que se inclinar para a frente, para ler, e para trás, para permitir que outros lessem. Na opinião de alguns, o balanço do corpo também se presta para afugentar os

pensamentos profanos que surgem durante a oração, além de ajudar a manter a pessoa desperta.

A música judaica no cerimonial da sinagoga, em sua maior parte, é vocal, cantada pelo *chazan* e o coro que em geral as sinagogas mantêm. O órgão costuma ser o único instrumento hoje usado nas sinagogas ortodoxas, e somente em casamentos. Algumas sinagogas reformistas introduziram alguns instrumentos como parte da liturgia do *Shabat* e das festividades.

No final do serviço religioso, em algumas sinagogas costuma-se servir no salão um *Kiddush* comunitário, que consiste em geral em vinho e doces, para toda congregação. A cerimônia de se recitarem orações e bênçãos sobre uma taça de vinho no começo do *Shabat* e de outras festividades é feita ao fim do serviço matutino, antes do almoço. Há sinagogas que transformam o *Kiddush* num lanche opíparo, com pratos muitas vezes doados prazerosamente por judeus da comunidade, que consideram esse ato muitas vezes uma *mitzvá* (termo hebraico para mandamento, plural *mitzvot*), vindo a se referir a qualquer boa ação, e que proporciona a todos momentos de alegria, sobretudo para aqueles que frequentam o serviço religioso aos sábados, e que são menos afortunados. É comum também que o lanche seja servido pela família de um menino que esteja completando a sua maioridade religiosa ou *bar-mitzvá*. Seja qual for o lanche, este obedece às leis dietéticas do *Kashrut*.

Os encontros aos sábados na sinagoga costumam ser momentos de alegria, e nessa ocasião os judeus saúdam-se mutuamente, ao mesmo tempo que acompanham com um aperto de mão. Em geral as saudações envolvem uma referência à paz. Palavras como *shalom* (paz) ou *Shabat Shalom* (um Shabat de paz) ou *Shalom aleichem* (a paz esteja convosco) são trocadas. Nos feriados usam-se expressões como *chag sameah* (feliz feriado) ou *gut iomtov* (bom feriado, em iídiche). Após a cerimônia de um casamento ou *bar-mitzvá*, realizados na sinagoga, a expressão entre os ashkenazim é *mazal tov* (boa sorte), enquanto os sepharadim costumam exclamar *mabruk* (sê abençoado) ou *siman tov* (um bom sinal).

Acompanhei a procissão até a sinagoga, situada na rua Forsythe, no porão de um prédio. Com uma cruel inteligência infantil, observei o rabino no meio do seu rebanho.

Os chassídicos falavam pelos cotovelos, riam, beijavam-se. Alguns choravam de emoção. Outros, formando um círculo num canto da sinagoga, dançavam um rondó sagrado, ao som de seus próprios cânticos. De vez em quando, levantavam os braços para o teto e soltavam gritos de alegria e de dor. E logo recomeçavam a dança, delirantes.

O novo rabino, porém, não se entregava àquela fúria sacrossanta. Estava comendo, compenetrado. Sentara-se imediatamente à mesa do lanche e se empanturrava de arenques, pão-de-ló, torta de maçãs, passas e peixe recheado. Devorava os pratos de comida com os olhos esbugalhados e o rosto coberto de suor.

A gula do rabino me inquietava não por qualquer razão religiosa ou estética, mas porque eu também queria participar do banquete. Em companhia de outros meninos, esperei que a cerimônia terminasse e os petiscos fossem servidos. Mas o rabino parecia determinado a acabar com tudo.

Encontrei Reb Samuel pulando solenemente com um grupo de místicos e dei-lhe um puxão no talith*.

— Reb Samuel — disse eu, alarmado —, o novo rabino está devorando toda a comida. Assim não vai sobrar nada!

Reb Samuel libertou-se do êxtase e me fulminou com o olhar. Levou-me até um canto da sinagoga e ameaçou-me com um dedo, enquanto o rosto se contorcia de indignação. Eu nunca vira Reb Samuel tão irritado.

— Vá para casa! — disse ele. — É um pecado falar tão levianamente de nosso rabino Schmarya. Volte para casa! Deve fazer isto como castigo!

— Mas Reb Samuel — supliquei —, eu não quis dizer nada de mau.

— Volte para casa! — repetiu ele, afastando-se majestosamente.

---

* *Talit*: manto de oração.

Fiquei amargurado. Não tivera a menor intenção de aborrecer Reb Samuel; gostava muito dele. Além disso, não queria ir embora sem provar as nozes, as passas, as maçãs, os pastéis que enchiam a mesa. Mas como ia me desculpar com Reb Samuel? Não era verdade que o rabino estava devorando tudo?

Permaneci alguns minutos entre a multidão. Reb Samuel me descobriu e fez sinal para que eu saísse. O único remédio era mesmo abandonar a festa. E fui embora, furioso com o novo rabino, que me impedira de participar das comidas e do evento.

MICHAEL GOLD, *Judeus sem dinheiro.*

A Circuncisão

*E vós circuncidareis a carne do vosso prepúcio,
para que esta circuncisão seja o sinal do concerto que há entre mim e vós.
O menino de oito dias será circuncidado entre vós:
todo menino será circuncidado em todo o decurso das vossas gerações.
Tanto os escravos, que tiverem nascido em vossas casas,
como os que vós tiverdes comprado, e que não forem da vossa raça,
todos serão circuncidados.*

(Gênesis 17:11-12)

Com essas palavras a maioria dos judeus, qualquer que seja sua denominação religiosa, circuncidam seus filhos. A circuncisão (em hebraico, *brit milá*, ou pacto da circuncisão) é a remoção do prepúcio de um bebê, uma operação relativamente simples, adotada desde a mais remota Antiguidade, e que é feita também para evitar no futuro a possibilidade de fimose e outras doenças. A menos que haja razões de ordem médica para adiá-la, ela é feita no oitavo dia de vida de um menino, mesmo que caia num *Shabat*, ou numa festividade. O ato de circuncidar só pode ser feito por uma pessoa treinada no ritual da circuncisão, que para os judeus é o *mohel* (em hebraico circuncidador). Este, de acordo com os preceitos da religião, tem que ser um adulto do sexo masculino, e não se permite que seja um gentio. Em tempos passados era frequente que o *mohel* fosse também o *shochet* que realizava o ritual do abate da carne, ou *shechitá*, para a comunidade (ver *shochet* em Guia para observância do *Kashrut*, pág. 51). Para extrair o sangue consequente da retirada do prepúcio, o *mohel* costuma introduzir uma pipeta de vidro, pois a religião insiste em que o *mohel* deve sugar o sangue do pênis como preventivo para possível infecção na ferida. No passado algumas crianças apareciam sofrendo de doenças que se julgava terem contraído do *mohel*, o que resultou no uso da pipeta de vidro para extrair o sangue, evitando o contato com a boca.

Geralmente a cerimônia de circuncisão se realiza de manhã, e quase sempre na casa dos pais da criança ou dos avós. O ato de circuncidar é rápido, porém costuma-se pedir que crianças presentes não fiquem próximo, e também é frequente a mãe não assistir, afastando-se para outro recinto da casa, até o seu término.

No momento da circuncisão, a criança é colocada por alguns momentos numa cadeira, simbolicamente destinada ao profeta Elias, que deve estar em espírito em todas as circuncisões. Para os judeus, Elias volta frequentemente à Terra, em muitos e diferentes disfarces. Às vezes como anjo que assume a forma humana, segundo crença de muitos rabinos, e às vezes como mensageiro de Deus, ajudando pessoas em tempos de penúria, além de comparecer em cada lar judaico para beber uma taça de vinho no *Seder* (ver *Pessach*, pág. 121). Sua missão é trazer a paz entre os homens. No ritual da circuncisão, a criança deve ser posta sobre os joelhos do padrinho, que a segura enquanto o *mohel* opera. Para um judeu ser convidado para cumprir o papel de *padrinho* é uma grande honra, o mesmo acontece em relação à mulher escolhida para madrinha, que por sua vez traz a criança até a sala onde será feito o ritual da circuncisão.

Um dos pontos altos da cerimônia acontece quando a criança recebe um nome hebraico, uma prática milenar. Segundo a cabala, esse nome não deve ser revelado a ninguém até que a operação esteja completa, pois só depois do *brit-milá*, a criança realmente se encontra vinculada a Deus, e protegida. Na prática sepharade, escolhem-se nomes de

parentes vivos. Os ashkenazim repelem esse ato e só colocam nomes de parentes que já tenham falecido. Para que a circuncisão seja realizada, é necessário a presença de no mínimo dez adultos judeus (*miniam*), e tanto pode ser feita na sinagoga como em casa.

É costume após a circuncisão, como comemoração do ato religioso, que se ofereça um café da manhã ou um *Brunch* ou uma festa maior, embora esta última não seja necessariamente obrigatória. Mas, como os judeus apreciam comemorar momentos importantes, costumam-se servir refrescos e uma refeição que contenha algum prato com carne. O que será servido varia de uma família para outra, porém costumava-se servir uma *Challah,* carnes defumadas, preparadas de várias formas, acompanhadas de saladas, bebidas, além de grande variedade de doces e tortas. Para os pais e parentes próximos, por ser uma comemoração de um feito importante, deve ser acompanhada de grande alegria. Na Idade Média, entre os sepharadim, a cerimônia de *hadas* (*fadas* ou *vijolas*, termo derivado do hebraico *bessorah*) em honra dos recém-nascidos, tinha lugar ao entardecer no sétimo dia depois do nascimento; quando se tratava de um menino, era o primeiro passo para a circuncisão, e as jovens mulheres e pais reuniam-se no quarto da mãe, onde se comiam bolos, doces e confeitos, assim como fatias de pão de mel (ou melados).

No caso do nascimento de meninas, em algumas comunidades sepharadim, em geral um mês depois do nascimento prepara-se uma cerimônia de bênção, feita com a participação do rabino comunitário. Feita para a menina que nasceu, a cerimônia é chamada *Siete Candelas* (Sete Velas), hábito muito praticado pelos judeus da Turquia e adjacências. A menina é levada numa almofada pela madrinha, cuja cabeça deve estar coberta por um véu, ou pano rendado. Cabe ao padrinho carregar uma bandeja com sete velas acesas e farta porção de moedas e confeitos de amêndoas ou *dragées*. As moedas, pressupõe-se, trazerem fartura, e as amêndoas, cobertas de açúcar, uma vida doce para a recém-nascida, pela vida inteira. As velas significam um símbolo de luz.

Bar-Mitzvá e Bat-Mitzvá

A inovação do *bat-mitzvá* para mulheres (em hebraico, literalmente "filha do mandamento") não ganhou a aprovação universal dos rabinos ortodoxos. O privilégio de comemorar a maioridade religiosa, até bem pouco tempo, só era dado aos homens. O *bar-mitzvá* (em hebraico, literalmente "filho do mandamento") é um marco importante tanto na vida de um menino que completa treze anos como para toda a família e por isso, em geral os pais dão uma festa para parentes e amigos. Uma festa de *bar-mitzvá* deve se tornar algo inesquecível, não só na mente do menino que está completando sua maioridade religiosa, como na mente de seus pais, irmãos, tios, avós e amigos. Costuma assemelhar-se a uma boda de casamento com grande fartura de comida, a melhor que se puder preparar, muita alegria, música e dança. A festa precede a horas de preparação com o intuito de que o menino possa recitar a Haftará ou a leitura dos Livros dos Profetas na Sinagoga em frente aos convidados, para o orgulho de seus pais, que aguardam ansiosamente por esse momento.

Aos treze anos, para os judeus um menino é considerado um adulto responsável, podendo já participar de um *minian* (*quorum* de dez judeus com mais de treze anos) para fins religiosos. A partir desse momento, e depois de exaustivos estudos que precedem à cerimônia, ele passa a ter a obrigação de cumprir os mandamentos; a colocar o *tefilin* (ornamentos) que são usados por homens adultos durante os serviços religiosos dos dias

úteis. Trata-se de duas caixinhas de couro preto que contêm quatro passagens bíblicas (Êxodo, 13:1-10 e 11:16 e Deuteronômio 6:4-9 e 11:13-21) escritas por um escriba e que devem ser presas com correias de couro ao braço esquerdo e à testa. Os *tefilin* não são usados no *Shabat*. Considerados por alguns "amuletos", são conhecidos em português como filactérios. Os *tefilin* que se prendem no braço são tidos como uma lembrança do braço estendido de Deus, quando tirou os israelitas do Egito e os da cabeça têm por objetivo tornar os sentidos e os pensamentos dirigidos do cérebro a Deus. É vedado às mulheres o uso do *tefilin*, no entanto, algumas feministas, espelhando-se no registro de mulheres santas que deles fizeram uso, começaram a usá-lo no serviço da Sinagoga.

A diferença entre o *bar-mitzvá* e o *bat-mitzvá*, este último aceito nas comunidades conservadoras e reformistas, é que o *bat-mitzvá* é comumente realizado em conjunto, para um grupo de meninas, preferentemente aos domingos e não no sábado, como é feito para os meninos. Há registros de *bat-mitzvá* feitos hoje em sinagogas ortodoxas modernas, porém trata-se de algo recente.

Sendo o *bar-mitzvá* um acontecimento marcante na vida de uma família judaica, nessa ocasião, entre os inúmeros presentes que o menino aniversariante recebe, o *talit* ou xale de orações para um adulto (ver Sinagoga, pág. 131), torna-se um dos mais preciosos e significativos, pois acompanhará o jovem pela vida afora, sempre que for à sinagoga, e se for religioso, em suas rezas matutinas. Em relação a seu uso pelas mulheres, somente é aceito em algumas comunidades reformistas, onde estas desfrutam de maior igualdade com os homens na vida religiosa. Tal procedimento não é observado nas comunidades judaicas conservadoras, e muito menos admissível nas ortodoxas.

O Casamento

De acordo com as escrituras, o laço sagrado entre um homem e uma mulher goza de grande respeito na tradição judaica. É quase um dever para um judeu casar e procriar. "E disse o Senhor Deus: Não é bom que o homem esteja só: façamos-lhe uma ajudante semelhante a ele" (Gênesis 2:18). "Por isso deixará o homem a seu pai e a sua mãe, e se unirá a sua mulher: e serão dois numa mesma carne" (Gênesis 2:24). A única desculpa válida para um homem não se casar, sobretudo entre os ultraortodoxos, seria que ele dedicasse sua vida ao estudo da Torá, embora nem assim o celibato seja encorajado. Em relação à mulher, em várias partes da Bíblia, o casamento é louvado. No livro de Provérbios da Bíblia, o rei Salomão afirma: "Aquele que achou uma mulher boa achou o bem: e receberá do Senhor um manancial de alegria" (Provérbios 18:22). Apesar de os homens judaicos recitarem toda manhã uma bênção agradecendo a Deus por não os ter feito mulheres, há o reconhecimento de que o homem que não tem uma esposa está privado da alegria e da graça.

No passado, era considerado impudico que um rapaz e uma moça namorassem. Era comum, no processo de encontrar um futuro cônjuge, a interferência de um(a) casamenteiro(a) ou *shadchan* (termo aramaico). Tratava-se de um casamento arranjado e que até hoje, quando acontece, ainda conserva o mesmo nome (*shiduch*), feito por um *shadchan*, que aproxima duas famílias, e em consequência o futuro casal, pois os considera adequados, um para o outro. O folclore judaico conta muitas histórias sobre *shiduch* e sobre o responsável pelo encontro, um personagem comunitário que era pago, se produzisse resultados. Geralmente, em casamentos arranjados, ambas as famílias buscavam um relacionamento com pessoas importantes ou famosas, assim como judeus ricos faziam uso de sua riqueza para se unirem pelo casamento a uma família de *ichus* (termo iídiche, do hebraico *iachas*, que diz respeito a família bem relacionada).

À cerimônia do casamento precede a assinatura da *Ketubá* (termo hebraico para documento), escrita em aramaico, que é dada do marido para a esposa, na cerimônia do casamento. Sem este documento um casal não deve viver junto. A *Ketubá* estabelece as responsabilidades do marido para com sua esposa, garantindo o sustento da mulher com os bens do marido, caso ele faleça antes dela, assim como uma indenização em dinheiro em caso de divórcio. Ainda que os tempos tenham mudado e a mulher hoje participe da despesa da casa, uma *Ketubá* padronizada ainda existe no casamento judaico, geralmente impressa, embora alguns judeus mais religiosos, copiando hábitos da Antiguidade, encomendem a um escriba uma *Ketubá* manuscrita, primorosamente desenhada com figuras tradicionais. A *Ketubá* tem que ser assinada durante a cerimônia, e como para os judeus o casamento é uma ligação santificada, só pode ser dissolvido por um divórcio religioso ou pela morte. Durante a cerimônia do casamento – conduzida pelo rabino e pelo *chazan* da sinagoga – são recitadas bênçãos sobre uma taça de vinho, que é entregue aos pais do casal para que passem a seus respectivos filhos para beberem da mesma taça, estando o novo casal sob o pálio nupcial ou a *chupá* (em hebraico, dossel). O pálio nupcial simboliza a casa do noivo.

A cerimônia propriamente dita acontece com o noivo na *chupá* aguardando a noiva, que nos casamentos mais ortodoxos chega com os pais com o rosto coberto por um véu. Nas cerimônias tradicionais de casamento é costume a noiva dar sete voltas em torno do noivo. Esse costume, denominado *hakafot* (em hebraico, voltas em torno), acontece também em outras festividades, como por exemplo, na festa de *Sukot*, quando os homens,

carregando as "quatro espécies", dão uma volta completa na sinagoga, cantando orações e em *Simchat Torá*, uma festividade menor, quando todos os rolos da arca são conduzidos em sete voltas com muita dança e canto, para comemorar a conclusão da leitura da Torá. O noivo coloca o anel no dedo de sua noiva, diante de pelo menos duas testemunhas. A *Ketubá* é lida, e para finalizar, o noivo quebra um copo, envolto num pano pisando com o pé, simbolizando a tristeza sentida com a destruição de Jerusalém, de acordo com o Salmo 137. Segundo o folclore judaico, se o noivo não conseguir quebrar o copo na primeira vez, será dominado pela mulher. Ao quebrar o copo, os convidados costumam exclamar *mazal tov* (boa sorte – se forem ashkenazim) e *mabruk* (sê abençoado) ou *siman tov* (um bom sinal – se forem sepharadim).

Em algumas comunidades permitia-se ao novo casal a privacidade de alguns momentos a sós, hoje em dia é apenas um significado simbólico, pois era nesse momento que o casamento se consolidava. Em geral, a recepção do casamento, entre os judeus, tem de tudo que a família pode gastar para transformar o evento em algo inesquecível. A religião judaica permite o divórcio (*guet*), embora o *beit din* (tribunal religioso em hebraico) que trata do caso procura tentar reconciliar o casal antes de começar os procedimentos de divórcio, assim como costumava incentivar marido e mulher a se casarem de novo depois de divorciados. Para o judaísmo o casamento é uma instituição tão sagrada, que os mais religiosos consideram que depois do casamento é como se todos os pecados anteriores fossem perdoados; como se homem e mulher tivessem nascido ele novo. É o começo de uma vida nova.

Desde a Antiguidade, o casamento entre judeus e povos gentios era proibido, de acordo com os desígnios da Torá, pois assim os cônjuges hebreus não seriam levados à idolatria e ao culto de deuses estrangeiros. O casamento misto é um dos principais fatores da assimilação e uma ameaça para os judeus que tiveram que lutar através da diáspora para manter uma identidade própria. No período moderno, a situação mudou de forma radical, e há uma tendência crescente entre os judeus jovens de se casarem com gentios,

havendo em inúmeros casos um processo de conversão do cônjuge gentio. No caso de uma conversão, esta implica para o homem a circuncisão, e para ambos os sexos, o banho no *mikve*, como parte da conversão.

Quando o jovem casal se muda para seu novo lar, uma de suas primeiras obrigações é colocar uma *mezuzá* no batente da porta, de entrada – um pequeno estojo ou rolo de pergaminho feito por um escriba, contendo o texto manuscrito dos primeiros parágrafos da *shema* (em hebraico, *ouve*), uma afirmação do monoteísmo, que solicita que o homem ame Deus, com todo o seu coração, toda a sua alma e toda sua força: "Ouve (*shema*) ó Israel, o Senhor é nosso Deus, o Senhor é um." Para os judeus, a *mezuzá* garante um lar feliz e uma vida longa. Existe a crença de que quando uma praga, catástrofe ou tragédia desaba sobre uma família ou comunidade, elas devem examinar suas *mezuzot* e verificar se não se deterioraram – prática comum, sobretudo entre os judeus chassídicos. É costume beijar a *mezuzá* ao se entrar numa casa judaica ou ao sair dela. Alguns rabinos ligados à astrologia estipulam épocas exatas em que as *mezuzot*, na qualidade de amuletos, deviam ser escritas. A esse respeito, afirma-se ainda que, sob influência da cabala, muitos judeus veem na *mezuzá* um talismã e que os espíritos do mal vão embora assim que é colocada uma *mezuzá* na porta.

A Morte

Não temas o decreto da morte. Lembra-te de todos aqueles que foram antes de ti, e de todos os que virão depois de ti. Esse é um decreto que o Senhor pronunciou contra toda a carne.

(Eclesiástico 41:5)

Diferentes crenças existem no judaísmo sobre a continuação da vida após a morte. Na cabala, por exemplo, depois da morte a alma reencarna numa nova forma física, seja humana, animal ou inanimada. Há também a crença de que na vida após a morte a alma continua a existir, em estado incorpóreo de consciência, no celestial jardim do Éden, ou por um período no purgatório. Embora a Bíblia expresse a crença da imortalidade, pouco fala sobre a condição da alma humana após a morte. Trata-se de um tema amplamente discutido na cabala, na literatura rabínica e no folclore judaico.

Após a morte de um parente próximo, seja o enlutado filho, pai, cônjuge ou outro parente falecido, costuma-se guardar sete dias de luto fechado, após o sepultamento. Para os judeus, depois da morte a alma permanece unida ao corpo físico nos primeiros sete dias, quando esvoaça de sua casa ao cemitério, e volta. Isso vem a explicar o porquê do período de uma semana de luto. Segue-se também após a morte um período de doze meses em que a alma ascende e desce, até que o corpo se desintegra e então finalmente ela se liberta. Por essa razão, entre os mais devotos, pelo período de um ano, representados pelo filho ou parente mais próximo, recitam na sinagoga o *Kadish* (em aramaico, santo) feito pelo *chazan*, com a presença de um *minian* de dez homens judeus adultos. Segundo a crença judaica, um filho pode resgatar um progenitor do sofrimento após a morte recitando o *Kadish* e vice-versa, durante onze meses após o passamento.

O sepultamento fica a cargo de membros da sociedade funerária *Chevra Kadisha*, em que homens e mulheres encarregam-se do processo de purificação do corpo antes do sepultamento. Em muitas comunidades a *Chevra Kadisha* é formada por voluntários, que devem estar disponíveis para atender às necessidades tão logo sejam chamados. Para judeus mais devotos isso representa uma *mitzvá**.

Durante o período de sete dias de luto, o enlutado fica em casa sentado, quando muito religioso, em uma banqueta baixa, vestindo uma roupa em que se rasgou um pedaço no cemitério, um ato simbólico milenar, feito antes do sepultamento. Nesse período, em respeito ao morto, não se corta o cabelo, não se banha, e é visitado por parentes e membros da comunidade que vêm expressar suas condolências. Costuma-se nessa ocasião fazer em casa um serviço religioso (que também pode ser feito na sinagoga) com preces em memória do falecido. Entretanto há uma interrupção desse procedimento no *Shabat* ou em festas religiosas, quando não é permitido o luto público. Um costume muito antigo entre os judeus devotos, consiste em cobrir todos os espelhos da casa do falecido durante esse período, protegendo a imagem refletida de uma pessoa, isto é, sua alma, da ameaça dos demônios.

Embora a invocação aos mortos seja proibida entre os judeus, costumam-se visitar os túmulos de parentes. Os funerais judaicos caracterizam-se por grande simplicidade e falta de distinção entre o rico e o pobre. Após o sepultamento, quando os enlutados

---

*Mitzvá: em hebraico, "mandamento", referindo-se a qualquer boa ação.

retornam para casa, é costume entre os mais devotos que a primeira refeição consista em ovos cozidos. Os ovos simbolizam o eterno ciclo da vida, nascimento e morte, por sua forma arredondada. Nesse contexto também estão inseridos os *Bagels*, que também simbolizam o mesmo ciclo contínuo.

A cremação dos mortos é proibida na religião judaica, tida como uma negação da crença da ressurreição, além de uma profanação do corpo, uma prática que imita costumes dos gentios. Os rabinos ortodoxos, sempre que procurados para pedido de cremação, advertem que não se deve atender ao pedido do falecido, devendo, em vez disso, sepultar o corpo em solo consagrado. Há, entretanto, uma facção de rabinos reformistas que contradizem os ortodoxos e concordam em praticá-la.

No período entre a morte e um ano do falecimento, os judeus costumam erigir uma lápide (em hebraico, *matsevá*) e estando pronta, há uma cerimônia "descoberta da *matsevá*", feita no cemitério com a sepultura já pronta. Parentes e amigos em atenção à família costumam comparecer, e um rabino reza, e profere palavras que relembram as boas qualidades do(a) falecido(a). Os túmulos dos judeus são marcados com uma lápide em que se grava o nome em hebraico do falecido, a data da morte e uma inscrição. Os cabalistas consideravam que erigir uma lápide ajudava a alma do falecido a obter o descanso.

Antes da festa de *Rosh Hashaná* costumam-se visitar os túmulos de parentes, para pedir-lhes que intercedam com suas preces em favor dos visitantes. Nessa ou em qualquer visita feita ao cemitério não se levam flores. Porém é costume se colocar uma pedrinha sobre o túmulo, ao se visitar o ente querido que faleceu. Há quem diga que esse antigo costume tem relação com o tempo em que era preciso marcar uma sepultura com uma pilha de pedras. Muitos, entretanto, afirmam que, colocando pedrinhas sobre os túmulos, fica demonstrado que houve uma presença, na forma de uma visita, e que o morto não foi esquecido. Este ato simbólico foi retratado na cena final do filme *A Lista de Schindler*, de Steven Spielberg (1993), quando um por um dos sobreviventes e parentes destes colocam uma pedrinha no túmulo de Schindler, que os salvara da morte durante o Holocausto.

A Morte   *Cozinha Judaica*

Uma tradição judaica bastante antiga apregoava que os vizinhos dos enlutados deveriam preparar a primeira refeição, após o funeral. Essa refeição que recebia o nome de Seudat Havraá ou "Refeição de Condolência", no período talmúdico era incentivada pelos rabinos, e aqueles que não seguissem essa mitzvá seriam seriamente repreendidos. À medida que os judeus foram se dispersando, e também quando passaram a morar distantes uns dos outros, esse costume foi desaparecendo.

Parte III

Sua Comida e
Cozinha Milenar

Pães

O pão, mais do que qualquer outro alimento, tem influenciado a história, e nesse sentido teve papel importante no crescimento e na queda de muitas civilizações. Entre os judeus, o pão tem um simbolismo muito especial. Em todas as refeições de caráter religioso, o pão é consumido. Na Páscoa, entretanto, adquire outra feição, pois só se pode comer pão não levedado, a *Matzá*, ou "pão da aflição", conforme é considerado pelos judeus, pois os faz lembrarem que seus antepassados foram escravos no Egito. A palavra hebraica usada para designar o pão é *Lechen*, usada também para o alimento em geral. Nesse sentido Deus assim se refere, quando se dirigindo a Adão, afirma: "Tu comerás o teu pão ('alimento') com o suor do teu rosto, até que te tornes na terra, de que foste formado" (Gênesis 3:19). O pão é o alimento usado quando nada mais há para comer. Porém, em Israel, mesmo nos dias de abundância não se janta sem pão. O *Challah* é o pão que os judeus ashkenazim consomem em ocasiões festivas, como dias santificados e casamentos. É o rei dos pães. Comendo o *Challah*, estão preservando sua herança. Embora alguns sepharadim também façam uso do *Challah*, outros pães também são consumidos nas festividades especiais. Seja, porém, qual for o pão, sendo de massa levedada, deve crescer, ser bem amassado para crescer de novo, e finalmente levado ao forno.

- *Challah*
- *Berches* ou *Challah* de Batatas
- *Lahuhuha*
- *Bagel*
- *Pão de Centeio*
- *Pita*
- *Roska*
- *Pain Pétri*
- *Bejma*
- *Babke*
- *Bollo*
- *Hungarian Mohn Strudel*
- *Sfenj*
- *Mouna*
- *Hanoch's Olive Brot*
- *Kubbanah*
- *Dabo*
- *Pain Juif à L'Anis*

• No Brasil, o fermento seco vem embalado em pequenos pacotes de 10 g e equivale a uma colher de sopa rasa. Na sua falta, existem no mercado, disponíveis especialmente nas padarias, pacotes de 500 g, dos quais se pode retirar a quantidade necessária. A vantagem do fermento seco é que não precisa ser conservado na geladeira.

• Quanto ao fermento fresco, este se apresenta em quadrados de 15 g, e precisa ser conservado em geladeira. Em bom estado, deve ter cheiro agradável e consistência firme e úmida.

• Embora ambos os fermentos possuam consistências diferentes, cada pacote de 10 g de fermento seco pode ser substituído por um quadrado de fermento fresco de 15 g.

Challah e Outros Pães

E falou o Senhor a Moisés, dizendo: "Fala aos filhos de Israel,
e lhes dirás: Depois que vós tiverdes chegado à terra,
que eu vos hei de dar, e comerdes dos pães daquela terra,
separeis para o Senhor as primícias de vossas comidas.
Assim como separais as primícias das eiras,
assim também dareis ao Senhor as primícias
das vossas massas."'

(Números 15:17-21)

O termo *Challah* (ou *Hallah*) foi dado na Idade Média, no sul da Alemanha, a um pão em forma de trança, adotado pelos judeus para o ritual do *Shabat*, cujo hábito terminou se estendendo também à Áustria e Boêmia, e mais tarde à Polônia, leste da Europa e Rússia, quando os judeus para lá migraram. Basicamente feito com farinha branca e enriquecido com ovos, quase sempre era polvilhado com semente de papoula, simbolizando o maná que Deus enviou do céu. Mais tarde os judeus do Leste Europeu terminaram levando o *Challah* para os países para onde emigraram, a partir do século XIX. Inicialmente nenhum açúcar era colocado na massa, porém, à medida que os imigrantes se tornaram mais prósperos, tiveram acesso ao produto, e o pão tornou-se levemente adocicado. Considerado *Kasher*, o *Challah* assim é tido porque não é feito com gordura animal, somente vegetal, podendo constar de qualquer refeição.

Consagrado como o mais tradicional pão judaico, o termo *Challah* significa "a porção do sacerdote", e antes de ser levado ao forno, retira-se um pedaço de sua massa que é queimado e não deve ser comido, um ritual cujo simbolismo diz respeito à citação da

Bíblia, que os judeus deveriam dar parte do pão para os *Kohanim*, a cada sábado, sendo esses descendentes sacerdotais.*

Além do seu uso no *Shabat*, em várias outras ocasiões festivas faz-se uso do *Challah*, como nos dias santificados, *bar-mitzvás* e casamentos. É também um hábito judaico dar-se a quem muda de casa este pão e sal. Sobretudo, trata-se de um pão que faz parte das ocasiões em que as famílias praticantes do judaísmo reúnem-se para recriar os laços e a continuidade da tradição familiar. Por ocasião dos feriados do Ano-Novo judaico ou *Rosh Hashaná*, come-se o *Challah* arredondado ou na forma de uma espiral, um símbolo de vida longa e de continuidade, baseado no espírito de algo "onde não há começo nem fim". Entretanto, o *Challah* trançado é o mais comum, feito com três, quatro ou seis tranças, que parecem braços, simbolizando amor, justiça, verdade e paz.

Os sepharadim não possuem um pão igual ao *Challah* para uso no *Shabat*. Os pães festivos por eles utilizados no *Shabat* e em outras festividades religiosas são em geral doces e aromáticos, em que se coloca o zeste** da laranja ou do limão ralado, ou sementes de anis etc.

O binômio pão e vinho colocados na mesa de *Shabat* faz parte do ritual, quando o chefe da casa abençoa o vinho e corta o pão. Em cada refeição comem-se duas *Challot*, que representam a dupla porção de maná que os judeus recebiam no deserto.

---

*Kohen (em hebraico significa sacerdote). Um judeu descendente de Aarão, o primeiro sumo sacerdote por linha paterna, é um *Kohen*. O sobrenome Cohen em suas várias formas: Cahn, Cohn, Cowan, Kahan, Kahn, Kohn etc. indica em geral descendência sacerdotal. Como em russo não existe o "h", o mesmo se refere a Cagan, Kagan, Kaganovitch. Nos tempos do Templo os sacerdotes oficiavam nas oferendas de sacrifícios.

**Zeste: casca de laranja ou de limão sem a parte branca, que serve para ralar ou picar. Usa-se para dar maior sabor a doces, bolos, cremes, panquecas, molhos etc.

Challah

RENDE 4 PÃES

- *2 colheres de sopa de fermento seco*
- *2 1/4 xícaras de água morna*
- *1/2 xícara de açúcar*
- *4 ovos batidos acrescidos de 2 gemas extras*
- *1 colher de sopa de sal*
- *1/2 xícara de óleo vegetal*
- *9 1/2 xícaras de farinha de trigo*
- *1 gema para pincelar os pães*
- *semente de papoula ou de gergelim (opcional)*

Dissolver o fermento na água, acrescentando 1 colher de chá de açúcar, e misturar muito bem. À parte, numa tigela grande, bater os ovos, adicionar sal, o restante do açúcar e o óleo. Misturar bem e juntar as duas preparações para formar uma massa de consistência macia, trabalhando-a com as mãos. Numa superfície enfarinhada essa massa deve ser manipulada vigorosamente por cerca de 15 minutos, até tornar-se elástica e bem macia. Em seguida a massa deve ser colocada numa tigela untada com óleo e coberta por um pano, onde deve permanecer de 2 a 3 horas, até que duplique de tamanho. No final desse período, dividir a massa em 4 pedaços e cada pedaço em 3 partes (caso se queira fazer um *Challah* em forma de trança com 3 tiras). Cada tira deve ficar com 46 cm de comprimento e 3 cm de largura. Pressionar o final da junção das 3 tranças para firmá-las, e começar a trançá-las até finalizar, pressionando igualmente o final. Fazer isso com os demais pedaços. Por fim, levar os 4 pães para crescerem em assadeira untada, não muito perto um do outro, pois irão expandir, deixando cerca de 1 hora, até que dobrem de tamanho, colocando-os em ambiente abafado. Antes de levar para assar, pincelar cada trança com gema e, caso deseje, salpicar com as sementes. Assar por cerca de 30 a 40 minutos em forno preaquecido a 180°, até dourar.

Para preparar-se o tradicional *Challah* redondo de *Rosh Hashaná*, separar uma tira de 45 cm de comprimento e 5 cm de largura, e enrolar como um caracol. Fazer o mesmo com os outros pedaços, colocando-os em uma forma redonda, untada com óleo. Pode-se acrescentar à massa 100 g de passas, antes de se colocá-la para crescer.

(OUTRA RECEITA COM MENOS COLESTEROL)
RENDE 2 PÃES

- *2 pacotes de fermento seco*
- *2 xícaras de água morna*
- *1/4 de xícara de açúcar*
- *1 1/2 colher de chá de sal*
- *7 a 8 copos de farinha de trigo*
- *2 ovos (1 para pincelar o pão)*
- *3 colheres de sopa de óleo vegetal*

Dissolver o fermento com a água com 1 colher de chá de açúcar. À parte, numa grande vasilha, misturar o açúcar restante, sal e 7 xícaras de farinha. Colocar a mistura de fermento no centro, acrescentar 1 ovo e o óleo e trabalhar a massa até que esteja medianamente macia. Se preciso, acrescentar mais farinha, sem exagerar. Deixar a massa crescer, coberta por uma tampa, até duplicar de tamanho (em torno de 1 1/2 hora). Amassar novamente e dividir a massa em três porções, para serem trançadas, formando dois pães. Deixar os pães crescerem até duplicarem de tamanho em duas formas untadas com óleo. Pincelar os pães com um ovo misturado com algumas gotas de água. O forno deve ser ligado a 350º para ficar bem quente. Ao se colocar o pão, diminuir para 180º e assim manter por cerca de 1 hora até o pão ficar corado.

Berches ou Challah de Batatas

RENDE 2 PÃES

Berches é um pão judaico-alemão alongado e trançado, também consumido no *Shabat*. Seu sabor é levemente azedo, ao contrário das outras *Challot* adocicadas. O termo *berches* é uma corruptela do nome hebraico *birkat* (bênção), conforme a Bíblia: *Birkat Adonai hi ta-ashir (A bênção do Senhor faz os ricos e não se achará com eles a aflição* – Provérbios 10:22). Em algumas facas usadas para cortar a *Challah* costumam estar gravados esses dizeres em hebraico.

- *8 xícaras de farinha de trigo*
- *2 pacotes de fermento seco (10 g ao todo)*
- *1/2 xícara de água morna*
- *6 batatas médias cozidas e amassadas ainda mornas*
- *1 1/2 colher de chá de sal*
- *Sementes de papoula*

Misturar o fermento, a água morna e 3 colheres de farinha, levando a crescer por cerca de 30 minutos em recipiente tampado. Numa tigela grande juntar a farinha, a mistura de fermento crescida, a batata amassada e o sal. Se necessário, acrescentar mais um pouco de água morna. A massa deve ser trabalhada por cerca de 10 a 12 minutos, até se soltar da tigela, mantendo-se firme. Colocar a massa numa tigela untada de óleo, cobrir com um guardanapo e deixar crescer a massa até duplicar de tamanho (3 a 5 horas). Após esse período, dividir a massa em 4 porções, 2 mais largas que as outras. Dividir depois as porções maiores em 3 partes para trançá-las. Depois dividir as porções menores em 3. Trançá-las e colocá-las por cima da trança maior. O pedaço restante deve ser enrolado em uma tira e colocado ao longo da trança. Repetir a operação para o outro pão.

Depois de armar o pão, deixá-lo crescer numa forma untada com óleo por cerca de 1 hora. Levá-lo ao forno preaquecido a 350° com o pão previamente salpicado com sementes de papoula, por 45 minutos a 1 hora, até ficar corado.

Lahuhuha

Os *Lahuhuha* são pães iemenitas tradicionalmente servidos com sopas e cozidos. Possuem uma consistência delicadamente esponjosa e são facílimos de fazer. Sua aparência assemelha-se a panquecas grossas, embora sejam tidos como um tipo de pão, que também se conhece por *Lahun*.

- *25 g de fermento seco*
- *700 ml de água morna*
- *1 colher de sopa de açúcar*
- *450 g de farinha de trigo*
- *1/2 colher de chá de sal*
- *5 colheres de sopa de margarina pareveh derretida (ou manteiga)*

Dissolver o fermento com pouca água, reservando o restante. Quando estiver espumando, colocar o restante dos ingredientes. Misturar bem, deixar crescer por 1 hora dentro de uma tigela coberta por um pano, em um local abafado e quente. Misturar novamente e deixar mais 1 hora, cobrindo a tigela. Para a cozinha, utilizar uma frigideira não aderente. A porção deve ser cozida durante 2 minutos, sem aquecer previamente a frigideira. Em seguida, em fogo brando, cozinhar por mais 4 minutos, apenas de um lado. Servir os *Lahuhuha* quentes.

Bagel

Os imigrantes do Leste Europeu trouxeram para a América a tradição do *Bagel*, um pãozinho redondo com um buraco no centro, em forma de anel, espécie de rosca com massa levedada, delicioso quando recém-saído do forno, com sua crosta crocante, massa interna esponjosa, e que goza de grande popularidade, especialmente em Nova York. A história do *Bagel* não é muito clara. Uns dizem que já existia em Viena em 1683, quando a cidade foi capturada pelos turcos e a cavalaria polonesa foi chamada para socorrê-la. Após a batalha, alguns dos soldados teriam aberto um estabelecimento, uma espécie de café, que vendia um tipo de pastelaria no formato de um estribo, simbolizando os estribos da corajosa armada polonesa. Nesse ponto, há uma certa controvérsia, pois sua origem tanto pode vir do termo iídiche *Beygl*, usado para definir um pão redondo, quanto do termo alemão equivalente a *"Steigbügel"*, que significa estribo. Outros relatos mencionam que o *Bagel* já era conhecido por volta de 1610, em comunidades da Cracóvia, e que era oferecido às mulheres por ocasião de um nascimento. Uma última teoria afirma que o *Bagel* foi inventado como uma solução econômica de alimentação para os pobres, porque o buraco nele contido economizava ingredientes.

Dúvidas à parte, o *Bagel* é uma das estrelas do cenário das *delis* judaicas. *Bagel, Lox* (salmão) e *Cream Cheese*, tomate, cebolas, não são apenas servidos em *Shavuot*, circuncisões e como favorito para os *brunches* judaicos. Representa o *brunch* americano, sobretudo se for feito em Nova York. Alguns judeus recém-chegados da Europa e de outros países do Oriente começaram sua vida em Nova York vendendo *Bagels* de porta em porta em pequenas carrocinhas desfilando sobretudo nos arredores do Lower East Side de Manhattan, onde se concentrava a maioria dos judeus. Naquela época, segundo a técnica de prepará-los, eram feitos manualmente, mergulhados em água fervente por alguns segundos, escorrendo-os para por fim assá-los de forma quase primitiva em fornos a lenha. Nos dias de hoje, mesmo que alguns ainda apreciem preparar esse pãozinho de forma artesanal, são incontáveis as panificações em nível industrial que o produzem em grande escala, dando asas à imaginação, fazendo uso de toda a sorte de recheios e coberturas. Alguns são cobertos com cebola picada e salpicados com semente de papoula, que os deixam com uma consistência levemente crocante, enquanto outros são temperados com alho e cobertos com semente de gergelim ou sal grosso granulado fino. A variedade é grande, pois, para atender à diversidade de gostos, vende-se também o *Bagel* com sabor de chocolate ou então de *blueberry*, uma pequena frutinha silvestre e redonda, largamente usada na culinária americana, no preparo de geleias, tortas, *Muffins* e recheios de variados pães e rocamboles, encontrados em vários supermercados espalhados pelo país. Embora haja uma longa variedade de sabores, os puristas ainda dão preferência ao *plain*, isto é, simples, sem enfeites ou com, no máximo, a cobertura de cebola e semente de papoula, gergelim ou sal grosso.

Para alguns judeus preocupados com a origem das coisas e seus simbolismos, o *Bagel*, cuja forma não tem começo nem fim, está ligado ao círculo contínuo da vida. Afirma-se também que nos tempos antigos ele era uma espécie de proteção contra demônios e espíritos do mal, e por isso era servido em certas ocasiões especiais: após uma circuncisão, quando uma mulher estava em trabalho de parto e em funerais, tradicionalmente acom-

panhados de ovos cozidos, e em *brunches* importantes, nesse caso feitos em tamanho menor que o usual.

BAGEL
RENDE 11 PORÇÕES

- *500 g de farinha*
- *1 pacote de fermento seco de 10 gramas*
- *1 1/2 colher de chá de sal*
- *1 1/2 colher de sopa de açúcar*
- *1 ovo levemente batido*
- *1/2 colher de sopa de óleo vegetal (acrescentar umas gotas extras apenas o suficiente para untar a massa)*
- *1/2 xícara de água morna*
- *1 clara de ovo para a cobertura*

Misturar num recipiente grande a farinha, o fermento, o sal e o açúcar. Acrescentar o ovo e o óleo e colocar a água morna aos poucos, manipulando a massa com as mãos. A massa deverá ficar macia, para ser moldada no formato de uma bola. Caso necessário, pode-se adicionar um pouco de água ou farinha. Retirar do recipiente para uma superfície enfarinhada e amassar por 10 a 15 minutos, até ficar bem macia e elástica. Com apenas algumas gotas extras de óleo, umedecer a massa, cobrindo-a em seguida com uma folha de papel-filme, e levar a massa para crescer por 1 1/2 hora, ou até dobrar de volume. Perfurar a massa e massageá-la de novo. Formar um retângulo com cerca de 2,5 cm de espessura e cortar em tiras com uma faca afiada. Enrolar cada tira entre a palma da mão com 18 cm de comprimento e 0,5 cm de largura, ligando as duas pontas para formar um bracelete,

que deve ser colocado numa superfície untada. Deixar que os anéis cresçam por cerca de 1 hora até dobrarem de volume. À parte, ferver água numa panela grande e mergulhar 4 *Bagels* de cada vez para ferver por apenas 1 a 2 minutos, retirando-os depois de escorrerem e colocá-los numa toalha de papel para secar. Repetir a operação com todos os restantes. Pincelar com clara de ovo os *Bagels* já colocados num recipiente untado com óleo e levá-los para assar no forno preaquecido a 190°, por 15 ou 20 minutos, até corarem.

VARIAÇÕES

1) Os *Bagels* podem ser salpicados com semente de papoula, cebola frita não muito escura e previamente salgada, antes de colocá-los para assar depois de pincelados com clara.

2) Outro modo de apresentá-los seria cortar em pequenos círculos e fazer um furo no centro utilizando um pequeno cálice ou algo semelhante que retire o seu interior.

SUGESTÃO PARA PREPARAÇÃO DO *CREAM CHEESE*

- *450 g de queijo ricota fresco em temperatura ambiente*
- *1/2 xícara de creme de leite azedo (não serve o de lata)*
- *sal*
- *1 pitada de pó de alho*
- *1/2 xícara de cebolinha verde picada*

Este recheio transforma o *Bagel* na quintessência do *breakfast* americano, especialmente se for adicionado salmão defumado em fatias. Uma fatia fina de cebola e uma de tomate são desejáveis, porém opcionais. Pode-se substituir o salmão por arenque marinado.

Pão de Centeio

O pão de centeio, mais do que o pão branco, sempre foi consumido pelos judeus, assim como por outros povos do Leste da Europa. Na verdade, o pão de centeio não é especificamente judaico, embora em Israel, quando se fala de "pão de centeio", isto designa o que há de mais comum em matéria de pão, e por isso recebe um subsídio do governo para que todos possam comprá-lo. Nos Estados Unidos, o pão de centeio tornou-se uma associação direta feita com as *delis* judaicas, a ponto de um famoso produtor de pães em grande escala industrial adotar o *slogan* de que "o americano não precisava ser judeu para comer pão de centeio". Embora não especificamente judaico, o pão de centeio começou a ser fabricado nos Estados Unidos por padeiros judeus de origem russa e polonesa, que foram para o país na grande leva de imigração no final do século XIX. A farinha de centeio possui pouca quantidade de glúten e por essa razão necessita do acréscimo de farinha branca para deixar o pão macio e com melhor consistência, exigindo também que a massa seja bem trabalhada. A farinha de centeio pede um pouco mais de esforço do que a farinha de trigo. A massa é mais dura e exige manuseio mais demorado. O pão de centeio judaico difere do tradicional pão de centeio feito na Alemanha; este é em geral fabricado somente com farinha de centeio. A crosta de um pão de centeio gostoso deve ser salpicada com sementes de alcaravia antes de se levar ao forno. Depois de assado, ele possui um sabor levemente azedo e deliciosamente adorável.

Pães   Cozinha Judaica

PÃO DE CENTEIO

RENDE 2 PÃES

- *1 1/2 colher de sopa de fermento seco*
- *1 colher de sopa de mel*
- *1/2 xícara de leite morno*
- *500 g de farinha de centeio*
- *500 g de farinha branca*
- *1 colher de sopa de sal marinho*
- *1 colher de sopa de açúcar*
- *2 colheres de sopa de semente de alcaravia*
- *2 colheres de sopa de óleo vegetal*
- *1 1/2 xícara de cerveja morna ou em temperatura ambiente*
- *1 ovo levemente batido em temperatura ambiente*
- *2 colheres de sopa de semente de alcaravia para salpicar no pão*

Dissolver o fermento e o mel no leite morno e manter a mistura na tigela por cerca de 15 minutos para crescer. Numa grande tigela à parte, misturar as farinhas, o sal, o açúcar, as 2 colheres de semente de alcaravia, o óleo e a primeira mistura de fermento, leite e mel. Aos poucos, juntar a cerveja até misturar os ingredientes e misturar bem. Transportar a massa para uma superfície enfarinhada e trabalhá-la por 15 minutos. Se precisar, adicionar mais farinha, porém sem exagerar, para a massa não ficar pesada. Untar uma tigela grande com óleo, colocar a massa, cobrir com um pano ou plástico (não apertado) e levá-la para um lugar abafado onde a massa deve crescer por toda a noite. Findo esse período, a massa deve ser trabalhada por mais de 5 a 10 minutos e dividida em 2 partes, que serão colocadas em duas formas untadas usadas para fazer bolo inglês (medindo cerca de 23 x 13 x 7,5 cm). Com uma faca afiada, fazer cortes diagonais com cerca

de 5 mm de profundidade a intervalos de 2,5 cm. Cobrir os pães com plástico sem apertar e deixar a massa crescer em lugar abafado por 1 1/2 hora. Pincelar os pães com ovo batido e salpicar o restante da semente de alcaravia. Levar ao forno a 190°, por cerca de 50 a 60 minutos.

Pita

RENDE 12 PÃES

A *Pita* é um pão achatado, praticamente usado em quase todo o Oriente Médio. Segundo alguns judeus de Israel, é difícil imaginar a vida sem ele. Faz parte essencial da comida israelense, quando se servem antepastos, e sobretudo de grande parte das refeições que se faz de pé nas ruas. O renomado *Falafel* (ver receita, pág. 397) é um dos ingredientes preferidos para se colocar dentro de um pão *Pita*, acompanhado de saladas e condimentos. O que quer que se coloque dentro de um *Pita*, trata-se de uma refeição. Em geral come-se dobrando-se o pão duas vezes, para não deixar escorrer o recheio. Embora nem todas as pessoas nos dias de hoje se deem ao trabalho de assar o pão *Pita* em casa, algumas mulheres sepharadim dedicadas à cozinha sentem prazer em prepará-lo. O pão *Pita*, embora estocado em geladeira, deve ser servido quente, mas não demais para não ficar empedrado.

- *1 colher de sopa de fermento seco*
- *1 colher de sopa de sal*
- *2 colheres de sopa de mel*
- *600 a 700 ml de água morna*
- *700 a 800 g de farinha de trigo*

A farinha e o líquido utilizado podem sofrer variações, pois a experiência demonstra que algumas reagem de forma diferente, necessitando-se adicionar mais ou menos.

Misturar bem o fermento, o mel e 1/2 xícara de água morna em um pequeno recipiente e deixar em lugar abafado e fechado por cerca de 10 minutos. À parte, numa tigela maior, colocar 450 g de farinha, adicionar a mistura de fermento espumante e as 2 xícaras de água morna restantes. Misturar durante cerca de 2 a 3 minutos vigorosamente, acrescentar o sal e o restante da farinha. Em uma superfície enfarinhada, trabalhar a massa durante 10 a 15 minutos. Se necessário, acrescentar mais farinha, pois a massa deve ficar firme. Levá-la de volta a um recipiente levemente untado com óleo vegetal para dobrar de volume, colocando-a em um lugar abafado. Após esse período, dividir a massa em 12 porções iguais, enrolando cada uma no formato de uma bola e em seguida em discos de 13 cm de diâmetro e 0,6 cm de espessura. Colocar os discos em tabuleiros untados, cobri-los com papel-filme e deixar crescer por 10 minutos. Levar ao forno bem quente (230°) até que a parte de baixo fique dourada. Deixar esfriar e levar à geladeira em sacos plásticos.

VARIAÇÕES EM TORNO DA PITA
RENDE 24 PORÇÕES

A *Pita* também se presta para comer por si só assada com uma rodela de cebola por cima de cada disco, nesse caso com aproximadamente 7 cm de diâmetro, e salpicada com semente de papoula, um pouco de sal e por fim pincelada com ovo batido. Para esta preparação a massa é especial:

- *60 g de fermento fresco*
- *1 colher de chá de açúcar*
- *sal*
- *100 ml de água morna*
- *1 kg de farinha de trigo*
- *3 colheres de sopa de óleo*
- *3 ovos batidos (1 para cobrir a* Pita*)*
- *3 cebolas finamente picadas*
- *100 g de semente de papoula*

Dissolver o fermento, o açúcar e 1 pitada de sal em água morna. Cobrir e aguardar a mistura espumar. Misturar o óleo, 2 ovos batidos, a mistura de fermento e ir juntando a farinha, trabalhando bem a massa com as mãos. Formar uma bola, colocar numa tigela coberta por um pano ou papel-filtro e deixar em local abafado por cerca de 30 minutos. Com as mãos untadas de óleo, obter 24 porções do tamanho de uma noz, enrolá-las em bolinhas e, por fim, em discos achatados. Por cima de cada disco, colocar a cebola, a papoula e o sal. Para aderirem bem à massa, pressionar tudo com o rolo de pastel. Pincelar no final com o ovo restante e levar ao forno para assar, até as *Pitas* ficarem douradas. Como variação pode-se também pincelar a *Pita* com clara de ovo, polvilhar com sementes de cominho, antes de levar para assar.

Roska

RENDE 3 A 4 PÃES

Os sepharadim da Turquia e cercanias preparam este pão em substituição ao *Challah*. Em geral apresenta-se coberto com semente de gergelim, pois de um modo geral fazem pouco ou nenhum uso da semente de papoula que os ashkenazim usam frequentemente em seus pães.

- *3 tabletes de fermento*
- *1 copo de leite morno*
- *1 colher de sopa de açúcar*
- *1 kg de farinha de trigo*
- *3 ovos*
- *1 colher de sopa de manteiga*
- *1 xícara de chá de óleo*
- *raspa de 1 limão*
- *1 xícara de açúcar*
- *150 g de passas (opcional)*
- *gergelim para cobrir o pão (cerca de 100 g)*
- *erva-doce*

Desmanchar os tabletes de fermento com o leite morno e a colher de açúcar. Acrescentar 1 copo de farinha, misturar bem e deixar descansar em lugar abafado por 1/2 hora até a massa fermentar. Findo esse tempo, acrescentar os ovos inteiros, levemente batidos, a manteiga, o óleo, raspa de limão, a xícara de açúcar, erva-doce (a gosto) e a farinha de trigo gradualmente, misturando primeiro com uma colher e por fim com as mãos. Trabalhar bem a massa até ficar lisa e elástica e juntar as passas. Formar 3 a 4 pães trançados seguindo a forma de fazer o *Challah* (pág. 157). Num tabuleiro polvilhado de farinha, colocar os pães não muito perto um do outro. Caso não se queira trançá-los, dar 2 cortes não muito fundos em cada rosca e deixar crescer novamente em lugar abafado. Por fim, pincelar com ovo batido e espalhar gergelim fartamente. Assar em forno pré-quecido e depois moderado. No lugar da erva-doce pode ser colocado orégano ou semente de alcaravia.

Pain Pétri

(CHALLAH-MARROQUINO}
RENDE 5 PÃES

Com a colonização francesa no Marrocos, no começo do século XX os judeus ali radicados adotaram hábitos franceses, e isto diz respeito ao linguajar, modos e cozinha. O *Challah* marroquino, antes chamado de *Pan de Casa*, em *Hakitia*, o dialeto que mistura espanhol, hebraico e árabe, passou se chamar *Pain Pétri* ou pão trabalhado, denominação dada pelas mulheres que gastavam grande parte de seu tempo trabalhando a massa, para que sua textura atingisse o grau de maciez desejada. Nesse particular, grande parte das receitas judaicas marroquinas incluem mais nomes franceses do que espanhóis. O *Pain Pétri* na festividade de *Shabat* costumeiramente é recheado com sementes de gergelim e de anis e apresenta-se trançado. Para o Ano-Novo, ou *Rosh Hashaná*, a apresentação é feita em forma de espiral, sendo acrescido de passas e amêndoas no recheio.

- *3 xícaras de água quente*
- *2 pacotes de fermento fresco*
- *12 xícaras de farinha de trigo*
- *1/2 xícara de açúcar*
- *3 ovos*
- *1 gema*
- *1/2 xícara de óleo vegetal*
- *1 colher de chá de sal*
- *1 colher de sopa de semente de gergelim*
- *1 colher de sopa de semente de anis*

Numa tigela grande colocar a farinha, fazer um buraco no centro e acrescentar açúcar, os 3 ovos, o óleo vegetal, sal e as sementes. À parte desmanchar o fermento na água quente e juntar à mistura os demais ingredientes. Com as duas mãos gradualmente ir juntando a farinha aos ingredientes do buraco e, se necessário, adicionar mais água morna (não ultrapassando 2 xícaras). Quando finalmente a mistura toda se transformar numa massa, trabalhá-la por pelo menos vinte minutos numa superfície de madeira. Por fim, transformar a massa numa bola, transferi-la para uma tigela funda untada e cobrir a superfície com um pano. Deixar a massa descansar por 30 a 40 minutos até dobrar de tamanho num lugar abafado. Retirar a massa da tigela e trabalhá-la por mais 20 minutos. Dividir a massa em 5 pedaços. Modelar cada pedaço numa bola grande ou fazer um rolo comprido para formar uma espiral. Colocar no recipiente que irá ao forno levemente untado e levar para um local abafado para crescer outra vez por 1 hora, até dobrar de tamanho. Esquentar o forno, pincelar a superfície com a gema desmanchada e levar o pão para assar em forno quente e depois médio, por 35 a 45 minutos.

Bejma

(PÃO TUNISIANO PARA SHABAT)
RENDE 3 PÃES, PARA 8 PESSOAS CADA PÃO

Esses deliciosos pães triangulares acompanham a comida de sexta-feira à noite nos lares judaicos de ascendência tunisiana.

- *2 pacotes de fermento seco ou 2 colheres de sopa rasas*
- *1/4 de xícara de açúcar*
- *1 1/2 xícara de água morna*
- *4 ovos grandes*
- *1/4 de xícara de óleo vegetal*
- *2 colheres de chá de sal*
- *7 xícaras de farinha de trigo*

Dissolver o fermento com 1 colher de chá de açúcar em 1 xícara de água numa tigela grande e bater na batedeira por 10 minutos. Misturar 3 dos 4 ovos, óleo, sal e o restante da água com o açúcar. Aos poucos, ir amassando e colocando a farinha até a massa se tornar bem macia. Trabalhar a massa incessantemente por 10 minutos numa superfície enfarinhada. Recolocar a massa em forma de uma bola numa tigela untada, cobrir e deixar crescer por 1 hora. Retirar a massa, amassar mais e dividir em 9 pedaços do tamanho de bolas de tênis. Cada 3 bolas devem ser colocadas juntas, no formato de um triângulo. Deixar crescer na assadeira que irá ao forno, por cerca de 30 minutos. Pré-aquecer o forno em temperatura moderada e assar os pães por cerca de 20 minutos nessa temperatura, até ficarem corados.

RENDE 8 PORÇÕES

De origem russo-polonesa, o *Babke* é o resultado de uma massa enriquecida com ovos. Um pão dessa espécie provavelmente existe em cada país. Por suas características, lembra o pão alemão *Kugelhupt*, o espanhol *Bola*, o que os italianos denominam de *Bollo*, ou o que os noruegueses nomearam de *Julekage*. Em qualquer língua seu sabor torna-se delicioso graças às passas, nozes e frutas cristalizadas. Pode ser servido com chá ou café.

- *125 ml de leite morno*
- *60 g de açúcar*
- *1 pacote de fermento seco*
- *60 g de margarina* **pareveh** *em temperatura ambiente*
- *3 ovos*
- *1 colher de chá de baunilha ou extrato de rum*
- *300 g de farinha de trigo*
- *50 g de amêndoas picadas*
- *50 g de passas*
- *50 g de frutas cristalizadas*
- *Raspa de 1 limão*

PARA A CALDA

- *125 ml de água*
- *125 g de açúcar*
- *2 colheres de chá de rum*

Numa tigela misturar o fermento diluído no leite com o açúcar. Acrescentar a margarina, os ovos, a baunilha e ir acrescentando a farinha de trigo, podendo se misturar com a batedeira. Juntar as amêndoas, as passas, as frutas cristalizadas e raspa de limão. Colocar a tigela coberta e deixar a massa crescer por cerca de 1 a 1 1/2 hora em lugar abafado. Untar uma forma com cerca de 25 cm de diâmetro, colocar a massa e deixar novamente crescer por cerca de 60 minutos. Pré-aquecer o forno e levar para assar até corar, em forno moderado. Quando o bolo estiver assado, fazer uma calda com o açúcar, a água e o rum. Cobrir o bolo enquanto estiver quente.

(PÃO DOCE EM FORMA DE ANEL)
RENDE 12 PORÇÕES GENEROSAS

Os judeus-italianos de Livorno costumam servir este pão na festividade de *Sukot*. Alguns o apreciam cortado em fatias, torrado, para servir no *breakfast*. Cada região da Itália tem sua versão de pão doce e no repertório de pães italianos, em Veneza, o *Bollo* é conhecido como *Bussola*; na Toscana é chamado *Buccellato*, e em Luca recebe o nome de *Ciambella*. Há um entrelaçamento entre *Buccellato* que significa "bracelete" e é assim designado por possuir a forma de um anel, e o termo *Bollo*, que em espanhol tanto pode significar pão ou bola, tendo sido assimilado da panificação italiana. Os judeus substituíram o leite por água, e a margarina, por óleo vegetal, quando adotaram o pão original, com o intuito de não se prender a refeições de carne e leite.

1 xícara de farinha de trigo
4 colheres de chá de fermento seco
1/2 xícara de água morna

Numa tigela, com esses três primeiros ingredientes, preparar o que os padeiros denominam de "esponja". Cobrir com um plástico e deixar crescer até dobrar de tamanho, por 30 minutos aproximadamente, em lugar abafado.

- *3 xícaras de farinha de trigo*
- *1 xícara de açúcar*
- *2/3 de água morna*
- *1/2 colher de chá de sal*
- *1 limão ralado*
- *1 laranja ralada*
- *4 ovos*
- *4 colheres de sopa de óleo*
- *2/3 de xícara de passas sem caroços*
- *2 colheres de sopa de sementes de anis ou erva-doce*

Em outra tigela, misturar a farinha, o açúcar, a água morna, o sal, a casca ralada dos cítricos, os ovos e o óleo. Bater na batedeira para misturar bem; acrescentar a esponja da primeira tigela e bater mais por pelo menos dez minutos. Adicionar as passas e as sementes e misturar com as mãos. Untar uma tigela, transferir a massa para esse recipiente, cobrir com um plástico e deixar crescer por cerca de 3 horas. Transferir a massa para

uma superfície enfarinhada. Dividir a massa ao meio e transformar cada pedaço num rolo de aproximadamente 60 cm de comprimento. Colocar cada rolo numa assadeira forrada de papel impermeável, unindo as duas pontas para formar um círculo. Cada assadeira deve ser coberta com um plástico e deve ser levada para lugar abafado, para os rolos duplicarem de tamanho, por cerca de 3 horas. Por fim, levar os pães para assar em forno pré-aquecido a 200°, por 35 a 40 minutos.

Hungarian Mohn Strudel

(PÃO EM FORMA DE STRUDEL COM MASSA LEVEDADA)
RENDE 6 STRUDELS

Diferenciando-se dos *Strudels* feitos com massa folhada, este pão, que se assemelha a um *Strudel* enrolado, nasceu entre os judeus húngaros inspirando-se no grande apreço que os húngaros possuem pelos doces com sementes de papoula (*Mohn*). Sua massa é suave, deliciosa. Na festividade de *Purim*, em que se dá um valor especial às sementes, o *Hungarian Mohn Strudel* é um excelente acompanhamento para o chá ou lanches de final de tarde. Na geladeira pode-se manter por cerca de quatro dias em bom estado.

- *2 xícaras de leite morno*
- *4 quadradinhos de fermento fresco*
- *1 gema*
- *3/4 de xícara de manteiga ou margarina* pareveh
- *1/2 xícara de açúcar de confeiteiro*
- *6 xícaras de farinha de trigo*
- *2 colheres de chá de sal*

RECHEIO

- *2 xícaras de semente de papoula mal moídas no liquidificador*
- *1 xícara de leite*
- *2 colheres de sopa de manteiga derretida*
- *casca ralada de 1 limão*
- *1 xícara de passas brancas*
- *Geleia de ameixa pronta (cerca de 2 vidros)*
- *Manteiga derretida extra para espalhar na massa*
- *1/2 xícara de açúcar de confeiteiro*

Numa tigela da batedeira, colocar o fermento com o leite morno e bater para dissolver. Acrescentar a gema, a manteiga, o açúcar e o sal. Com as mãos, ir acrescentando a farinha e depois trabalhar a massa pelo menos 5 minutos numa superfície enfarinhada. Untar uma tigela com óleo, colocar a massa, cobrir com um plástico e num local abafado deixar que a massa duplique de volume por cerca de 1 1/2 hora.

À parte, misturar numa panela os ingredientes do recheio, menos o açúcar de confeiteiro. Mexer sem parar até borbulhar. Deixar esfriar.

Numa superfície enfarinhada, trabalhar a massa por 5 minutos com as duas mãos e depois dividir em 6 pedaços. Enrolar cada pedaço numa bola e cada bola num retângulo de aproximadamente 30 x 15 cm. Espalhar em cada retângulo primeiro uma camada de manteiga derretida, em seguida, um pouco da geleia e por fim a parte preparada. Enrolar cada retângulo na forma de um *Strudel* e colocá-los em assadeiras untadas, deixando um grande espaço entre eles, pois dobrarão de volume. Cada assadeira deve ser coberta por um saco plástico grande. Deixar os *Strudels* crescerem por mais 30 minutos, até que, apertando levemente os sacos com os dedos, a massa pareça leve. Enquanto isso, pré-aquecer o forno ao máximo e depois diminuir para 200°. Assar os *Strudels* por 25 minutos até corarem. Se necessário, virá-los para assar do outro lado por mais 5 minutos. Quando estiverem frios, polvilhar generosamente com açúcar de confeiteiro.

Sfenj

(PÃEZINHOS DE LARANJA MARROQUINOS EM FORMA DE ANEL)
RENDE CERCA DE 20

Em *Chanuká* (ou *Hanukâ*), os judeus marroquinos adoram esses pãezinhos. Assemelham-se aos *doughnuts* americanos porém são cobertos no final com açúcar de confeiteiro. Algumas padarias de Israel oferecem a chance de comê-los quando ainda estão quentes. Alguns judeus variam a forma de comer os *Sfenjs* mergulhando-os numa calda de açúcar cuja receita está no final, deixando-os mais úmidos.

- *2 colheres de chá de fermento seco*
- *1/2 xícara de suco de laranja amornado na hora*
- *4 colheres de sopa de açúcar*
- *500 g de farinha de trigo*
- *Raspa da casca de 1 laranja*
- *2 ovos levemente batidos*
- *4 1/2 colheres de sopa de óleo vegetal*
- *Óleo para fritar*
- *Açúcar de confeiteiro para polvilhar*

Colocar o fermento numa tigela e acrescentar o caldo de laranja, 1 colher de sopa de açúcar e 2 colheres de sopa de farinha. Com essa mistura bem batida prepara-se uma "esponja" ou massa base levedada. Deixar crescer por cerca de 25 minutos em lugar abafado, com a tigela coberta com um plástico. Numa tigela grande misturar a farinha restante, o açúcar, a casca ralada de laranja, os ovos e 4 colheres de sopa de óleo. Juntar a primeira mistura levedada e trabalhar a massa com as mãos por cerca de 15 minutos, até que esteja elástica e macia. O restante do óleo deve ser colocado numa tigela, para untá-la. Colocar ali a massa coberta por um plástico e levá-la para crescer por cerca de 1 1/2 hora, até dobrar de volume, num compartimento abafado. Depois disso, numa superfície lisa, trabalhar a massa e abrir até a espessura de 1 cm. Não é necessário enfarinhar a superfície, pois se trata de uma massa gordurosa. Cortar círculos de 8 cm de diâmetro e fazer um buraco no centro com o dedo, retirando a massa. Numa assadeira colocar as argolas e deixá-las crescerem em local abafado por mais 1/2 hora. Numa panela funda e grande encher com 5 cm de óleo e levar ao fogo para esquentar. Fritar as argolas com a chama do fogo não muito forte para não escurecer com rapidez e virá-las com a escumadeira. Desengordurá-las em papel absorvente e depois polvilhá-las com açúcar de confeiteiro ou então jogá-las numa calda.

- *5 xícaras de açúcar ou 1 kg*
- *2 xícaras de água*
- *Suco de 1/2 limão*
- *1 colher de sopa de água de flor de laranjeira (colocada quando a calda estiver pronta)*

Mouna

(PÃO ADOCICADO DOS JUDEUS DO NORTE DA ÁFRICA)

RENDE 1 PÃO

- *2 colheres de chá de fermento seco*
- *150 g de açúcar*
- *1/2 xícara de leite morno*
- *600 g de farinha*
- *2 ovos*
- *Casca ralada de 1 laranja*
- *3 colheres de sopa de óleo vegetal*
- *2 colheres de sopa de manteiga derretida ou margarina* pareveh
- *1 gema de ovo para pincelar*

Misturar o fermento com 1/2 colher de chá de açúcar dissolvido no leite. Adicionar 3/4 de xícara de farinha (100 g) e misturar vagarosamente. Deixar que a esponja ou massa levedada básica dobre de tamanho numa tigela coberta com um plástico, em local abafado. Bater os ovos com o restante do açúcar e a casca ralada de laranja. Acrescentar o restante da farinha e misturar com um garfo. Por fim, juntar a esponja e trabalhar a massa com as mãos. Se necessário, acrescentar um pouco mais de leite morno e farinha para transformar a massa numa bola. Amassar por mais de 10 minutos até que esteja macia e elástica. Numa tigela colocar cerca de 1/2 colher de sopa de óleo para untá-la e colocar a massa coberta por um plástico. Deixar crescer num lugar abafado por cerca de 3 1/2 horas até dobrar de tamanho.

Retirar a massa, formar uma bola, colocar numa assadeira enfarinhada e levar para crescer por mais 1 1/2 hora coberta por um plástico em local abafado. Antes de levar ao forno, fazer desenhos com a ponta de uma faca e por fim pincelar com gema misturada com 1 colher de chá de água e salpicar açúcar por cima. Assar por cerca de 45 minutos a 190°, até ficar corado.

O *Mouna* também serve para pãezinhos pequenos. Nesse caso, a massa pode ser dividida em 8 porções iguais.

Hanoch's Olive Brot

(PÃO DE AZEITONAS DO HANOCH BAR SHALOM EM ISRAEL)
RENDE 5 PÃES MÉDIOS

Entre os aficionados por gastronomia corre a fama de um pão feito com azeitonas que conseguiu muitos adeptos e grandes apreciadores. No Hanoch Bar Shalom, além de ser um dos tira-gostos mais procurados, costumam-se mergulhar pedaços do pão em azeite antes de levá-los à boca, um ritual que é capaz de arrancar suspiros. Para esse pão, a alta qualidade das azeitonas conta muitos pontos no resultado final, e tanto faz comê-lo por si só, quanto acompanhando uma salada. É desses alimentos que não se esquecem.

- *6 xícaras de farinha de trigo*
- *1 pacote de fermento seco*
- *1 1/4 de xícara de água*
- *1 1/2 xícara de azeitonas pretas descaroçadas e picadas*
- *1 1/2 xícara de azeitonas verdes descaroçadas e picadas*
- *1/2 colher de chá de sal*
- *1 colher de sopa de orégano*
- *2 colheres de sopa de manteiga derretida ou margarina* pareveh

Numa tigela colocar 4 xícaras de farinha, fazer uma cavidade no centro e pôr o fermento dissolvido com 1 xícara de água. Incorporar a farinha no líquido e depois transferir a massa para uma superfície para trabalhá-la com vigor. Recolocar a massa na tigela, cobrir e deixar crescer por 1 hora. Juntar à massa o sal, o orégano, 1/4 de xícara de água restante, o que sobrou da farinha e as azeitonas. Trabalhar novamente a massa e recolocar na mesma vasilha para crescer por mais 1 hora. Dividir a massa em 5 porções ovaladas, medindo cada uma 7 cm de comprimento por 5 cm de largura aproximadamente. Com uma faca afiada, dar 3 cortes na superfície no sentido horizontal. Cobrir por 20 minutos. Colocar os pães em assadeiras untadas, pincelar a superfície com manteiga ou margarina e salpicar com o restante da farinha. Assar por cerca de 45 minutos em forno pré-aquecido, em temperatura moderada.

Kubbanah (ou Kubaneh)

(PÃO DE SHABAT IEMENITA)
RENDE 1 PÃO

Este pão levemente adocicado é comido no *Shabat* em Israel, absorvido dos judeus iemenitas. Em Israel seu processo de feitura consiste em ser cozido vagarosamente pela noite adentro na parte alta do forno, numa panela de ferro pesada e resistente (pirex não serve). Formas de alumínio ou *Kubbanah pots*, especialmente desenhadas para esse pão, também são vendidas em Israel. Depois de pronto, pode ser degustado acompanhando uma sopa, ou conforme fazem os iemenitas, com *Chutneys* apimentados ou *Zhough* (ver receita pág. 393). Há também quem o aprecie com geleias acompanhando um copo de chá. Esta é uma versão moderna do pão.

- *1 pacote de fermento seco ou 1 colher de sopa rasa*
- *1 1/2 xícara de água morna + 2 colheres de sopa*
- *1 colher de sopa de açúcar*
- *4 a 5 xícaras de farinha de trigo*
- *1 a 2 colheres de sopa de sal*
- *1/2 colher de chá de canela ou gengibre*
- *1 colher de sopa de sementes de alcaravia* (nigela)*

Dissolver o fermento em 1/2 xícara de água morna junto com o açúcar. Colocar numa tigela 4 xícaras de farinha, o sal, as sementes de alcaravia, a canela e juntar a mistura de fermento. Acrescentar as 2 colheres adicionais de água em outra tigela e remover a massa para esta tigela e deixar que a massa fique nessa superfície úmida coberta por um pano durante 30 minutos. Retirar e trabalhar a massa acrescentando gradualmente a xícara de farinha restante até transformar a massa numa textura macia. Recolocar a massa na tigela, cobrir e deixar crescer por mais 1 hora. Untar uma caçarola com manteiga ou margarina ou a *Kubbanah pot*. Dividir a massa em 4 bolas, abrir num disco e deixar crescer por mais 30 minutos. Esquentar o forno em temperatura moderada e diminuir para o mínimo. Assar pela noite adentro por 8 horas. Servir quente de manhã. Caso se prefiram *Kubbanahs* menores, usar caçarolas menores e dividir em 8 pedaços.

Nigela: em algumas regiões é conhecido como cominho preto e dá um sabor especial aos pães e certos queijos. Na Índia é conhecido como *Kalonji*, utilizado para dar um gosto picante a alguns pães indianos e certos vegetais.

(PÃO ETÍOPE PARA O SHABAT)
RENDE 3 PÃES PEQUENOS OU 1 GRANDE

Para o *Shabat*, os etíopes sempre preparam o *Dabo*, um pão feito de farinha, fermento, açafrão-da-índia, sementes pretas de alcaravia e um pouco de óleo. Na Etiópia esse pão costumava ser assado sobre o fogo, num disco de ferro ou frigideira. Mesmo que em Israel todos possuam um fogão com forno, o *Dabo* ainda é assado numa frigideira pelos mais conservadores. É sempre servido nas noites de sexta-feira com um prato típico denominado *Doro Wat* (ver pág. 281), uma preparação feita de galinha bastante condimentada, e na manhã de sábado come-se com prazer este pão com queijo do tipo *Cottage*. Trata-se de um pão que exige certa paciência, pois leva 6 horas para crescer caso se deseje seguir à risca a forma etíope de prepará-lo. Porém, embora os etíopes aguardem essas 6 horas, há quem ache que 2 horas são suficientes para o pão crescer.

- *1 pacote de fermento seco*
- *2 xícaras de água morna*
- *2 colheres de sopa de açúcar*
- *2 colheres de sopa de óleo vegetal*
- *5 a 6 xícaras de farinha de trigo*
- *1 colher de sopa de sal*
- *1 colher de chá de sementes de alcaravia* (nigela)
- *1 colher de chá de açafrão-da-índia*

Colocar o fermento numa tigela grande. Acrescentar água, açúcar e óleo vegetal, misturando bem. Gradualmente acrescentar 4 xícaras de farinha de trigo, o sal, as sementes de alcaravia e o açafrão-da-índia. A massa deve ser trabalhada com as duas mãos até se tornar macia. Se preciso, acrescentar mais farinha. Colocar a massa numa tigela untada, cobrir e deixar crescer por cerca de 2 horas. Trabalhar a massa novamente e dividi-la em 3 pedaços. Achatar cada pedaço dando uma forma arredondada. Serão assados um a um numa frigideira sem untar com cerca de 12 cm de diâmetro por 10 minutos. Os discos podem ser assados no forno, num tabuleiro untado, por cerca de 30 minutos, em forno moderado.

Pain Juif à l'Anis

(PÃO JUDAICO ARGELINO COM ANIS)
RENDE 6 PÃES

Os judeus-algerianos do norte da África quebram o jejum do *Iom Kippur* com este pão. O anis produz um sabor aromático sutil, e no caso de se querer um pão mais alimentício pode-se substituir a água por leite.

- *2 colheres de chá de fermento seco*
- *1 1/2 colher de sopa de açúcar*
- *3/4 xícara de água morna ou mais, se necessário*
- *500 g de farinha de trigo*
- *1 1/2 colher de chá de sal*
- *1 ovo*
- *2 colheres de sopa de óleo de amendoim ou girassol e mais um pouco para untar a massa*
- *2 colheres de sopa de sementes de anis*
- *1 gema de ovo para pincelar os pães*

Dissolver o fermento com 1/2 colher de chá de açúcar e 1/2 xícara de água morna. Adicionar cerca de 1 xícara de farinha e misturar para fazer a esponja. Deixar que a mistura cresça por 30 minutos, em lugar abafado até dobrar de tamanho. Numa tigela grande colocar o resto ela farinha e dos ingredientes, exceto a gema, acrescentando água morna para transformar numa massa de consistência suave, depois de trabalhá-la por 10 minutos ou mais um pouco. Untar uma tigela com 1/2 colher de chá de óleo, colocar a massa, cobrir com um plástico e deixar crescer por 1 1/2 hora até dobrar de volume. Retirar a massa, dividir em 6 outras bolas, colocá-las distantes umas das outras cobertas com um pano ou plástico, para crescerem, por cerca de 30 minutos. Pincelar cada bola com gema diluída em 1 colher de chá de água e levar para assar por 30 a 40 minutos, até corar.

Sopas

O repertório das sopas judaicas é enorme. O judeu do Leste Europeu necessitava da sopa para conviver com os invernos longos e rigorosos, que, além do mais, em muitas situações era o único prato da refeição, e portanto preparado da forma mais consistente possível. Em Israel dizem que provavelmente há mais diferentes espécies de sopas do que em qualquer outro lugar do mundo. Com inúmeras regiões de clima quente, a sopa, quando rica de vegetais e carne, reabastece o corpo da umidade e minerais perdidos. Atualmente, com a moderna tecnologia, Israel destaca-se na produção de sopas empacotadas, sendo também um dos maiores produtores de legumes desidratados do mundo, os quais exporta para os mais diversos países.

À sopa de galinha foram dados poderes curativos idealizados pela imagem da mãe judia, oferecendo uma escaldante tigela de sopa ao primeiro sinal de cansaço ou doença. E quando o judeu, depois de longa e exaustiva jornada, chegava finalmente a um local onde pudesse se acomodar com a família, mesmo nas mais difíceis condições podia sentir-se alimentado, bastando um prato de sopa consistente preparada por sua mulher, aproveitando sabiamente as carnes e ossos dos quais poderia fazer uso e enriquecendo o caldo com legumes e cereais que encontrasse.

Depois do longo jejum do *Iom Kippur*, o caldo de galinha é o mais apropriado como primeiro contato do corpo com alimento, e por isso raramente as mulheres judias abrem mão de incluí-lo no cardápio dessa data.

Seja como for, a sopa é uma presença constante nas mesas judaicas e provavelmente desde os tempos bíblicos, quando supostamente Sara teria servido um prato de sopa para Abraão.

- *Goldene Yoich* ou Caldo de Galinha
  - com *Kreplach*
  - *Mandlen*
  - *Knaidlach*
  - *Farfel* (ver *Farfel*, pág. 321)
  - *Kasha* (ver *Kasha*, pág. 317)
- Galinha no Caldo com *Knaidlach*
- *Krupnik* ou Sopa de Cogumelo com Cevadinha
- Sopa de Lentilhas com Tomates
- Sopa *Minestra di Esau*
- *Schav* ou Sopa de Azedinha ou *Green Borsht*
- Sopa de Espinafre à Moda da Galileia
- Sopa de Alcachofra *Crema di Carciofi d'Ester*
- Sopa de Frutas Judaico-Palestina
- Sopa de *Hummus*
- Sopa de Melão à Moda Israelense
- Caldo de Galinha com Bolas de *Matzá* Recheadas com Fígado de Galinha
- *Borscht* Gelado
- *Borscht* Quente
- Sopa de Ameixa
- *Zuppa di Pesce*
- Sopa Búlgara de Berinjela e Iogurte
- Sopa de *Huevo y Limón*
- Sopa *Minestra Dayenu*
- *Gondy*
- *Goulash Soup*
- *Kartoffel Zup*
- Sopa de *Ajo*
- Caldo Vegetal (básico)

Goldene Yoich

(CALDO DE GALINHA)

4 A 6 PORÇÕES

O caldo de galinha ou *Goldene Yoich* (pronuncia-se *goldene iur*) é um dos baluartes da cozinha judaica ashkenaze que é tomado quase sempre na véspera do *Shabat*. O seu nome deve-se ao fato de ser um caldo amarelado apresentando glóbulos da gordura da galinha, que flutuam na superfície. Hoje essa gordura é retirada devido à constante preocupação com alimentos gordurosos. Para os judeus ashkenazim, além de ser um alimento delicioso, o *Goldene Yoich* era considerado panaceia para gripes e resfriados e indisposições em geral. Tradicionalmente, o caldo era feito com galinha gorda, que depois de cozida era aproveitada para outros pratos, soltando antes seu poderoso sabor no caldo em que era cozida. Este caldo pode ser feito utilizando-se a carcaça de galinha e as suas partes mais magras. Ao se preparar o *Goldene Yoich* deve-se incrementá-lo com *Kreplach*, *Mandlen*, *Knaidlach*, *Farfel* ou *Kasha*. O *Kreplach* é um tipo de ravióli típico da cozinha ashkenaze. O *Mandlen* é uma espécie de massa preparada que funciona como um *crouton*. O *Knaidlach* é o tradicional bolinho de *Matzá* que se coloca no caldo de galinha por ocasião da festividade de *Pessach*, apesar de tão gostoso, algumas pessoas costumarem prepará-lo o ano inteiro. O *Farfel* é uma massinha delicada que pode ser feita em casa ou comprada pronta. Quanto à *Kasha*, trata-se do nome russo que se dá ao sarraceno, um cereal conhecido também como trigo-mourisco. Originário da Sibéria e da Mandchúria, é muito apreciado na cozinha judaica (ver receita pág. 317). Na Europa era conhecido como *Kashe* e substitui, para muitos, o arroz, enriquecendo também um pouco mais o *Goldene Yoich*. Veja a receita do *Knaidlach* (pág. 199) e a do *Farfel* (pág. 321).

Caldo de Galinha

RENDE 4 A 6 PORÇÕES

- *1 galinha gorda pesando 2,5 kg ou 500 g de partes magras de galinha*
- *1 cebola grande cortada em 4 pedaços*
- *2 cenouras cortadas em rodelas*
- *1 alho-porro*
- *1 nabo cortado em quatro pedaços*
- *2 talos de aipo e folhas cortados em pedaços grandes (algumas pessoas dispensam as folhas)*
- *2 talos de salsa*
- *sal e pimenta-branca recém-moída*

Colocar a galinha ou suas partes magras numa panela com 2 litros d'água. Deixar ferver, retirando a espuma que se forma na superfície. Em seguida, acrescentar os vegetais, o sal e a pimenta-branca. Cobrir a panela e cozinhar por cerca de 2 1/2 horas em fogo brando. Depois de pronta, uma maneira de desengordurar a sopa seria retirar os vegetais para outro recipiente e o caldo depois de frio ser levado para a geladeira. No dia seguinte, tendo a gordura subido à superfície e se solidificado, retirar-se esta, acrescentando então os vegetais reservados. Deve ser servida bem quente.

Sopas • *Cozinha Judaica*

Kreplach

**RENDE CERCA DE 20 A 22
OU 6 PORÇÕES**

Semelhantes a um *Wonton* chinês ou a um *capeletti* italiano, os *Kreplach* são apreciadíssimos para acompanhar o *Goldene Yoich*. Nas refeições de Ano-Novo ou na véspera de *Iom Kippur*, fazem parte das comidas preferidas.

PARA A MASSA
- *2 ovos grandes*
- *1 pitada de sal*
- *200 g de farinha de trigo*

Bater os ovos com sal e gradualmente acrescentar a farinha de trigo, utilizando no início uma colher, misturando aos poucos, e no final as duas mãos para trabalhar bem a massa, que deve ser manipulada vagarosamente por 15 minutos, até tornar-se macia e elástica. Se necessário, acrescentar mais farinha ou algumas gotas de água, dependendo da qualidade da farinha utilizada, assim como do tamanho dos ovos. Para facilitar, dividir a massa em duas porções e depois, com a ajuda de um rolo de pastel, numa massa o mais fina possível, no formato de um retângulo, facilmente obtido numa superfície enfarinhada.

RECHEIO

- *1 cebola pequena finamente picada*
- *2 colheres de sopa de óleo*
- *180 g de carne moída*
- *sal e pimenta recém-moída*
- *1 ovo*
- *2 colheres de sopa de salsa verde finamente picada*

Fritar a cebola no óleo até ficar transparente e macia e adicionar a carne, o sal e a pimenta. Com um garfo amassar a carne até mudar de cor. Deixar esfriar e depois acrescentar o ovo e a salsa, até transformar-se numa pasta, que pode ser feita a mão, ou no processador. Em um quadrado de aproximadamente 6 1/2 cm colocar uma colher de sobremesa do recheio no meio e dobrar diagonalmente, formando um triângulo, apertando bem as extremidades. Mergulhar os *Kreplach* em bastante água fervente salgada e cozinhar por 20 minutos em fogo lento. Na hora de servir são colocados no caldo de galinha. Não é conveniente cozinhá-los no caldo de galinha, pois este perderia sua transparência natural.

- No lugar da carne moída pode-se utilizar fígado de galinha. Nesse caso, o fígado deve ser adicionado à cebola frita. No processo de kasherização utilizado pelos judeus mais devotos, no caso do fígado, este deve ser previamente grelhado para que não haja nenhum sangue.

- Outra forma de variar o recheio é substituir a carne ou fígado por cogumelos, dando-se preferência ao *shiitake*. Nesse caso, os cogumelos devem ser previamente batidos antes de serem refogados, reduzindo-os a partículas.

Mandlen

4 A 6 PORÇÕES

Conforme o hábito das mulheres judias do Leste Europeu, costumavam-se fazer grandes quantidades desses *croutons*, que se guardava em vidros. A denominação do termo diz respeito a "amêndoas", pelo seu tamanho e forma. São excelentes para acompanhar o caldo de galinha, mergulhando-os em cada prato de sopa.

- *1 ovo grande*
- *2 colheres de chá de óleo vegetal*
- *1/2 colher de chá de sal*
- *1 xícara de farinha (cerca de 125 g)*

Bater o ovo numa tigela acrescentando óleo e sal e acrescentar farinha até formar uma massa que não seja pegajosa. Deixar descansar 20 minutos e dividir a massa em dois pedaços. Enrolar no formato de uma corda com 1,5 cm de largura aproximadamente. Cortar em pedacinhos de 1,5 cm de comprimento e levar para assar numa assadeira untada de óleo em forno pré-aquecido por cerca de 45 minutos a 190°, até que se tornem dourados. Deixar esfriar para estocá-los. Também podem ser fritos em bastante óleo. Nesse caso devem ser desengordurados antes de serem estocados.

Galinha no Caldo com Knaidlach

RENDE 6 A 8 PORÇÕES

Knaidlach são um tipo de *Dumpling* ou bolinhos feitos à base de farinha de *Matzá*, muito conhecidos entre os judeus por fazerem parte do cardápio de *Pessach*. Esse caldo, a que os americanos chamam de *Chicken in the Pot* e os franceses denominam *Poule au Pot*, é considerado um excelente prato principal por ser muito alimentício.

- *1,5 kg de galinha nova ou frango dividido em 8 a 10 pedaços*
- *3 cenouras graúdas raspadas e cortadas em tiras de 2,5 cm*
- *2 talos de aipo, cortados em pedaços de 2,5 cm*
- *1 nabo grande descascado e cortado como as cenouras*
- *2 alhos-porros cortados em fatias (incluindo a parte verde)*
- *8 xícaras de caldo de galinha (pág. 194)*
- *cerca de 16* Knaidlach *(ver receita a seguir)*
- *200 g de espaguete à base de ovos*

Numa panela grande colocar todos os vegetais e a galinha, cobrindo com o caldo previamente preparado. Deixar ferver, diminuir o fogo e manter a panela meio tampada por 1 hora. Enquanto a galinha estiver cozinhando, preparar os *Knaidlach* e numa panela separada cozinhar o espaguete em água e sal. Para servir, colocar numa sopeira os pedaços de galinha, a sopa, os vegetais, o macarrão e para cada pessoa 2 *Knaidlach*.

Sopas 198 *Cozinha Judaica*

Knaidlach

RENDE 16 BOLINHOS

- *4 ovos*
- *1/2 xícara de água*
- *6 colheres de sopa de Schmaltz (ver pág. 77)*
- *sal, pimenta-preta recém-moída*
- *1 pitada de noz-moscada ralada*
- *1 xícara de farinha de Matzá*

Bater os ovos, primeiro as claras em neve, acrescentando depois as gemas. Acrescentar a água, o *Schmaltz*, o sal, a pimenta e a noz-moscada. Ir acrescentando a farinha de *Matzá* aos poucos. Cobrir e levar ao refrigerador por pelo menos 1 hora. Ao mesmo tempo, colocar uma grande quantidade de água para ferver, formar as bolas, umedecendo a palma das mãos, utilizando cerca de 2 colheres de sopa para cada bola. Mergulhar as bolas na água fervendo e deixar ferver por cerca de 30 minutos. Quando os *Knaidlach* são cozidos em geral aumentam de tamanho.

Krupnik

(SOPA DE COGUMELOS COM CEVADINHA)

RENDE 5 PORÇÕES

Esta sopa era o esteio da alimentação da Polônia, Lituânia e Ucrânia. Pode-se incrementá-la acrescentando creme de leite, a menos que, seguindo a dieta *Kasher*, não haja carne na mesma refeição.

- *40 a 50 g de cogumelos secos*
- *1,5 litro de água*
- *1 cenoura pequena*
- *1 nabo pequeno*
- *1 cebola média*
- *1 batata*
- *2 talos de aipo*
- *50 a 60 g de cevadinha*
- *sal e pimenta-preta recém-moída*

Mergulhar o cogumelo em água, para que este amoleça, por cerca de 15 minutos. Picar os vegetais em quadrados pequenos colocando-os numa panela com água. Acrescentar a cevadinha e a água em que os cogumelos ficaram de molho. Processar ou triturar os cogumelos. Ferver a sopa retirando a espuma que venha a se formar na superfície. Temperar com sal, pimenta e cozinhar até a cevadinha ficar macia. Caso fique grossa acrescentar mais água.

Sopa de Lentilhas com Tomates

RENDE 6 A 8 PORÇÕES

Desde os tempos mais antigos, dentro da concepção judaica, os filhos primogênitos gozavam de certos privilégios, negados a seus irmãos, embora na Bíblia os heróis religiosos em geral não costumem ser os primogênitos, e sim os filhos mais moços, como é o caso de Isaac, Jacó, José, Moisés e David. Entre alguns dos privilégios nos tempos bíblicos, o filho primogênito herdava uma porção dupla do espólio de seu pai (Deuteronômio 21:15-17).

> *Um dia, tendo Jacó jeito cozer um prato de lentilhas, chegou Isaú do campo muito fatigado e disse a Jacó: "Dá-me dessa comida avermelhada, porque me sinto extremamente cansado." Por esta razão é que lhe foi posto o nome de Edon. Respondeu-lhe Jacó: "Vende-me tu teu direito de primogenitura?" Continuou Esaú: "Eu me sinto morrer: de que me servirá o meu direito de primogenitura?" "Pois jura-mo", lhe disse Jacó. Jurou-lhe Esaú, e vendeu-lhe o seu direito de primogenitura. E assim tendo tomado do pão, e daqueles pratos de lentilhas, comeu, e bebeu, e depois foi-se, dando-se-lhe bem pouco de ter vendido o seu direito de primogenitura.*
>
> (Gênesis 25:29 a 34)

Em hebraico, a palavra utilizada para lentilhas é *Addash*, enquanto em árabe o termo é *Adas*, significando algo "para quem toma conta de um rebanho" e necessita de calorias extras. Embora aparentemente as lentilhas sejam estigmatizadas como comida para pastores e camponeses, esta sopa encontra em Israel grandes apreciadores. Além de regenerar as forças, é uma das plantas cultivadas mais antigas.

- *4 colheres de sopa de azeite de oliva*
- *2 xícaras de cebola batidinha*
- *2 dentes de alho amassados*
- *1 talo de aipo picado*
- *1 cenoura de bom tamanho raspada e picada*
- *1 xícara de lentilhas vermelho-amarronzadas*
- *3 tomates triturados com o suco*
- *8 xícaras de caldo de galinha (ver receita, pág. 193),*
- *caldo de vegetais ou água*
- *2 colheres de sopa cheias de salsa bem picada*
- *2 colheres de sopa de cilantro* fresco picado*
- *1 colher de chá de cominho em pó*
- *1 colher de chá de açafrão-da-índia*
- *sal e pimenta-preta recém-moída*
- *suco de 1 limão*

Numa panela grande refogar a cebola e o alho no azeite, até a cebola amolecer. Acrescentar o aipo, a cenoura e refogar um pouco mais. Acrescentar as lentilhas lavadas, os tomates, o caldo ou água, a salsa, o cilantro, o cominho, o açafrão-da-índia e por fim o sal e a pimenta. Deixar ferver em fogo baixo com a panela tampada por 1 hora. Servir quente.

*Cilantro: espécie de salsa muito utilizada na cozinha indiana, conhecida também como coriandro ou coentro verde ou salsa-chinesa, que dá um sabor sutil aos alimentos.

Minestra di Esau

RENDE 4 A 6 PORÇÕES

Na Itália, a sopa de lentilhas com tomates é denominada *Minestra di Esau*. Como na cozinha judaica um mesmo prato pode ter várias versões, dependendo da região, essa sopa, além de poder ser feita com lentilhas verdes, é acrescida de vegetais e bolinhas de carne delicadas.

- *2 xícaras de lentilhas verdes ou marrons*
- *3 cebolas grandes ou 6 pequenas bem batidas*
- *2 cenouras raspadas e bem picadas em pedacinhos*
- *2 talos de aipo bem picados*
- *1 xícara de purê de tomates ou molho de tomate*
- *3 colheres de sopa de salsa verde finamente picada*
- *4 xícaras de água ou mais, se necessário*
- *450 g de carne sem nervos e gordura moída*
- *sal e pimenta-preta recém-moída*
- *6 colheres de gordura derretida de galinha ou* Schmaltz

Numa panela grande colocar a lentilha, a cebola, a cenoura, o aipo, o purê de tomates ou molho, a salsa e água suficiente para cobrir os ingredientes, e mais uns 5 cm de líquido. Deixar ferver e cozinhar lentamente por cerca de vinte minutos. À parte, temperar a carne moída com sal e pimenta e transformá-la em pequenas bolas. Fritar as bolas na gordura de galinha derretida até corar de todos os lados. Acrescentar as bolinhas para a sopa e deixar ferver apenas o tempo de cozinharem. Temperar a sopa com sal e pimenta e servir quente.

Schav

(SOPA DE AZEDINHA JUDAICA OU GREEN BORSCHT)
RENDE 6 A 8 PORÇÕES

Alguns a chamam de *Green Borscht*. Também é conhecida como "sopa azeda de capim". Os franceses chamam-na de *Soupe à l'oseile*. Seja como for, a azedinha é a designação comum a várias espécies da família das oxalidáceas ou das poligonáceas, cujas folhas, por serem ricas em oxalatos, têm um sabor ácido. A azeda-miúda é uma planta hortense que não se encontra em qualquer lugar. É plantada conforme o hábito de alimentação daqueles que gostam de incluí-la no preparo de sopas, saladas, guisados e refogados. Os judeus da Romênia também têm um apreço especial por essa sopa. Para alguns judeus saudosistas esta sopa lembra o gosto da primavera no *Shtetl*. Esta sopa costumava ser servida no *Shavuot*.

- *6 a 7 xícaras de azedinha picada*
- *3 ovos + 1 gema extra*
- *suco de limão*
- *sal*
- *8 xícaras de caldo de galinha*

Lavar a azedinha e mudar as águas, até que a última esteja bem limpa. Separar as folhas dos caules e picá-las. Colocar as folhas numa panela grande com o caldo de galinha e deixar ferver por cerca de 30 minutos com o fogo baixo, até que amoleçam e se desintegrem. À parte, numa tigela, bater os ovos e a gema e aos poucos acrescentar à sopa que já deve estar morna. Deixar a sopa esfriar e levar para gelar no refrigerador. Antes de servir, temperar a sopa com suco de limão, sal e pimenta. Servir com creme de leite azedo.

Sopas 204 *Cozinha Judaica*

Schav n° 2

(QUENTE OU FRIA)

- *500 g de batatas*
- *2 litros de caldo de galinha*
- *200 g de azedinha picada*
- *sal*
- *1 colher de chá de açúcar (opcional)*
- *2 ovos*

Lavar muito bem a azedinha, conforme a receita anterior. Cozinhar as batatas até começarem a se partir e amassá-las com um garfo ou espremedor. Acrescentar a azedinha, o sal, açúcar e ferver até a azedinha se desintegrar. À parte, bater os ovos com um pouco da sopa quente e devolver cuidadosamente ao restante do conteúdo da panela. Mesmo servindo quente, não deixar a sopa ferver para o ovo não formar grumos. Servir quente ou fria. Podem-se acrescentar 250 g de creme de leite fresco no final.

Sopa de Espinafre

(À MODA DA GALILEIA)
RENDE 6 A 8 PORÇÕES

Originalmente esta sopa, cujas raízes são do Egito, era feita com *Meloohiya* (*ou Molokhiya*), uma folhagem semelhante ao espinafre, que nos arredores de Israel se encontrava também no leste de Sachnin Valley no começo da primavera, e às vezes no outono, na região da Galileia. No Egito e em todo o Oriente Médio, quando se prepara *Meloohiya*, este é considerado um dia de festa. Na realidade, a sopa de *Meloohiya* é considerada o prato nacional dos egípcios. A *Meloohiya* caracteriza-se por possuir um sabor particular, uma coloração verde-escura e uma textura gelatinosa. Os egípcios, ao contrário dos israelenses, carregam um pouco mais no tempero da sopa, acrescentando, além do alho e da noz-moscada, louro, cardamomo e coentro picado. Dizem que todo camponês egípcio, por mais pobre que seja, tem um pedacinho de terra que no verão é reservado exclusivamente para o cultivo da *Meloohiya*, porém, na falta desta, é possível fazer esta sopa com espinafre, numa tentativa de aproximação com o vegetal original. No Brasil, além do espinafre, obtêm-se ótimos resultados substituindo-se a *Meloohiya* por quiabo.

- *450 g de filé de peito de galinha cortado em cubos de 2,5 cm aproximadamente*
- *2 colheres de sopa de óleo vegetal*
- *2 colheres de sopa de azeite de oliva*
- *10 dentes de alho batidos*
- *400 a 450 g de folhas de* Meloohiya *ou espinafre picadas bem fino*
- *8 xícaras de caldo de galinha (ver receita, pág. 193)*
- *1 colher de chá de sal ou a gosto*

- *1 colher de chá de noz-moscada*
- *suco de 2 limões*
- *arroz cozido em água e sal*

Refogar a galinha no óleo vegetal misturado com o azeite, até a carne ficar corada. Adicionar o alho e o espinafre e misturar bem. Acrescentar o caldo de galinha, o sal, a noz-moscada e deixar ferver. Cobrir a panela e depois de 15 minutos, com o fogo baixo, juntar o caldo dos limões. Colocar um pouco de arroz cozido no fundo de tigelas individuais e na hora de servir derramar a mistura bem quente da panela sobre o arroz. Acompanhar a sopa com pão *Pita* torrado.

Crema di Carciofi d'Ester

(SOPA DE ALCACHOFRA)
RENDE 6 A 8 PORÇÕES

No repertório das sopas judaicas italianas, as alcachofras têm lugar de destaque. Segundo alguns judeus: "As alcachofras são amargas, e isso é parte da nossa herança." Se for de gosto, sirva essa sopa em *Purim* em homenagem à rainha Ester.

- *12 alcachofras*
- *suco de 1 limão*
- *3 colheres de sopa de manteiga ou margarina* pareveh *ou óleo vegetal*
- *2 dentes de alho amassados*
- *1/2 xícara de arroz branco ou 400 g de batatas picadas*
- *4 xícaras de caldo de galinha ou de vegetais*

- *sal e pimenta-preta moída*
- Pignoli *torrados (ou nozes)*
- *salsa picada ou hortelã para guarnecer*

Numa tigela grande cheia de água, na qual se colocou suco de limão, limpar e mergulhar as alcachofras, depois de retirar as folhas, ficando somente com o coração. Derreter a manteiga ou margarina (ou óleo) para refogar as alcachofras, acrescentar o alho, as batatas ou arroz e aproximadamente 1 1/2 xícara de caldo, o suficiente para cobrir as alcachofras e cozinhar por cerca de 25 a 30 minutos com o fogo baixo, até que estas se tornem macias. Amassar as alcachofras e juntar o restante do caldo. Se necessário, acrescentar mais caldo. Temperar com sal e pimenta e servir em tigelas individuais, com os *Pignoli* ou nozes torradas e a salsa ou hortelã.

Sopa de Frutas Judaico-Palestina

RENDE 6 PORÇÕES

Começou como uma compota. Aos poucos foi se transformando numa sopa para suprir períodos em que os alimentos eram escassos. Sendo a Palestina um grande produtor de frutas, em alguns momentos da vida a sopa de frutas chegou a tornar-se prato principal.

- *1 xícara de ameixa*
- *2 laranjas descascadas e cortadas em fatias, sem a pele (cerca de 2 xícaras)*
- *2 xícaras de ruibarbo*
- *2 xícaras de abacaxi fresco descascado e picado*
- *1 xícara de morangos*

- *1 xícara de cerejas frescas*
- *5 xícaras de água*
- *1 xícara de açúcar mascavo*
- *1/2 colher de chá de sal*
- *1 pau de canela ou 1/2 colher de chá de canela em pó*
- *suco de 1 limão*
- *1 xícara de creme de leite azedo (não serve de lata)*

Numa panela grande, misturar as frutas e a água e deixar ferver. Adicionar o açúcar, o sal, a canela e o suco de limão. Com o fogo baixo, cozinhar por cerca de 20 minutos. Deixar esfriar, levar as frutas para um processador e triturá-las para ficarem partidas em pedaços pequenos e não em forma de pasta. Levar para gelar a mistura e na hora de servir juntar o creme de leite, misturando. Para um melhor resultado, ao se preparar essa sopa as frutas, mesmo que sejam substituídas por outras, devem fazer um total de 9 xícaras.

Sopa de Hummus

RENDE 6 A 8 PORÇÕES

- *5 xícaras de caldo de carne ou mais, se necessário*
- *10 xícaras de grão-de-bico cozido*
- *3 colheres de sopa de queijo ralado tipo parmesão*
- *sal*
- *pimenta-preta recém-moída*
- *3 colheres de sopa de azeite de oliva extravirgem*
- *suco de 1 limão*
- *Folhas de orégano fresco ou tomilho para guarnecer*

Ao ferver o caldo de carne, acrescentar 8 xícaras do grão-de-bico e deixar ferver apenas mais 10 minutos. Passar o grão-de-bico pelo processador até se tornar um purê. Devolver o purê ao caldo e, se necessário, acrescentar mais caldo de carne para não ficar muito grosso. Acrescentar o grão-de-bico que não foi processado e o queijo ralado e cozinhar por mais 10 minutos. Temperar com o sal e a pimenta e na hora de servir regar com o azeite de oliva misturado com limão, colocando um pouco em cada prato, e salpicar as folhas picadas.

Sopa de Melão à Moda Israelense

RENDE 6 A 8 PORÇÕES

Deliciosa, esta sopa reflete influências israelenses e gregas. Na Grécia acrescenta-se *Ouzo*, e em Israel, *Arrack*, ambos licores de uva temperados com anis.

- *2 melões maduros e grandes*
- *1 xícara de creme de leite fresco ou iogurte sem sabor*
- *2 a 3 colheres de sopa de açúcar*
- *1 xícara de leite*
- *1/4 de xícara de* Ouzo *ou* Arrack *ou a gosto*
- *folhas de hortelã picadas*

Descascar os melões e cortar a fruta em cubos. Passar os cubos pelo processador. Afinar o purê com o leite, se necessário. Acrescentar o creme de leite ou iogurte, o açúcar, o *Ouzo ouArrack*. Acrescentar folhas de hortelã picadas na hora de servir bem gelada.

Sopas 211 *Cozinha Judaica*

Caldo de Galinha

COM BOLAS DE MATZÁ RECHEADAS COM FÍGADO DE GALINHA

RENDE 10 A 15 BOLAS

Segundo Joan Nathan, em seu livro *The Foods of Israel of Today*, essa é uma sopa criada por Israel Aharoni, consagrado *chef* de quatro restaurantes, filho de imigrantes vindos de Bukhara. Reconhecido autor de livros de culinária, além de manter uma coluna semanal sobre culinária no jornal *Yediot Aharonot*, em Israel é tido como o *number one* na gastronomia.

- *1 1/3 de xícara de farinha de Matzá*
- *2 ovos grandes*
- *1/4 de xícara de salsa fresca picada*
- *3 colheres de sopa de banha de galinha derretida ou óleo vegetal (a banha de galinha dá mais sabor)*
- *sal e pimenta recém-moída*
- *1 xícara de água*
- *1 cebola média bem batida*
- *120 g de fígado de galinha*
- *10 xícaras de caldo de galinha (ver receita, pág. 193)*
- *óleo vegetal para fritar*

Numa tigela colocar a farinha de *Matzá* com os ovos, a salsa, 1 colher de sopa de óleo ou gordura de galinha, sal e pimenta a gosto. Misturar bem com um garfo e acrescente água suficiente para formar uma massa com consistência macia. Cobrir com um plástico e levar à geladeira por 1 hora. À parte refogar as cebolas com as 2 colheres restantes de gordura e acrescentar os fígados. Cozinhá-los por mais 7 minutos, temperar com sal e pimenta, esfriá-los e levar os fígados e a cebola para moer no processador. Com 2 colheres de sopa, moldar na palma da mão uma bola, utilizando a massa do refrigerador, colocando no meio o recheio de fígado e fechando-o em seguida. Se precisar, molhar as mãos para auxiliar a preparação. Trabalhar dessa forma até finalizar os ingredientes. Fritar as bolinhas em óleo vegetal até que comecem a corar. Desengordurar e jogar as bolas no caldo de galinha e ferver as bolas nesse caldo por cerca de 10 a 12 minutos.

Servir quente.

Borscht

Não existe apenas uma receita de *Borscht*, mas dúzias delas. O *Borscht* pode ser frio ou quente. De origem russa, ucraniana, polonesa ou lituana. Em cada região esta sopa sofre pequenas variações, ou é preparada de diferentes maneiras. Porém um elemento é comum em qualquer tipo de *Borscht*: a beterraba, que é o que dá o nome e sua cor avermelhada.

BORSCHT 1 (GELADO)

RENDE 6 PORÇÕES

- *1 kg de beterrabas cruas e descascadas*
- *1 pouco de sal e pimenta*
- *suco de 1 limão*
- *2 colheres de sopa de açúcar ou a gosto*
- *6 batatas descascadas (opcional)*
- *250 g de creme de leite fresco*

Descascar as beterrabas, cortá-las em pedaços e colocá-las para cozinhar com 2 litros de água, sal e pimenta, por cerca de 1 1/2 hora. Deixar a sopa esfriar, bater no liquidificador, reservando alguns pedaços de beterraba para amassar com um garfo. Levar a sopa para gelar e adicionar limão e açúcar, o que só deve ser feito com a sopa bem fria, pois, estando quente, é difícil determinar a intensidade do sabor. Pode ser servida com uma batata cozida no centro com creme de leite em volta.

BORSCHT 2 (GELADO)

RENDE 6 A 8 PORÇÕES

- *1 kg de beterrabas cruas e descascadas*
- *1/2 repolho picado pequeno*
- *2 tomates grandes*
- *0,5 kg de carne de peito magra cortada em pedaços*
- *1 cebola grande picada*
- *1 pouco de sal*
- *açúcar a gosto*
- *suco de 2 limões*
- *250 g de creme de leite fresco*

Descascar as beterrabas e cortá-la em pedaços. Tirar as sementes e a pele dos tomates. Numa panela grande colocar a carne para cozinhar com 2 litros de água. Acrescentar as beterrabas, os tomates, o repolho, a cebola e o sal. Deixar cozinhar em fogo baixo por 1 1/2 hora. Retirar a carne para outras preparações. Esta não será utilizada no *Borscht*, a não ser para desprender o sabor de carne. Deixar a sopa esfriar. Passar no liquidificador as beterrabas, o repolho, os tomates e o que restou da cebola. Colocar na geladeira. Estando bem fria, alternar os temperos: sal, açúcar e limão, até obter um sabor delicado, nem muito azedo, doce ou salgado em excesso, mas um sabor sutil. Misturar o creme de leite e servir gelado como entrada.

BORSCHT 3 (GELADO)

RENDE 4 A 6 PORÇÕES

- *0,5 kg de beterrabas cruas e descascadas*
- *sal*
- *3 gemas*
- *1,5 litro de água*
- *caldo de 3 limões*
- *6 a 8 colheres de sopa de açúcar*
- *250 g de creme de leite fresco*

Cozinhar as beterrabas na água. Deixar esfriar e ralá-las com um ralador de buracos grossos. Pôr na geladeira as beterrabas raladas e o caldo em que se cozinhou as beterrabas, acrescentando o caldo dos limões, açúcar e sal. À parte, bater as gemas e ir juntando ao caldo temperado. Servir bem gelado com uma colherada de creme de leite em cada prato.

BORSCHT QUENTE

RENDE 6 A 8 PORÇÕES

- *3,5 kg de carne de peito ou costela*
- *1 kg de beterrabas cruas e descascadas cortadas em metades ou quartos*
- *2 cenouras raspadas e picadas*
- *1 repolho*
- *1 batata-doce*
- *2 batatas-inglesas*
- *3 tomates sem casca e sem sementes*
- *1 cebola grande*
- *2 dentes de alho*
- *2 colheres de sopa de açúcar*
- *3 limões espremidos*
- *sal*
- *1,5 litro de água*

Colocar numa panela grande a carne, a cebola, o alho e o sal e acrescentar a beterraba e a cenoura. Quando a beterraba e a cenoura cozinharem, retirar e deixar a carne cozinhar até ficar macia. (Pode-se utilizar neste caso panela de pressão.) Ralar as beterrabas e as cenouras no ralador grosso e devolvê-las à panela juntando as batatas, o repolho (em folhas soltas), a batata-doce e os tomates, deixando cozinhar em fogo brando. Acrescentar no final o suco dos limões, o açúcar e o sal, se necessário. Cozinhar um pouco mais para absorver o tempero. Na hora de servir, acrescentar em cada prato uma colherada de creme de leite.

Sopas 217 *Cozinha Judaica*

Sopa de Ameixa

RENDE 6 PORÇÕES

- *1 kg de ameixas vermelhas e frescas sem caroços*
- *2 litros de água*
- *suco de 1 limão*
- *casca de 1 limão*
- *1 pau de canela*
- *açúcar a gosto (cerca de 150 g)*
- *6 batatas (opcionais)*
- *1 xícara de creme de leite*

Lavar as ameixas e remover os caroços e as cascas. Colocá-las numa panela com água e acrescentar o suco de limão, a casca e o pau de canela. Juntar 1 a 2 colheres de sopa de açúcar e deixar ferver por 15 minutos, até as ameixas amolecerem. Retirar a canela e a casca do limão. Provar antes de colocar mais açúcar. Servir quente com batatas cozidas, ou fria com creme de leite depois de bater a sopa até transformá-la num purê não muito espesso.

Zuppa di Pesce

RENDE 4 A 6 PORÇÕES

Na Itália, os judeus adoram servir esta sopa por ocasião do *Pessach*. Resultado de um rico purê de peixe com caldo do peixe engrossado com batata, costuma levar um toque de açafrão, que enriquece o seu paladar. Assemelha-se um pouco a uma famosa sopa provençal ou *Soupe de Poisson*, com a qual os judeus se identificaram e adaptaram para sua cozinha.

- *1 kg de filé de peixe de carne branca e de boa qualidade (linguado, badejo etc.)*
- *1 batata bem grande, sem casca, cortada em fatias grossas*
- *3 colheres de sopa de azeite de oliva*
- *1 cenoura raspada e cortada em fatias finas*
- *2 talos de aipo picados*
- *2 cebolas bem batidinhas*
- *4 colheres de sopa de salsa fresca finamente picada e um pouco mais para a guarnição*
- *1/4 de colher de chá de açafrão (opcional)*
- *sal e pimenta-preta recém-moída*
- *pedaços quadrados de* Matzá

Numa panela colocar o peixe e a batata com água para cobrir. Levar para ferver, reduzir o caldo com o fogo baixo e ferver por no máximo 20 minutos. Transferir o peixe e a batata para um processador de alimentos. Reservar. Aquecer o azeite de oliva, adicionar a cenoura, o aipo, a cebola e refogar até que comecem a amolecer, por cerca de 10 minutos. Adicionar a salsa, o purê de peixe e o caldo no qual se cozinhou o peixe, além do açafrão. Se precisar, acrescentar um pouco mais de água ou caldo de peixe extra. Misturar bem, deixar ferver e cozinhar em fogo bem lento um pouco mais para os sabores se misturarem. Colocar em cada prato a sopa, pedaços de *Matzá* e a salsa reservada para guarnição. Servir quente.

Sopa Búlgara de Berinjela e Iogurte

RENDE 6 PORÇÕES

No norte de Tel-Aviv, existia um restaurante em Ramat Aviv que se especializou em fazer pratos com a berinjela, e por isso era chamado "rei das berinjelas". Ali se podiam degustar incríveis variedades do que se pode fazer com essa planta hortícola, originária da Índia, introduzida pelos árabes às mesas de vários povos, inclusive dos judeus.

- *3 berinjelas grandes*
- *3 dentes de alho*
- *3 1/2 xícaras de caldo de galinha ou de vegetais*
- *1 colher de chá de vinagre branco*
- *1 colher de sopa de açúcar*
- *sal e pimenta-preta recém-moída*
- *1 xícara de iogurte (ou mais)*

Assar as berinjelas, virando-as (pode ser na chama do gás ou no forno). Retirar com cuidado as sementes e as cascas pretas, aproveitando o restante. Num processador misturar o alho e a berinjela e acrescentar 2 xícaras de caldo. Temperar com vinagre, açúcar, sal e pimenta. Adicionar o caldo restante para dar a consistência de sopa. Servir quente em tigelas com uma generosa camada de iogurte.

Sopa de Huevo y Limón

(SOPA DE OVO E LIMÃO)
RENDE 6 PORÇÕES

A sopa grega *Avgolemono*, bastante conhecida, assemelha-se muito com a sopa de *Huevo y Limón*, um velho e tradicional prato sepharade que também se faz na Grécia, Turquia e alguns países árabes. No livro judaico *Cookbook of the Jews of Greece*, Nicholas Stavroulakis, seu autor, recomenda essa sopa para se servir no *Iom Kippur*, ao se quebrar o jejum. Curiosamente, também no Egito uma sopa semelhante a essa faz parte da refeição servida antes do começo do jejum, a qual os judeus egípcios chamam de *Beid ab lamouna*. Seja como for, no repertório das sopas sepharadim é uma das mais populares e apreciadas.

- *2,5 litros de água*
- *carcaça de uma galinha e algumas asas de galinha*
- *1 cebola grande cortada em quatro pedaços*
- *2 cenouras cortadas em pedaços grandes*
- *2 talos de aipo e algumas folhas*
- *alguns talos de salsa*
- *sal e pimenta-branca recém-moída*
- *1/2 xícara de arroz*
- *3 ovos grandes*
- *suco de 1 a 2 limões*

Numa panela grande colocar a água, a carcaça e as asas de galinha, a cebola, a cenoura, o aipo com folhas e os talos de salsa, e pôr tudo para ferver. Jogar a espuma fora e retirar as partes da galinha que não farão parte da sopa. Acrescentar o sal e a pimenta e cozinhar um pouco mais. Peneirar a sopa reduzindo-a para quase 2 litros. Acrescentar o arroz e cozinhar até amaciar por cerca de 20 minutos. Numa tigela separada, bater os ovos, acrescentar o caldo de limão e juntar essa mistura à sopa. Levar novamente a sopa ao fogo e esquentá-la, porém sem deixá-la ferver, pois os ovos se separariam do caldo formando grumos. Bater o tempo todo enquanto esquenta. No final, deve tornar-se cremosa.

OBSERVAÇÃO: O arroz pode ser substituído por algum tipo de massinha bem delicada. Pode-se colocar também 1 colher de sopa de amido de milho para engrossá-la, dissolvido em um pouco de água fria depois que o arroz é adicionado. Os marroquinos, ao preparar essa sopa, costumam incrementá-la colocando uma colherzinha de café de açafrão ou açafrão-da-índia.

Sopa Minestra Dayenu

RENDE 6 PORÇÕES

O termo *Dayenu* faz parte de uma canção que se canta no *Pessach* e que está ligada à *Hagadá*, ou seja: em hebraico refere-se à "história de *Pessach*", e tem a ver com o Êxodo. *Dayenu* significa "o que teria sido suficiente" ou "nos bastaria". A canção diz:

Se Deus tivesse nos tirado do Egito

Nos bastaria

Se Deus tivesse nos dado a Torá

Nos bastaria

Se Deus tivesse nos dado o *Shabat*

Nos bastaria

Se Deus tivesse nos colocado em Israel

Nos bastaria

Devido à canção, em Turim, na Itália os judeus tradicionalmente preparam essa sopa para ser tomada na primeira noite do *Pessach*.

- *7 a 8 xícaras de caldo de galinha (pág. 193)*
- *3 Matzás picadas em pequenos pedaços*
- *3 gemas de ovos*
- *1 colher de chá de canela em pó*

Depois de ferver o caldo de galinha, jogar os pedaços de *Matzá* cozinhando-os por cerca de 1/2 hora em fogo lento até ficarem bem macios. À parte bater as gemas com a canela e acrescentar 4 a 5 colheres de água fria. Acrescentar a mistura na sopa aos poucos, mexendo sem parar. Não deixar ferver, porém deve ser servida quente.

Gondy

RENDE 6 PORÇÕES

Esta sopa faz parte do cardápio que os judeu-iranianos utilizam para comer no jantar de sexta-feira à noite. Um dos ingredientes, ou seja, um tipo de limão desidratado, nem sempre é fácil de encontrar. Pode ser comprado nas casas que vendem produtos indianos, assim como a farinha de grão-de-bico, que também entra em seu preparo.

- *1 frango assado pequeno*
- *2 cebolas médias*
- *sal e pimenta recém-moída*
- *1/4 de colher de chá de açafrão-da-índia*
- *3 limões desidratados ou, na falta deste, suco de 1 limão*
- *250 g de carne moída sem gordura*
- *1 xícara (100 g de farinha de grão-de-bico)*
- *1/2 colher de chá de cardamomo moído*

Numa panela grande, colocar o frango cortado em 3 litros de água. Deixar ferver e retirar a espuma que for se formando com a escumadeira. Adicionar 1 cebola bem picada, o sal e a pimenta, o açafrão-da-índia, os limões bem triturados para desprender o máximo sabor. Ferver por cerca de 40 a 50 minutos até que a ave esteja bem macia. Reserve. Fazer as bolinhas da carne, misturando a carne com a cebola restante finamente picada e a farinha de grão-de-bico e temperar com sal, pimenta e o cardamomo moído. Podem-se passar esses ingredientes no processador, a começar pela cebola. As bolas não devem ultrapassar o tamanho de uma noz. Retirar o frango do caldo e nele cozinhar por aproximadamente 20 a 30 minutos as bolas, com o fogo baixo, para não se desmancharem.

Quanto ao frango, remover a pele e os ossos e picar a carne em pedaços, retornando-os à sopa. Esta sopa é servida em tigelas, colocando-se no fundo arroz *Basmati**.

Goulash Soup

RENDE 4 A 6 PORÇÕES

A cozinha judaica sofreu inúmeras influências. Do mundo austro-húngaro, os judeus readaptaram do *Goulash* esta sopa apropriada principalmente para as noites de invernos rigorosos. Utilizando-se vários tipos de páprica, da suave à mais apimentada, passando pela páprica-doce.

- *2 dentes de alho amassados*
- *1 cebola grande picada*
- *2 colheres de sopa de óleo vegetal*
- *1 colher de sopa de páprica-doce*
- *600 g de carne cortada em cubos*
- *sal*
- *1 kg de batatas cortadas em cubos ou em quartos*
- *2 tomates sem pele picados em cubos*
- *1 pitada de pimenta-de-caiena*

Fritar a cebola e o alho no óleo até corarem e misturar a páprica. Acrescentar a carne, o sal e refogar durante alguns minutos. Acrescentar um pouco de água e deixar cozinhar

*Arroz *Basmati*: tipo de arroz fino e longo utilizado na cozinha indiana. Pode ser adquirido em lojas especializadas.

por 1 1/2 hora. Acrescentar os tomates e aumentar a água o suficiente para transformar a preparação numa sopa (não deve ultrapassar 2 litros no total). Cozinhar em fogo baixo por 1 hora até a carne ficar muito macia. Pouco antes do final, acrescentar as batatas. Por fim acrescentar a pimenta-de-caiena.

Kartoffel Zup

RENDE 6 PORÇÕES

Entre as inúmeras sopas de batatas, esta é uma que os judeus ashkenazim apreciam. Feita com leite e creme de leite, não faz parte de refeições quando a carne é incluída, no que diz respeito a refeições *Kasher*. Possui um delicado sabor e lembra de alguma forma a *Vichyssoise* francesa, pois pode ser servida fria ou quente.

- *500 g de batatas descascadas e picadas*
- *500 g de alho-porro*
- *1 litro de água*
- *0,5 litro de leite*
- *sal e pimenta-branca recém-moída*
- *250 g de creme de leite fresco*
- *4 colheres de sopa de cebolinha verde bem picada para guarnecer*

Picar o alho-porro em pedaços pequenos ou passar no processador. Numa panela colocar a água e o leite e acrescentar as batatas e o alho-porro. Temperar com sal e pimenta e no final amassar as batatas cozidas no espremedor, devolvendo o purê ao caldo da panela. Na hora de servir, quente ou fria, juntar o creme de leite e guarnecer com a cebolinha picada.

Sopa de Ajo

(SOPA DE ALHO DE SALÔNICA)
RENDE 4 A 6 PORÇÕES

A cidade de Salônica, que possuía o porto mais importante do mar Egeu, teve em outros tempos uma das maiores comunidades judaicas no Oriente. Era conhecida como a "pérola judaica do Mediterrâneo", mantendo-se virtualmente judaica até o começo do século XX. Antes da era comum havia judeus na Grécia, porém depois da Inquisição em 1492, quando milhares de judeus fugiram da Espanha, Portugal e sul da Itália, estabeleceram-se na Grécia, que fazia parte do Império Otomano. Muitos escolheram Salônica, e por volta de 1600 os judeus que ali viviam passaram a constituir 68% da população, fazendo uso da língua ladina. Entre períodos de grande crescimento e outros de declínio, causados por situações adversas, só no século XIX, com a queda do Império Turco, renasceram as condições dos judeu-salônicos. Porém, diante da ocupação alemã, seiscentos mil judeus foram deportados pelos nazistas, e a comunidade, exterminada, assim como os judeus de Rodes e de Creta. Hoje poucos judeus permanecem na Grécia, porém a influência da cozinha sepharade deixou alguns legados. Entre vários pratos, escolheu-se como referência a "sopa de *ajo*", que para os antigos judeus de Salônica era considerada saborosa e sobretudo nutritiva.

- *5 1/2 xícaras de caldo vegetal (ver receita na página seguinte)*
- *2 colheres de sopa de azeite de oliva*
- *8 dentes de alho cortados em lâminas*
- *2 xícaras de acelga picada bem miúda*
- *1 batata grande ou 2 medianas (0,5 kg)*
- *1 iogurte (250 g)*

- *2 ovos batidos até espumar*
- *1/4 de xícara de salsa fresca picada bem miúda*
- *sal e pimenta-preta recém-moída*

Acrescentar ao caldo vegetal colocado numa panela o azeite, o alho, as acelgas, as batatas descascadas e cortadas em cubos. Diminuir o fogo, deixando ferver por 15 a 18 minutos, até as batatas cozinharem. À parte misturar o iogurte com os ovos, acrescentar uma concha do caldo e misturar novamente. Acrescentar a mistura à sopa aos poucos, mexendo sem parar para o iogurte não coalhar. Feito isso, retirar do fogo, juntar a salsa e a pimenta e servir imediatamente.

Caldo Vegetal (Básico)

RENDE 7 A 9 LITROS

- *4 colheres de sopa de óleo de girassol*
- *3 cebolas grandes picadas*
- *3 dentes de alho*
- *2 cenouras grandes picadas*
- *4 caules de aipo grandes picados*
- *2 alhos-porros (a parte branca) picados*
- *1 bouquet garni (com 6 ramos de salsa e 3 de tomilho e 1 folha pequena de louro)*
- *4 grãos de pimenta*
- *1 colher de sopa de sal grosso*
- *verduras adicionais (espinafre, nabos, brócolis, couve-flor etc.)*

Esquentar o óleo em fogo médio e refogar as cebolas até ficarem transparentes (5 a 7 minutos). Acrescentar o restante das verduras, mexendo sem parar, e cobrir com água fria. Deixar ferver e incorporar os ingredientes restantes, reduzindo o fogo ao mínimo. Tampar a panela e cozinhar por cerca de 45 minutos a 1 hora, até que as verduras estejam bem macias. Escorrer muito bem as verduras para extrair o máximo de caldo. Este caldo conserva-se bem na geladeira por 2 a 3 dias, e 2 a 3 meses no congelador.

Alguns Provérbios Judaicos

- Para tomar *Borscht* não é preciso ter dentes
- Não se pode mastigar com os dentes dos outros
- Havendo pão sempre se acha a faca
- Com sabedoria apenas não se vai à feira
- Quando um avarento se torna extravagante come *Borscht* com bolo de mel
- O amor é doce, mas só com pão
- "Muito obrigado" não se põe no bolso
- Se você já come porco, que seja bom e gordo
- Patê de fígado é melhor do que desgraças moídas
- O pão sempre cai com a manteiga para baixo
- Se não tivéssemos que comer seríamos ricos
- Contente-se com arenque, se você não puder comer galinha
- O dono do bar gosta do bêbado, mas não para casar com sua filha
- A verdade vem à tona, como o azeite na água
- Deus dá pão, os homens passam manteiga
- Uma boa dor de dentes faz esquecer qualquer dor de cabeça
- O homem pensa. Deus ri.
- Visita é como peixe, que fede depois do segundo dia
- Confio em você, mas mande dinheiro!
- Quando a fome entra pela porta, o amor sai pela janela
- A maçã sempre cai perto da macieira
- Confie um segredo mais ao seu estômago do que ao seu coração
- Varrendo a casa se encontra tudo
- Uns gostam de creme azedo, outros, de rezar
- Pão com pão, comida de tolos

- Fome que espera fartura não se chama fome

- Mal com pão é meio mal

- Não ter escolha também é uma alternativa

- O rico só passa fome quando o médico manda

- Quando a sorte chega, ofereça-lhe uma cadeira

- É melhor o ovo de hoje do que a carne amanhã

- Com um pouco de sorte, até o touro pode dar cria

- Crianças e dinheiro fazem um mundo lindo

- Conhecer a Bíblia não impede ninguém de pecar

- Os pais podem dar tudo aos filhos, menos sorte

- É melhor ser o rabo do leão do que a cabeça do carneiro.

Peixes

O peixe sempre representou para os judeus o esteio de sua dieta alimentar. A obsessão dos judeus pelos peixes já se manifesta no livro do Gênesis, quando ao abençoar os humanos Deus exclamou: "Crescei e multiplicai-vos, e enchei a terra, como os peixes e todos os animais que se movem na terra." Desde os tempos bíblicos, o peixe simboliza fertilidade, imortalidade e abundância. As escrituras rabínicas do livro do Gênesis afirmam que nos tempos de Noé todos os animais eram pecadores, à exceção das criaturas marinhas, e por essa razão sobreviveram ao dilúvio. Acredita-se que quando o Messias chegar haverá uma grande festa em sua honra, e que o pescado será o prato principal. A história judaica também relata que durante a longa jornada no deserto de Sinai em direção à Terra Prometida, os judeus, cansados de se alimentar de maná, clamavam pelo peixe que haviam comido no Egito, ansiando por comer pescado: "Lembra-nos o peixe que comíamos no Egito sem nos custar nada" (Números 11:5).

Durante o período romano, havia uma procura tão grande e visível pelo peixe para se comer no *Shabat*, que os romanos, aproveitando-se do fato, impuseram uma altíssima taxação para o direito de pescar peixe no mar da Galileia, onde existiam em seus arredores inúmeros mercados de peixe. A esse respeito, naquela época, Jerusalém era chamado por muitos como "O Portão dos Peixes", e segundo padres franciscanos que nos dias de hoje cuidam e preservam algumas partes da chamada Terra Santa, a abundância de peixes mudou pouco, desde o tempo de Jesus, quando se deu o milagre dos pães e peixes. Em relação aos peixes, nota-se, segundo os padres, apenas uma certa negligência em se tratando de poluição ecológica.

O Talmud descreve a alegria de se comer peixe no *Shabat*, e de acordo com a tradição cabalística, na Idade Messiânica, quando o bem triunfar sobre o mal, um enorme monstro marinho citado na Bíblia (Leviatã) será comido num grande banquete messiânico para os justos. Os rabinos dizem que depois da chegada do Messias haverá, como no *Shabat*, tempos em que as pessoas se sentirão comprometidas espiritualmente, estudarão as Escrituras, cantarão os Salmos para o Criador e compartilharão as atividades de paz e descanso do *Shabat*. E por isso tanto os judeus ashkenazim como sepharadim dão boas-vindas ao *Shabat* alimentando-se de peixe nas noites de sexta-feira, véspera do *Shabat*, e também no final do dia de sábado.

Porém, em *Rosh Hashaná* o peixe também costuma ser servido na refeição festiva, e para essa ocasião, todos os judeus possuem suas receitas tradicionais. Os mais devotos costumam servir a cabeça do peixe para o cabeça da mesa, que na maioria das vezes é o cabeça da família, e o peixe é mencionado com uma bênção, antes da refeição, um procedimento que se vê principalmente entre os judeus do Marrocos. Os judeus oriundos do Leste Europeu não abrem mão do *Gefilte Fish*, que por sua vez também tem participado da atmosfera festiva do *Shabat* desde tempos imemoriais. Curiosamente, os judeus argelinos costumam servir na última refeição da Páscoa (*Pessach*) um peixe adornado com flores e ervas silvestres.

- *Gefilte Fish*

- *Chrain ou Hreim*

- *Lox*, Creme de Leite e Caviar Enformados

- Salmão Curado

- *Terrine* de Salmão

- Arenque com Creme de Leite

- Peixe Agridoce

- Pescado *Sofrito à la* Judia

  - Com *Agristada*

  - Salsa de Alho

  - *Ajada*

  - *Vinagrico*

- *Pishkado Kon Guevo y Limón*

- *Pescado Ahilado Con Abramela*

- *Keftedes* de Pescado

- *Keftes de Piskado*

- *Saluna*

- *Pesce al Sugo di Carciofi*

- *Croquettes de Poisson*

- *Fish Curry*

- *Pasticcio di Baccalà e Spinaci à Fiorentina*

Gefilte Fish

Para os judeus ashkenazim, nenhuma comida é mais judaica do que o *Gefilte Fish*. Trata-se do mais famoso e representativo dos pratos judaicos, especialmente para o *Shabat* e outras festividades judaicas. O termo *Gefilte* significa "recheado", e esse prato mudou sua forma de preparo. Originalmente a carne fresca de peixe era usada para rechear a pele de peixe – o lúcio e a carpa, peixes de regiões extremamente frias da Polônia, Litânia e Ucrânia e que exigiam uma certa habilidade, pois a pele inteira do peixe tinha de ser retirada com um cuidado todo especial e no final o prato tinha de se apresentar como se fosse um peixe inteiro, da cabeça ao rabo. Nos dias de hoje, quando se fala em *Gefilte Fish* geralmente significa o recheio de carne de peixe picada transformada em bolas e cozida no caldo do peixe. A história relata também que quando os judeus migraram do Leste Europeu era difícil conseguir peixe fresco para a dieta do *Shabat*. Extremamente pobres, tinham de usar de inventividade para sobreviver no seu novo mundo, porém para eles limitado. Sua dieta semanal consistia em batatas, arenque, cebola e pão de centeio. Peixe fresco era um luxo reservado para os sábados, e os peixes mais baratos logo se estragavam. E assim, as donas de casa maquinaram uma forma de se comer peixe fresco, fazendo com que toda a família pudesse provar uma porção da tão desejada iguaria na refeição de sexta-feira. Essas mulheres aprenderam a retirar a carne de um peixe de melhor qualidade, adicionar cebola picada e temperos, ovos, pão ou farinha de *Matzá*.

O sabor final do prato vai depender do paladar de quem o prepara. Na Polônia o prato era marcadamente mais adocicado. Na Litânia era mais apimentado. Os russos, assim como os lituanos, preferem o peixe sem açúcar, enquanto os descendentes poloneses acentuam o açúcar no preparo. Seja como for, o que não pode faltar no *Gefilte Fish* são as cenouras e o *Chrain*, uma pasta de raiz-forte e beterraba crua ralada que exalta o sabor da preparação, tornando-a um manjar dos mais apreciados.

A preparação do *Gefilte Fish* consta de dois estágios: o caldo e as bolinhas de peixe propriamente ditas. Para servir, colocar 2 ou 3 bolinhas em cada prato, com a fatia de cenoura por cima e um pouco do caldo gelificado. Nunca se deve servir o *Gefilte Fish* sem o *Chrain*.

CALDO
PARA COZINHAR 24 PORÇÕES DE BOLAS GRANDES

- *4 talos de aipo cortados em pedaços*
- *3 cebolas fatiadas*
- *6 cenouras fatiadas em moedas*
- *8 xícaras de água, suficiente para cobrir as espinhas*
- *ossos do peixe e cabeças, se desejar*
- *1 colher de sopa de sal*
- *1/2 colher de sopa de pimenta fresca moída*
- *1 colher de sopa de açúcar*

PEIXE
(BOLINHAS)

- *1,5 kg de carne de carpa, linguado, pescada, namorado ou tainha em filés*
- *1,5 kg de qualquer peixe de carne branca (quanto mais branca, mais delicado o prato se torna)*
- *6 cebolas*
- *2 colheres de sopa de sal ou a gosto*
- *6 ovos*

- *3 colheres de sopa de açúcar*
- *1/2 a 1 xícara de farinha de* Matzá
- *3/4 de xícara de água*
- *1/4 de xícara de amêndoas bem picadas (opcional)*
- *1 1/4 colher de chá de pimenta*

Numa grande panela com tampa colocar os ingredientes do caldo e deixar ferver. Tampe a panela e reduzir o fogo. À parte num processador de alimentos colocar as cebolas cortadas em quartos, os ovos, o sal, o açúcar e a pimenta e transformar numa pasta. Passar tudo para uma tigela grande e misturar a farinha de *Matzá*. Cortar o peixe em pedaços pequenos e levá-los ao processador o suficiente para ficarem finamente picados. (Cuidado para não transformar o peixe numa pasta, isto é importante.) Adicionar a mistura de cebola e farinha de *Matzá*, de forma homogênea. Levar ao refrigerador, coberto, por 1/2 hora.

Umedecer as mãos e moldar bolas do tamanho de ovos bem grandes (que vão se expandir quando cozinharem) e no formato ovalado. Mergulhar as bolas no caldo, uma a uma, e em fogo lento deixá-las cozinharem por 1 1/2 hora. Esperar esfriar no próprio líquido e remover para um prato retangular ou de outro formato, arrumando as bolas harmonicamente, decorando cada bola com uma fatia de cenoura cozida no topo. Coar o caldo e deitá-lo no prato. Este caldo deve gelatinar assim que o prato for levado à geladeira. Caso isto não aconteça, dissolver 1 pacote de gelatina sem sabor e adicionar ao caldo, misturando bem. (Pode-se testar colocando uma colher de sopa do líquido num prato, refrigerando-o. Se não endurecer, aumentar a quantidade de gelatina.) No final, o caldo deve ficar com a consistência de um *Aspic* com as bolas ovaladas. É imprescindível servir à parte uma tigela com o *Chrain*.

CHRAIN OU HREIM

O *Chrain* deve ser servido gelado. Trata-se de uma pasta picante com o sabor penetrante da raiz-forte e um aroma especial que poderosamente levanta pratos como *Gefilte Fish* e carnes e frango cozidos. Os molhos comerciais que existem no mercado (em geral importados) jamais se equiparam em qualidade ao *Chrain* caseiro. Embora a raiz-forte possa ser encontrada em pó, para essa preparação deve ser adquirida fresca, com o sabor mais pronunciado. A raiz-forte não é fácil de ser encontrada, porém, por ocasião do *Pessach*, as casas especializadas costumam colocá-la em um lugar de destaque, na bandeja do *Pessach*, simbolizando as ervas amargas.

1. Lavar, despelar e ralar um pedaço de raiz-forte. Adicionar sal, açúcar (opcional) e um pouco de vinagre.

2. Despelar e ralar um pedaço de raiz-forte, acrescentar sal, uma pitada de açúcar, uma espremida de limão e algumas colheres de sopa de creme de leite fresco. Pode ser também usada com vegetais.

3. Ao molho número 1 adicionar uma beterraba cozida e ralada fina. Em geral a medida sofre variações, porém a beterraba preferentemente deve equivaler em peso três vezes à raiz-forte. Este modo é o mais apreciado, porque o molho de raiz-forte torna-se fortemente colorido de vermelho, além do que a beterraba suaviza o sabor da raiz-forte. Deve ser conservado na geladeira num pote de vidro para não evaporar o seu aroma.

OUTRA RECEITA DE CHRAIN

- *100 g de raiz-forte fresca*
- *175 g de beterraba cozida e ralada fina*
- *1/2 xícara de vinagre*
- *1 colher de chá de sal*
- *2 colheres de sopa de açúcar*

Lox, Creme de Leite e Caviar Enformados

No Leste Europeu, temendo os períodos de privações, os judeus secavam, defumavam e curavam uma certa quantidade de peixe com sal. Foram imigrantes russos que levaram para Nova York as técnicas de conservação do salmão, que fizeram muitas *delis* famosas. O estilo antigo original ou *Old-Style Brooklyn Smoked Salmon* foi denominado *Lox*, cujo termo é meramente uma forma fonética de se soletrar a palavra iídiche *Lachs*, cuja base é alemã, para salmão. Tratava-se de um peixe dessalgado e levemente defumado. Para atenuar a salinidade, começou-se a misturar o salmão com cream cheese, o que terminou se tornando um dos mais apreciados alimentos para se colocar no pão, no *breakfast* e *Brunch* da América. Porém, mesmo antes da classe média descobrir o prazer do salmão defumado, na Inglaterra os judeus do East End de Londres já o comiam.

De um simples sanduíche o salmão passou a fazer parte de algumas preparações mais incrementadas, como a que se segue.

- *1 colher de sopa de gelatina sem sabor* (Kosher) *ou 1 envelope*
- *1/2 de xícara de água fria*
- *1 1/2 xícara de creme de leite fresco*
- *250 g de* cream cheese
- *1 colher de sopa de molho inglês*
- *algumas gotas de Tabasco*
- *2 colheres de sopa de cebolinha bem picada*
- *1 colher de chá de suco de limão*
- *1 colher de sopa de salsa bem picadinha*
- *1/2 colher de sopa de raiz-forte ralada*
- *450 g de salmão defumado* (Lox) *bem picado*
- *100 a 150 g de caviar vermelho de salmão*

Colocar a gelatina na água fria e derreter no fogo em banho-maria. Esperar esfriar e juntar ao creme de leite. Misturar o creme de leite com o cream cheese e juntar o molho inglês, Tabasco, cebolinha, suco de limão, salsa, raiz-forte. Com essa mistura envolver delicadamente o salmão e o caviar. Passar óleo vegetal numa pequena forma de pudim e enchê-la com a mistura preparada. Levar para gelar e servir desenformado acompanhado de torradinha ou pão de centeio. Servir como aperitivo ou entrada de uma refeição.

Peixes · 241 · Cozinha Judaica

Certo homem, que acabava de dar um rublo a um mendigo, encontrou-o pouco depois sentado num restaurante, regalando-se com caviar.

— Que vergonha! — reclamou o homem. — Pedes esmola nas ruas e depois esbanjas o que te dão, comendo caviar!

O schnorer* não se acovardou.

— Por que não? — retrucou, indignado. — Antes de ganhar o vosso rublo, eu não podia comer caviar; agora que tenho dinheiro, não devo comer caviar. Desse jeito, quando na vida hei de comer caviar?

Salmão Curado

10 A 12 PORÇÕES

Peixe curado para os judeus é um velho costume. Os sepharadim não utilizavam o salmão. Usavam o atum, cavala, peixes de carne branca, linguado e outros do tipo para preparar a famosa *Likerda*, um tipo de peixe curtido, cuja preferência recai nos peixes de carne branca, como a tainha, por exemplo.

- *1 kg de filé de salmão cortado fino*
- *3 colheres de sopa de sal grosso ou sal* Kosher

Retirar com cuidado todas as espinhas do peixe. Arrumar os filés salpicando-os com sal. Cobrir com um plástico e levar à geladeira por 12 horas, virando o salmão quando começar a drenar líquido. Lavar os filés em água fria. Provar um pedaço. Se ainda estiver muito salgado, deixar imerso em água fria por pouco tempo. Cortá-lo em pedaços. Para conservar mais dias, deve ser guardado em potes com óleo vegetal, na geladeira.

* *Schnorer*: mendigo, em iídiche.

Terrine de Salmão

RENDE 6 PORÇÕES

Pela praticidade, alguns judeus ashkenazim utilizam o salmão enlatado, o que demonstra a versatilidade do peixe tradicionalmente incluído na dieta judaica.

- *320 a 350 g de salmão defumado em lata*
- *1 xícara de cebola finamente batida*
- *1 1/2 xícara de cogumelos picados*
- *2 colheres de sopa de manteiga ou margarina*
- *1/2 xícara de miolo de pão branco picado*
- *1 xícara de leite*
- *2 colheres de sopa de suco de limão*
- *3 ovos levemente batidos*
- *sal e pimenta-preta recém-moída*
- *manteiga ou margarina para untar*

Pré-aquecer o forno a 180°. Untar muito bem uma forma de bolo inglês medindo cerca de 12,5 x 22,5 cm ou uma forma redonda que caiba 6 xícaras do preparado. Reservar. Refogar a cebola e o cogumelo na manteiga ou margarina, adicionar o salmão previamente triturado. Retirar do fogo e acrescentar o pão e o leite misturando bem os ovos, o suco de limão, sal e a pimenta a gosto. Deitar a mistura na forma generosamente untada e levar para assar em banho-maria por cerca de 1 hora. Esperar esfriar e desenformar para servir frio como entrada. Para ser servido quente, devem-se aguardar alguns minutos após ser retirado do forno para a *terrine* não se quebrar.

Arenque com Creme de Leite

6 A 8 PORÇÕES

Milhões de não judeus no norte da Europa alimentam-se de arenque curtido, entretanto nos Estados Unidos o maior grupo que dá uma importância especial ao arenque é sem dúvida nenhuma o dos judeus. Apesar do arenque ter sido um pescado barato e pouco valorizado por alguns, tornou-se um dos peixes favoritos na dieta judaica, e também o peixe mais consumido pelos judeus no Leste Europeu, mesmo vindo da Escócia, Inglaterra, Noruega e Holanda. De comida para judeus pobres, tornou-se para outros grupos uma iguaria especial. Rico em vitaminas, sua carne é macia e delicada; sua textura é melosa, com a grande vantagem de poder ser encontrado durante todo o ano. Alguns o preferem defumado, outros, macerado em vinagre ou vinho, e ainda há os que o preferem curtido no sal. Dependendo da preparação, come-se o peixe inteiro, cortado em postas pequenas ou sem espinhas, em filés. O *Schmaltz Herring* é o arenque curtido com uma camada de sal grosso, colocando-se em cima e permanecendo por cerca de quatro dias na geladeira. Findo esse tempo, para ser comido precisa ser mergulhado em água, que deve ser mudada, até que perca o sabor excessivo de sal. Em Israel, na vida de um *Kibbutz*, o arenque costuma fazer parte do lauto café da manhã de todos que ali moram e trabalham, um hábito do qual muitos judeus não abrem mão.

- *450 g de filés de arenque curtido e dessalgado*
- *1 cebola fatiada finamente*
- *3 a 4 maçãs médias (vermelhas)*
- *2 xícaras de creme de leite fresco*
- *1 colher de sopa de vinagre de cidra ou vinho branco*
- *1/2 colher de chá de açúcar*
- *1/2 colher de chá de mostarda de Dijon*
- *azeitonas pretas do tipo grega para enfeitar*

Cortar o arenque em pedaços delicados. À parte, misturar o creme de leite com o vinagre ou vinho, açúcar e mostarda. Juntar o arenque e a cebola com o creme de leite temperado, misturar delicadamente acrescentando as maçãs descascadas e fatiadas, envolvendo-as muito bem no creme para não escurecerem. Acompanhar o prato com fatias de pão de centeio ou *Challah*.

Peixe Agridoce

6 PORÇÕES

A receita que se segue possui suas raízes nos judeu-alemães que cultuam muito o sabor doce-azedo em suas preparações, e isto não diz respeito apenas a peixes, mas também a vários tipos de carnes. Este prato pode ser servido nas noites de sexta-feira, ou no almoço de *Shabat*, como uma espécie de aperitivo.

- *1,5 kg de salmão, carpa ou truta*
- *sal*
- *4 xícaras de água, ou o suficiente para cobrir o peixe*
- *1/2 xícara de vinagre de vinho tinto*
- *1 limão fatiado sem os caroços*
- *1 cebola média cortada em fatias*
- *1 folha de louro*
- *1 colher de chá de grãos de pimenta inteiras*
- *1/2 xícara de passas*
- *1 colher de chá de sal*
- *5 cravos*
- *1/2 xícara de açúcar mascavo*
- *4-5 bolachas de gengibre*

Lavar, cortar em pedaços e salgar o peixe e deixar neste tempero algumas horas. Numa panela ferver a água, o vinagre, limão, louro, grão de pimenta, passas, cravos e mais 1 colher de sopa de sal. Acrescentar o peixe e deixar ferver com o fogo baixo por apenas 10 minutos acrescentando o açúcar mascavo e as bolachas de gengibre (as bolachas dão coloração ao caldo), sem tampar a panela. No fim desse tempo, a carne do peixe deve se manter firme, porém fácil de retirar a pele e as espinhas. Limpar o peixe, tirando as peles e espinhas, espalhar os pedaços da carne num pirex. Apurar o líquido fervendo um pouco mais, coar para remover os sólidos, reservando as cebolas e as passas, que devem ser adicionadas à carne que está no pirex. Cobrir com o caldo coado e leve à geladeira para gelatinar.

Pescado Sofrito à la Judia

4 A 6 PORÇÕES

O *Pescado Sofrito* significa "ligeiramente frito". Um dos pratos mais apreciados dos judeus de Andaluzia, terminou sendo também um dos pratos da cozinha holandesa, sendo introduzido pelos judeu-portugueses e espanhóis que para a Holanda se dirigiram, como também dos judeus que, saindo da Espanha, foram para a Turquia. Depois de pronto, o *Pescado Sofrito* é acompanhado com molhos como a *Agristada*, *Salsa di Ajo*, *Ajada* ou *Vinagrico*.

- *1,5 kg de filés de pescada*
- *sal grosso*
- *água fria*
- *2/3 de xícara de farinha de trigo*
- *2 ovos batidos*
- *1/4 colher de chá de sal*
- *óleo para fritar o suficiente para cobrir o pescado*

Depois de lavar os filés de pescada, secá-los e colocá-los enfileirados num recipiente, cobrindo-os com sal grosso e um pouco de água fria, levando-os ao refrigerador por 1 hora. À parte preparar uma pasta feita com a farinha, ovos e sal. Se necessário, acrescentar algumas colheres de água fria.

Depois de retirar o peixe do refrigerador, escorrer, secar e passar cada filé pela pasta preparada, levando-o a fritar primeiro de um lado e depois virando para o outro. Não se devem fritar muitos filés de uma vez. Manter a chama do fogo baixa para não escurecer demais. Estando levemente corado, desengordurar em papel absorvente.

Agristada

A *Agristada* é um molho de ovos e limão à moda sepharade e que é ótimo acompanhamento para peixe frito.

- *2 ovos batidos*
- *suco de 1 limão*
- *sal*
- *1 copo de água ou caldo vegetal (ver pág. 228)*
- *1 colher de sopa de farinha de trigo bem cheia*

Desmanchar a farinha na água (ou caldo vegetal) e colocar os ovos e suco do limão e uma pitada de sal. Levar ao fogo para engrossar, devendo ficar consistente como mingau. Colocar numa molheira e por cima 2 colheres do óleo em que se fritou o peixe.

Salsa de Alho

- *2 colheres de azeite de oliva*
- *2 dentes de alho grandes picados bem fino*
- *1 colher de sopa de água fria*
- *1/2 xícara de suco de limão*
- *1/2 colher de chá de sal*
- *1 colher de sopa de cebolinha bem picada*
- *1 colher de sopa de salsa verde picada*
- *1 colher de sopa de folhas picadas de endro**

Esquentar o azeite e colocar o alho, a água, o suco de limão e o sal. Cozinhar por 5 minutos. Retirar do forno e agregar as ervas, mexendo bem. Servir numa molheira acompanhando o peixe.

*Endro ou Aneto, conhecido como *Dill* pelos ingleses e povos nórdicos. Pertence a ervas como o coentro, o cominho e a erva-doce, oriundos do Mediterrâneo. Semelhante ao funcho, suas folhas frescas são usadas em molhos e saladas etc., tornando-os levemente picantes.

Ajada

- 2 claras
- 4 dentes de alho
- 1 pãozinho (só o miolo) molhado em água e espremido
- 1 xícara de óleo
- suco de 1 limão
- 1 colher de café de sal

Bater no liquidificador as claras, o alho, o miolo de pão, 1/2 xícara de óleo e 2 colheres de sopa de suco de limão. Continuar batendo e acrescentar aos poucos o restante do óleo, do limão e o sal até ficar como um creme da consistência de maionese. Acompanhar o peixe frito com este creme, que deve ser servido gelado.

Vinagrico

- 1 xícara de (cafezinho) de vinagre
- 1 copo de molho de tomate mais para ralo
- 1 colher de sopa de farinha de trigo
- 1 colher de cafezinho de sal
- 1 colher de chá de açúcar

Desmanchar a farinha no molho de tomate, juntar o vinagre, o sal e o açúcar. Peneirar se for preciso, para não haver grumos. Levar ao fogo brando até engrossar na consistência de mingau mole. Colocar na molheira e por cima regar com 2 colheres de óleo utilizado ao fritar o peixe.

Pishkado Kon Guevo y Limón

RENDE 4 PORÇÕES

Também chamado de *Pishkado Kon Agristada*, este é um dos mais característicos modos de se cozinhar peixe à moda sepharade. Tido como uma das famosas especialidades de Salônica, foi porém adotado não só pelos judeus da Grécia como da Turquia e de países como a Holanda, para onde se dirigiram os desterrados da Inquisição.

- *1 kg de peixe em filés*
- *sal e pimenta*
- *2 colheres de sopa de azeite de oliva extravirgem*
- *suco de 1 limão*
- *3 colheres de sopa de salsa finamente picada*
- *2 ovos*

Colocar o peixe numa panela grande de forma que um filé não superponha outro. Colocar água o suficiente para cobrir o peixe. Acrescentar sal, pimenta, azeite e metade do suco de limão. Deixar ferver por apenas 5 a 10 minutos. Transferir cuidadosamente o peixe para o recipiente em que será servido, arrumando-o lado a lado, deixando o caldo na panela, que não deve ter menos de 1 xícara. À parte, bater os ovos com o resto do limão e aos poucos ir juntando aos ovos umas colheradas do caldo cozido. Por fim, pôr a mistura na panela e, sem deixar ferver, mexer sempre até começar a engrossar levemente, em fogo bem baixo. Acrescentar a salsa, derramar a mistura por cima do peixe e levar ao refrigerador, de preferência coberto com uma folha fina de plástico transparente.

Peixes 250 *Cozinha Judaica*

Pescado Ahilado Con Abramela

(PEIXE ASSADO COM MOLHO DE AMEIXAS)

4 A 6 PORÇÕES

Literalmente falando, o *Pescado Ahilado Con Abramela* quer dizer *Pescado Cozido com a Fruta de Abraão*, expressão que os judeus sepharadim, dentro de seu folclore, deram para a preparação desse peixe, pois havia uma crença de que Abraão se sentou embaixo de uma ameixeira após ser circuncidado, e por esta razão a ameixa, para alguns sepharadim, é chamada "fruta de Abraão". Alguns sepharadim costumam servir esse prato depois da cerimônia da circuncisão, quando, além dessa preparação, servem uma série de pratos especiais seguidos de doces deliciosos.

- *1,5 kg de filé de peixe*
- *1 colher de sopa de casca de limão ralado*
- *3/4 de xícara de suco de limão espremido*
- *2,5 kg de ameixas vermelhas e frescas*
- *1 colher de sopa de açúcar*
- *Água fria o suficiente para cozinhar as ameixas*
- *1 garrafa de vinho branco seco*
- *5 colheres de azeite de oliva ou manteiga sem sal*
- *sal e pimenta recém-moída*
- *2 colheres de salsa fresca bem picada*
- *2 colheres de cebolinha fresca bem picada*

Lavar e secar os filés de peixe e deixar no refrigerador, num recipiente, marinando com o suco e raspa de limão por cerca de 1 hora. Numa panela, colocar as ameixas, a água e o açúcar e deixar ferver até que as frutas comecem a se desmanchar. Passar as ameixas pela peneira, descartar as peles e misturar o purê de ameixas com vinho branco, azeite ou manteiga, sal e pimenta. Deixar ferver a mistura em fogo muito baixo até que se transforme num molho. Acrescentar a salsa e a cebolinha. Retirar o peixe do refrigerador, colocar num refratário cada filé ao lado do outro, derramar por cima o molho e cobrir com papel-alumínio. Deixar no forno por apenas 20 minutos e servir logo em seguida, embora, também, se possa servir frio. Nesse caso, é melhor utilizar o azeite em vez da manteiga.

Keffedes de Pescado

(TORTAS DE PEIXE)
4 A 6 PORÇÕES

Desde o tempo dos romanos este prato tornou-se uma tradição culinária dos judeu-greco-romanos que residiam na Grécia. Naquela época, era um prato muito comum que se servia como entrada nos jantares de sexta-feira, acompanhando-se com Agristada (ver pág. 247).

Os judeu-turcos fazem com a massa do peixe pequenas almôndegas e as cozinham em *Caldo Vegetal* (ver pág. 228) e também as acompanham com *Agristada*. Porém os judeu-turcos costumam substituir o orégano e o tomilho simplesmente por salsa e cebolinha.

- *750 g de bacalhau fresco*
- *2 cebolas finamente picadas*
- *1/4 de xícara de salsa fresca picada*
- *1 colher de chá de orégano*
- *1/2 colher de chá de tomilho seco*
- *2 fatias de pão molhadas em água e espremidas*
- *2 ovos batidos*
- *1/2 xícara de farinha de rosca*
- *sal e pimenta recém-moída*
- *óleo de girassol para fritar*
- *rodelas de limão para adornar*

Triturar o bacalhau para conseguir uma textura semelhante à carne para hambúrguer. Misturar todos os ingredientes, menos o óleo, e dar um formato de pequenas tortas redondas com cerca de 5 cm de diâmetro. Esquentar o óleo numa panela e dourar as tortinhas de ambos os lados, desengordurando com papel absorvente. Servir adornadas com rodelas de limão e o molho *Agristada* ao lado.

Keftedes de Pishkado

(BOLINHOS DE PEIXE)
RENDE 4 PORÇÕES

A versão do judeu-turco do *Keftedes de Pescado*, tradicional entre os gregos, sofre algumas modificações com esses bolinhos de peixe. No lugar do bacalhau utiliza-se filé de pescada ou pescadinha, de sabor mais suave. Em vez de servir com *Agristada* (ver pág. 247), é cozido com o molho de tomate.

- *1 kg de filé de pescadinha (cozida em água e sal)*
- *2 ovos*
- *pimenta recém-moída*
- *óleo para fritar*
- *2 colheres de sopa de purê de tomates*
- *caldo de 1 limão*
- *1 ovo para fritar*
- *1 xícara de chá de purê de batatas cozidas e amassadas*
- *salsa e cebolinha bem picada*
- *2 colheres de sobremesa de farinha de trigo*
- *farinha de trigo para passar os bolinhos*

Desfiar o peixe depois de cozido em água e sal. Acrescentar os ovos, a pimenta, as batatas, a salsa, a cebolinha e a farinha de trigo, formando em seguida bolas achatadas. Passar cada bola na farinha de trigo e depois no ovo batido. Fritar com o fogo baixo em bastante óleo, virando dos dois lados. Numa panela rasa, colocar os bolinhos, o purê de tomates diluído em 1 xícara de café de água e o limão. Levar ao fogo baixo para apurar o caldo e servir.

Peixes 254 *Cozinha Judaica*

Saluna

(PEIXE IRAQUIANO AGRIDOCE)
RENDE 4 PORÇÕES

Os judeu-iraquianos possuem uma inclinação por preparações agridoces. Embora esse prato seja bem adocicado, é surpreendentemente delicioso. Como variação pode se acrescentar 1 colher de chá de *curry* (ou caril), cominho e 1 pitada de açafrão-da-índia, que podem ser adicionados na calda de limão.

- *4 filés de bacalhau fresco (cerca de 1 kg)*
- *1 cebola grande fatiada*
- *1 pimenta verde do tipo pontuda (que se encontra nas casas indianas ou orientais)*
- *óleo vegetal*
- *2 tomates bem grandes sem pele cortados em metades e depois em fatias*
- *sal e pimenta recém-moída*
- *suco de 2 limões (cerca de 1/2 xícara)*
- *3 colheres de sopa de açúcar*
- *1 1/2 colher de sopa de massa de tomate*

Fritar a cebola fatiada em 2 colheres de sopa de óleo, junto com a pimenta verde, até a cebola ficar transparente, mexendo sempre. Acrescentar os tomates, o sal e a pimenta a gosto. À parte, fazer uma calda com o suco de limão, o açúcar e um pouquinho de sal e acrescentar a massa de tomate, mexendo bem. Numa outra frigideira, fritar o peixe em óleo quente até começar a dourar, porém sem estar ainda totalmente cozido, e transferir o que foi frito para a panela com a cebola frita e os tomates. Acrescentar a calda de limão e cozinhar em fogo baixo por 10 minutos.

Peixes 255 *Cozinha Judaica*

Pesce al Sugo di Carciofi

(PEIXE COM MOLHO DE ALCACHOFRAS)
RENDE 4 PORÇÕES

No repertório de comidas judaicas esse prato aparece nas mais diferentes versões. Na versão italiana a preparação é mais suavizada: a cebola é refogada no azeite de oliva e depois acrescentam-se as alcachofras fatiadas, os tomates picados e um pouco de salsa ou hortelã picadas. Em Marrocos, grande quantidade de alho é adicionada ao prato, com um tempero forte de páprica-doce, pimenta-de-caiena e coentro. Na versão greco-turca, as alcachofras são adocicadas com uma pitada de açúcar ao mesmo tempo que se junta suco de limão e açafrão. Segue a versão italiana.

- *4 filés de salmão de aproximadamente 200 g cada*
- *sal*
- *suco de 1 limão*
- *4 alcachofras bem grandes ou 8 médias*
- *8 colheres de sopa de azeite de oliva*
- *2 cebolas fatiadas*
- *1 xícara de tomate picado sem pele e sem sementes*
- *mais sal e pimenta recém-moída*
- *salsa ou hortelã finamente picada para enfeitar*

Salpicar sal em cada filé previamente lavado e enxugado e conservar no refrigerador até o momento de usar. Numa tigela grande com água em que se acrescentou gotas de suco de limão, remover as folhas de cada alcachofra até chegar ao coração da alcachofra. Retirar as partes escuras, os espinhos e por fim cortar cada coração em fatias de 6 mm de espessura, conservando-as em água com limão. Esquentar 3 colheres de sopa de azeite de oliva e colocar as alcachofras que estavam na água com limão, reservando um pouco dessa água. Refogar as alcachofras por cerca de 5 minutos até começarem a amaciar. Acrescentar um pouco da água de limão e deixar ferver até as alcachofras ficarem completamente cozidas. Retirar as alcachofras e reservá-las. Refogar numa panela a cebola com 3 colheres de sopa de azeite de oliva até as cebolas ficarem transparentes. Acrescentar o tomate e as alcachofras. Mexer bem, juntar sal e pimenta e retirar do fogo. Numa panela grande, acrescentar as 2 colheres de sopa restantes de azeite, juntar finalmente os filés de peixe reservados refogando cada filé de um lado e do outro. Cobrir com a mistura de alcachofra, tampar a panela e deixar cozinhar por 8 a 10 minutos. Na hora de servir, polvilhar a preparação com salsa ou hortelã.

Croquettes de Poisson

(CROQUETES DE PEIXE)
RENDE 4 A 6 PORÇÕES

No Egito, os judeus faziam do francês uma língua diária, e foi com nome francês que denominaram esses bolinhos de peixe, que também são feitos pelos judeus do norte da África. Trata-se de uma versão do que os judeu-italianos denominam de *Polpettine di Pesce*, pois a forma de preparar é quase a mesma.

- *500 g de peixe em filé moído*
- *4 colheres de sopa de pedaços pequenos de* Matzá *esmigalhados*
- *1 ovo*
- *1/2 colher de chá de sal ou a gosto*

- *pimenta-branca recém-moída*
- *3 colheres de sopa de salsa ou coentro finamente picados*
- *1 dente de alho amassado*
- *1 colher de chá de cominho (ou noz-moscada, na versão italiana)*
- *farinha de trigo para mergulhar os bolinhos*
- *azeite de oliva ou óleo vegetal para fritar*
- *1 limão cortado em gomos para acompanhar*

Misturar todos os ingredientes, menos a farinha, o óleo e o limão e enrolar porções para formar bolas do tamanho de uma noz. Mergulhar os bolinhos numa tigela contendo farinha de trigo e depois fritar os croquetes numa panela contendo bastante óleo ou azeite. Escorrer em papel absorvente e servir com pedaços de limão.

Fish Curry

RENDE 4 PORÇÕES

Os judeu-indianos, conforme os próprios indianos, adquiriram o hábito de comer pratos muito condimentados. Esta receita é bastante apreciada por judeus de Bombaim enriquecida com leite de coco. Os indianos gostam de acompanhar este prato com arroz *Basmati*, um tipo de arroz fino e longo, temperado com *Ghi* (um tipo de manteiga clarificada), sal e pimenta-do-reino.

- *750 g de filé de peixe de carne branca*
- *1 xícara de coco ralado desidratado (ou 1/2 coco fresco picado)*
- *1/2 xícara de leite de coco*
- *1 colher de chá de* curry *(caril)*
- *2 xícaras de coentro fresco picado*
- *1 ou 2 pimentas* chili *sem as sementes (a gosto)*
- *1 colher de chá de cominho*
- *6 a 7 dentes de alho amassados*
- *3 colheres de sopa de óleo vegetal ou, de preferência, óleo de gengibre*
- *1/2 colher de chá de açafrão-da-índia*
- *suco de 1 limão*
- *sal*

Colocar num processador o coco, o leite de coco, o coentro, a pimenta *chili*, o cominho, o *curry* e transformar numa pasta. À parte, fritar o alho sem escurecer no óleo. Adicionar à pasta obtida e o açafrão-da-índia e misturar bem. Juntar 2 xícaras de água, o suco de limão e sal. Acrescentar o peixe e deixar ferver apenas 10 minutos para cozinhá-lo.

Pasticcio di Baccalá e Spinaci à Fiorentina

(BACALHAU GRATINADO COM ESPINAFRE)

RENDE 4 PORÇÕES

Na Itália, quando os judeus preparam bacalhau em seu repertório de pratos do mar, esse é um dos preferidos.

- *450 g de filés de bacalhau (dessalgado)*
- *2 xícaras de leite*
- *3 a 4 colheres de sopa de manteiga sem sal*
- *3 colheres de sopa de farinha de trigo*
- *sal e pimenta recém-moída*
- *raspa de noz-moscada*
- *900 g de espinafre*
- *4 colheres de sopa de manteiga sem sal (extra)*
- *2/3 de xícara de pão dormido ralado*
- *4 colheres de sopa de queijo parmesão ou Gruyère ralados*

Fazer um creme com o leite, a manteiga, a farinha, o sal, a pimenta e a noz-moscada, mexendo com uma colher de pau em fogo lento para não empelotar e reservar. Colocar o bacalhau (que já deve ter estado de molho para extrair o excesso de sal) numa panela, acrescentar água e ferver em fogo lento por apenas 10 minutos para amaciar. Escorrer. Quando estiver frio, desmanchá-lo em pedaços, retirando as espinhas e transferir para uma tigela. À parte lavar o espinafre e separar as folhas, levando-as a uma leve fervura abafada com 1 xícara de água, gotas de azeite de oliva e sal. Esperar esfriar e picar em tiras e reservar. Refogar o espinafre na manteiga (extra) e misturar com o bacalhau. Arrumar num prato fundo refratário a mistura de espinafre com bacalhau, o pão bem espalhado, o molho reservado e por cima o queijo ralado. Levar ao forno por cerca de 25 minutos para dourar a 190° e servir quente.

Aves

No tempo dos etruscos as galinhas eram criadas em grande número, primeiro pelos ovos, pois havia uma preferência distinta por outras carnes. Os nobres afirmavam que em suas panelas cabia até um bezerro e comentavam que nas panelas da plebe não cabia mais do que uma galinha ou um guisado. Os tempos mudaram, e houve outra época em que as aves domésticas passaram a constar dos melhores cardápios, tornando-se sua carne mais cara que outras. Hoje, porém, a galinha não representa um artigo de luxo, e não possui mais a representação que chegou a ter quando os judeus reservavam sua preparação para o *Shabat* e outros feriados judaicos, sendo também eleita para casamentos. Os judeus do *Shtetl*, seguindo os preceitos da religião, sempre levavam suas aves para serem mortas por um *shochet*, conforme os mandamentos do *Kashrut*, e no folclore judaico existem inúmeras histórias que relatam como os rabinos costumavam interferir na matança julgando se a ave estava realmente em condições de ser comida, ou se apresentava alguma anomalia.

Na Idade Média, pela dificuldade que os judeus tinham em conseguir um *shochet* para a matança das aves, eles mesmos as abatiam, procurando seguir as normas do judaísmo, além de só fazerem uso de aves domésticas, como pombos, patos, gansos e perus. Para os sepharadim, a galinha participa de vários rituais, como o de comê-la na inauguração de um novo lar, e sobretudo no ritual do *Kaparot* (em hebraico, expiação), costume que data de tempos medievais, de se matar um galo ou uma galinha antes do *Iom Kippur*, representando uma espécie de reconciliação do homem com Deus, e dando sua carne aos pobres. Os cabalistas acreditam que Deus usava as aves para revelar o que tencionava fazer do mundo. Das aves, a pomba tem um significado especial. Para os judeus simboliza o povo de Israel, pois é a mais perseguida das aves, como Israel é perseguido pelas nações do mundo. E é notória sua fidelidade a seu companheiro, assim como Israel mantém sua fidelidade a Deus.

- *Poyo Estofado con Tomate y Miel*
- Frango com Mel e Laranja
- *Poyo com P'Kaila y Azafrán*
- Ganso ou Pato Recheado com Batata
- *Helzel*
- *Keftes de Pechuga*
- *Poyo Assado*
- *Poyo de Bodas*
- *Pollo Arrosto all'Arancia, Limoni e Zenzera*
- *Poulet Aux Dattes*
- Pombos Recheados
- *Minima*
- *Pollo com Peperoni*
- *Doro Wat*

Poyo Estofado com Tomate y Miel

(FRANGO GUISADO COM TOMATE E MEL)

RENDE 6 A 8 PORÇÕES

Os judeu-marroquinos usam e abusam de alguns temperos como a canela, que usam largamente em seus pratos salgados. Neste prato, o sabor da canela e a doçura do mel potencializam o sabor do açafrão, tornando-se um prato ricamente condimentado. Tradicionalmente, para prepará-lo, a escolha recai em frango cortado em pedaços; porém nessa receita, de preferência por sua praticidade, utiliza-se somente o peito de frango desossado e sem pele.

- *4 peitos de frango desossados e sem pele cortados em metades*
- *4 colheres de sopa de azeite de oliva*
- *1 cebola grande picada fina*
- *1/2 xícara de caldo de galinha*
- *10 tomates sem pele e sem sementes ou 500 g de molho de tomate em lata*
- *1/4 de colher de chá de açafrão diluído em 1/4 de xícara de caldo de galinha*
- *1/3 de xícara de mel*
- *2 paus de canela*
- *gengibre fresco descascado*
- *1/2 xícara de amêndoas tostadas e picadas*

Numa panela funda com tampa refogar os peitos com o azeite, dourando-os. Reservar os frangos. No mesmo azeite fritar as cebolas por 5 a 7 minutos, deglaçar com o caldo de galinha e misturar tudo. Acrescentar os tomates picados, o açafrão e o mel. Misturar bem e depois acrescentar a canela e o gengibre. Voltar com os pedaços de frango ao molho

Aves 265 *Cozinha Judaica*

da panela, deixando-os cobertos com o molho. Deixar ferver em fogo baixo por 50 minutos, até o molho tornar-se amarelado. Enquanto o frango cozinha, torrar as amêndoas no forno a 180°. Antes de servir, retirar a canela e o gengibre, cobrindo o prato com as amêndoas torradas. Acompanhar este prato com *Couscous* (ver págs. 340 e 341) ou *Pilaf de açafrão* (pág. 333).

Frango com Mel e Laranja

RENDE 6 A 8 PORÇÕES

Uma feliz combinação de mel, laranja e gengibre fresco transforma essa receita numa das favoritas para ser servida por ocasião do Ano-Novo judaico ou *Rosh Hashaná*.

- *Para 2 frangos ou partes de frango (cerca de 2,4 kg)*
- *4 ovos*
- *4 colheres de chá de água*
- *2 xícaras de pão torrado moído ou farinha de Matzá*
- *2 colheres de chá de sal*
- *pimenta a gosto*
- *2 xícaras de óleo vegetal*
- *2 xícaras de água quente*
- *1/4 de xícara de mel*
- *2 xícaras de caldo de laranja*
- *4 colheres de sopa de gengibre fresco ralado*

Bater os ovos com as 4 colheres de chá de água. Numa outra tigela misturar a farinha de pão torrado ou a farinha de *Matzá* com o sal e a pimenta. Mergulhar os pedaços de galinha na mistura de ovos e depois passar generosamente na mistura de farinha. Esquentar o óleo e fritar a galinha totalmente. Esquentar o forno, misturar a água quente com o mel e o suco de laranja, colocar a galinha numa assadeira e cobrir com a mistura de mel, acrescentando o gengibre. Levar ao forno cerca de 50 minutos.

Poyo com P'kaila y Azafrán

(FRANGO COM P'KAILA E AÇAFRÃO)
RENDE 6 A 8 PORÇÕES

A *P'kaila* é um condimento feito de vegetais que existe no norte da África e que possui aroma e sabor penetrantes. Serve para acompanhar carnes e pescados cozidos, assim como é delicioso com pão. O frango com *P'kaila* é uma especialidade típica dos judeus da Tunísia, e é preparado em panela de barro. Costuma-se acompanhar o prato com *Couscous* (ver pág. 340).

PARA A P'KAILA

- *2 kg de espinafre*
- *2 colheres de sopa de azeite de oliva e mais 1/2 xícara*
- *1 cebola grande picada fina*
- *5 dentes de alho amassados*
- *1/4 de xícara de folhas de aipo picadas*
- *1/3 de xícara de salsa picada*
- *1/3 de xícara de cebolinha picada*

- *1/4 de xícara de folha de hortelã picada*
- *4 echalottes* picadas finas*
- *1 1/4 de colher de chá de sal*

Lavar o espinafre e ferver com pouca água. Escorrer e, depois de frio, cortá-lo bem fino. Em uma panela colocar 2 colheres de sopa de azeite e fritar a cebola até ficar transparente (5 a 7 minutos). Reduzir o fogo e juntar o alho. Adicionar os outros ingredientes, exceto o sal e o restante do azeite. Deixar cozinhar em fogo lento, mexendo sempre. Quando tiver se transformado num purê, temperar com sal e acrescentar o restante do azeite. Deve ficar com a consistência semelhante à do *pesto* italiano.

O FRANGO PROPRIAMENTE DITO

- *3 colheres de sopa de azeite de oliva*
- *1 cebola grande picada fina*
- *1/2 colher de chá de pimenta picante vermelha*
- *3/4 de xícara de caldo de galinha*
- *1/4 de colher de chá de açafrão (ou a gosto)*
- *1 xícara de* P'kaila
- *2 colheres de sopa de suco de limão*
- *1 kg de peito de frango sem pele*

*Echalotte: termo francês também denominado *Echalota* ou *Chalota*, planta hortense semelhante a uma cebola pequena, formada por dentes que lembram o alho. Trata-se de tempero comum na culinária francesa empregada como condimento. Desempenha um papel mais nobre em certas preparações do que a cebola.

Fritar a cebola no azeite até ficar transparente (5 a 7 minutos). Acrescentar a pimenta picada, a cebola e mexer sem parar por mais 5 minutos. Acrescentar 1/3 do caldo de galinha e mexer para deglaçar o que está no fundo da panela. Acrescentar o açafrão, a *P'kaila* e o suco de limão. Cobrir os pedaços de galinha com essa mistura, colocando tudo numa panela de barro com tampa. Levar ao forno a 230°, abaixando depois para 180°. Deve assar por cerca de 1 hora. Servir bem quente.

Ganso ou Pato Recheado com Batata

RENDE 6 PORÇÕES

Fora do Leste Europeu, o ganso não é uma carne fácil de ser encontrada, nem é comum ver-se por aí nas mesas de refeição. No *Shtetl*, reproduzia-se a ave facilmente, e todo judeu a tinha nos fundos de seu pequeno quintal, tornando-se uma das especialidades que faziam parte da dieta judaica.

- *1 ganso com cerca de 3,6 kg lavado e previamente temperado com sal, pimenta e 1 cebola ralada (reservar fígado e moela)*
- *1 xícara de cebola picada*
- *2 a 3 batatas descascadas e raladas (cerca de 600 g)*
- *1 ovo levemente batido*
- *1 colher de sopa de farinha de* Matzá
- *sal*
- *pimenta-preta recém-moída*

Retire do ganso o máximo de sua gordura e transforme-a em *Schmaltz* (ver pág. 77). Com 1/4 de xícara dessa gordura derretida adicionar a cebola e refogar por 10 minutos. Enquanto isso, moer o fígado e a moela e acrescentar o resultado à cebola frita, que não deve estar escura. Acrescentar as batatas e cozinhar por 4 a 5 minutos, mexendo sem parar. Deixar esfriar, acrescentar o ovo, a farinha de *Matzá*, o sal e a pimenta. Com essa mistura rechear o ganso, costurar as extremidades e colocá-lo para assar por 2 horas regando com o suco da carne que for se formando. Virar o ganso do outro lado para corar por igual. Se necessário, pingue água no recipiente para formar caldo. Servir cortado em pedaços, colocando o recheio num prato fundo separado.

Helzel

(PESCOÇO DE GANSO RECHEADO)

O único problema com esse prato é conseguir uma pele de pescoço de galinha ou ganso que esteja intacta. Talvez no açougue *Kasher* mais próximo o açougueiro queira se encarregar de consegui-lo. A busca requer certo trabalho, porém o resultado é compensador. Trata-se de uma das especialidades judaicas que agradam mais. Na falta de ganso, a galinha resolve em parte, embora por ser mais longo o pescoço de ganso renda mais.

- *pele de 1 pescoço de ganso*
- *2 colheres de sopa de cebola picada frita na banha de ganso*
- *1/2 xícara de banha de ganso ou galinha (ver* Schmaltz, *pág. 77)*
- *1 1/2 xícara de farinha de trigo*
- *sal*
- *pimenta-preta recém-moída*
- *páprica (opcional)*

Costurar a extremidade do pescoço de ganso. Misturar todos os ingredientes. Rechear o pescoço e costurar a outra extremidade. Cozinhar o pescoço dentro de um ensopadinho de carne, sopa ou caldo de galinha. Servir como acompanhamento de carnes ou aves, cortado em fatias. Também pode ser servido com o *Cholent*.

• Há quem faça uso de peles aproveitadas do peito da galinha, recheando-a e costurando-a. Nesse caso, pode-se obter um bom resultado em termos de paladar, porém terá uma forma diferente em sua aparência.

Em um restaurante judaico em Nova York, um cliente fez seu pedido ao garçom:

– Quero um pato assado.

– Sinto muito, mas hoje não temos pato. Só ganso assado.

Insistente, o cliente exigiu:

– Ganso não quero. Fale com o patrão. Quero pato assado.

Sem saber como atender ao cliente, o garçom foi até o patrão.

– O sr. Hershel da mesa nº 2 exige pato assado.

– Diga a ele que não temos hoje, só ganso.

– Foi o que eu disse, mas ele é insistente.

O patrão, cujo cliente conhecia já fazia um bom tempo, suspirou e resolveu:

– Pois bem, peça ao cozinheiro para cortar do ganso assado uma porção de pato assado.

Keftes de Pechuga

(BOLINHOS DE PEITO DE FRANGO)
RENDE 4 A 6 PORÇÕES

Os sepharadim adotam algumas receitas simples como a que se segue, sem nenhum mistério. Trata-se apenas de uma forma de variação que os judeus da Turquia usam no seu dia a dia.

- *2 peitos de frango*
- *2 coxas e contracoxas fervidas*
- *1 pão de 50 g molhado e espremido*
- *1 ovo*
- *1 copo de água*
- *sal e pimenta recém-moída*

Tirar a pele e os ossos do frango cru e do fervido e moer. Colocar num recipiente a carne moída, o pão, o ovo, o sal e a pimenta. Com as mãos molhadas, formar bolinhos e fritá-los em óleo quente o suficiente para dourar. Estando fritos, passar para outra panela, derramar por cima 1 copo d'água com um pouco de óleo da fritura e deixar cozinhar em fogo baixo por 1/2 hora.

Poyo Assado

4 A 6 PORÇÕES

A melhor forma de se assar um frango seguindo o estilo sepharade é fazê-lo num recipiente de barro com tampa. Sendo o barro um material frágil, costuma-se colocar o recipiente com o forno ainda frio. A receita que se segue não tem mistérios, porém possui o sabor delicado do tomilho fresco. O assado em panela de barro conserva o calor, embora não fique tão dourado como o que é feito em outros recipientes.

- *1 frango ou galinha (cerca de 2 kg)*
- *sal e pimenta recém-moída*
- *1 limão médio inteiro*
- *6 ramos de tomilho fresco*
- *6 dentes de alho sem pele e inteiros*
- *3 colheres de sopa de azeite de oliva*
- *2/3 de xícara de suco de limão recém-espremido*
- *tomilho fresco para enfeitar*

Lavar e secar a ave. Besuntar por toda a ave sal e pimenta para a mistura dos temperos penetrar bem. Prender com um palito um limão dentro do frango, isso ajudará a manter os sucos durante a cocção. Em seguida, colocar dentro da cavidade do frango os ramos de tomilho e fechá-lo por fora, costurando ou prendendo com as pernas do frango. Colocar o tomilho em cima do frango com o alho picado e regar com o azeite de oliva e o suco de limão. Colocar o recipiente no forno a 230° e deixar que o frango seja assado sem tampa, por 20 minutos. Depois tampar e abaixar a temperatura para 180°, assando por mais 65 minutos.

Poyo de Bodas

RENDE 4 A 6 PORÇÕES

Existe um ditado sepharade que adverte: *Antes ke te kases, mira lo ke azes.* (Antes que te cases, veja bem o que fazes). Independente, porém, de ditados, esse prato tornou-se tradicional por se reservar para bodas e comemorações.

- *1 frango de 0,5 kg*
- *2 1/2 xícaras de arroz cru lavado e escorrido*
- *sal e pimenta recém-moída*
- *2 cebolas raladas*
- *2 dentes de alho amassados*
- *5 colheres de sopa de óleo vegetal*
- *1 xícara de amêndoas torradas sem pele*
- *1 xícara de* Pignoli
- *3 a 4 xícaras de água quente*

Limpar o frango e cortar em pedaços. Temperar com sal e pimenta e refogar a cebola e o alho até ficarem transparentes. Juntar os pedaços de frango e deixar cozinhar com a panela tampada para suar. Se preciso, juntar aos poucos algumas gotas de água. Estando cozido, retirar o frango e desossar descartando as peles. Voltar com o frango desossado para a panela, acrescentar o arroz, a água quente, o sal e os *Pignoli*. Deixar cozinhar o arroz. Depois de pronto, colocar tudo numa forma refratária, enfeitar com amêndoas torradas e levar ao forno para aquecer.

Aves *Cozinha Judaica*

Pollo Arrosto All'Arancia, Limone e Zenzera

(FRANGO ASSADO COM LARANJA, LIMÃO E GENGIBRE)

RENDE 4 PORÇÕES

Os judeu-italianos, inspirados em preparações de alguns pratos de Livorno e da Sicília, preparam o frango usando o gengibre, que chegou à Itália com os mercadores árabes, além da influência que receberam dos imigrantes do norte da África.

- *1 frango (cerca de 2 kg)*
- *casca ralada de 1 limão*
- *casca ralada de 1 laranja*
- *1 limão cortado em 4 pedaços*
- *3 colheres de sopa de gengibre fresco ralado*
- *sal e pimenta recém-moída*
- *5 colheres de sopa de azeite de oliva*
- *1/2 xícara de suco de laranja*
- *3 colheres de sopa de mel*
- *1 cebola ralada*

Limpar o frango e esfregar uma das quatro partes do limão, descartando-a. Numa pequena tigela misturar o suco de laranja, casca ralada de limão e de laranja, o gengibre ralado, a cebola, o sal e a pimenta. Besuntar todo o frango com essa mistura e levar ao forno para assar, cobrindo com azeite de oliva misturado com o restante do limão que sobrou espremido e o mel. Regar o frango com o suco que for se formando acrescentando algumas gotas de água para aumentar o molho, se necessário.

Aves *275* Cozinha Judaica

Poulet Aux Dattes

(FRANGO COM TÂMARAS)
RENDE 6 PORÇÕES

A influência de termos franceses inspira o nome dessa preparação, que, segundo consta, é bem antiga no Marrocos, e como todo prato marroquino, é bem condimentado.

- *6 pedaços nobres de frango (peito ou coxa)*
- *4 colheres de sopa de óleo de girassol ou amendoim*
- *2 cebolas grandes (cerca de 500 g) picadas*
- *2 colheres de chá de canela*
- *3/4 colheres de chá de* macis*
- *1/4 colher de chá de noz-moscada*
- *1 colher de sopa de mel*
- *sal e bastante pimenta-negra recém-moída*
- *250 g de tâmaras sem caroços*
- *suco de 1 limão*
- *1 pitada de açafrão*
- *100 g de amêndoas sem casca tostadas ou fritas*

Numa panela larga, refogar os pedaços de frango no óleo até corarem, virando-os para ficarem por igual. Reservá-los, e nessa mesma panela refogar as cebolas, cozinhá-las em fogo baixo até ficarem macias e misturar a canela, a noz-moscada, o *macis* e o mel, acrescentando 1 3/4 de xícara de água. Mexer bem e voltar com os pedaços de frango, deixando ferver.

Macis: tempero também conhecido como *mace* que se obtém da casca da noz-moscada de coloração alaranjada. Quando moído, torna-se uma especiaria de sabor forte.

Acrescentar o sal e a pimenta e fervê-los por 25 minutos com o fogo baixo. Acrescentar as tâmaras, o suco de limão e o açafrão e cozinhar por mais 10 minutos, até a galinha ficar macia. Servir salpicada com as amêndoas torradas.

Pombos Recheados

RENDE 4 A 6 PORÇÕES

Em Israel os pombos são muito apreciados. Essa forma de prepará-los é requintada e permite que cada comensal receba uma ave inteira.

- *6 pombos limpos com os fígados*
- *250 g de arroz lavado*
- *2 dentes de alho amassados para o arroz*
- *150 g de nozes ou pistaches picados e torrados*
- *4 colheres de salsa verde bem picada*
- *sal e pimenta recém-moída*
- *1 pitada de cardamomo*
- *noz-moscada a gosto ralada*
- *3 dentes de alho extras para a fritura*
- *1 litro de cerveja preta*

Ferver o arroz com sal durante 15 minutos até ficar macio. Escorrer e reservar. Cortar os fígados em pedaços, misturar com o arroz, as nozes ou pistaches, o alho amassado, a salsinha, o sal, a pimenta, o cardamomo e a noz-moscada. Colocar a mistura dentro dos pombos e costurar ou fechar com palitos. Fritar numa panela por alguns minutos os pombos para adquirirem uma tonalidade levemente dourada e acrescentar os alhos amassados e a cebola. Adicionar a cerveja preta e 1 cálice de conhaque, deixando que terminem o cozimento. Antes de servir, coar o molho e de preferência servir em pratos individuais os pombos, cercados com o molho.

Certa vez, um pobre chassid *(discípulo), desesperado de ver sua choupana abarrotada de gente, recorreu ao seu* tsadik *(termo hebraico equivalente a "o justo", um rabino chassídico que se atribui o poder de operar milagres).*

— Rebbe* — exclamou ele —, temos tantos filhos... guarde-os Deus do mau-olhado!... e tantos parentes vivem conosco, que eu e minha mulher já nem podemos andar dentro de casa.

— Tens também uma cabra? — perguntou o gitter yid.

— Como não? — respondeu o outro. — Que judeu não terá uma cabra?

— Então, aconselho-te a pôr o animal dentro de casa.

Estas palavras desiludiram o chassid, *que não se atreveu no entanto a discutir. No outro dia, depois de pôr em prática o alvitre, o infortunado voltou à presença do* tsadik.

— Tens alguns frangos? — indagou o rebbe.

— É claro! Como pode um judeu viver sem uns frangos no quintal?

— Então aconselho-te a meter os frangos também dentro de casa.

Mais uma vez, o chassid *não ousou argumentar, porém num dia penoso, com os frangos debaixo dos pés e em toda viga da cabana, o pobre homem, já meio transtornado, voltou a apelar para o* tsadik.

— Então aquilo vai mal, hein, meu filho? — disse-lhe o tsadik *calmamente.*

— É o fim do mundo! — declarou o chassid.

— Muito bem. Vai para casa, retira a cabra e os frangos e vem ver-me amanhã.

No dia seguinte, o chassid *apareceu. Estava radiante!*

— Rebbe! Abençoado sejais mil vezes! A minha choupana é agora um palácio!

Esta história deriva de várias fontes judaicas, sendo considerada um dos clássicos da Antologia hassídica *de Newman e Spitz.*

*Rebbe: termo iídiche, abreviação para a palavra rabino.

(PUDIM DE GALINHA COM MIOLOS)
RENDE 10 PORÇÕES

Na Tunísia a *Minima* entra na dieta judaica por volta do *Rosh Hashaná*. Esse famoso prato judaico tunisiano tanto pode ser feito com miolos de boi ou de carneiro.

- *1 miolo de boi ou 2 de carneiro*
- *2 colheres de sopa de vinagre*
- *500 g de filé de peito de frango ou galinha*
- *sal*
- *9 ovos levemente batidos*
- *pimenta recém-moída*
- *1/4 de colher de chá de noz-moscada ralada*
- *3 ovos cozidos cortados em pequenos pedaços*
- *3 limões cortados em gomos*

Mergulhar o miolo ou miolos em água com 1 colher de sopa de vinagre. Retirar as peles ou membranas e depois lavar bem em água fria. Ferver por 5 minutos em água com o que restou do vinagre, até que os miolos estejam firmes. Cortá-los depois de escorridos, em pedaços pequenos. À parte ferver os filés de frango em água e sal por 15 a 20 minutos e escorrer a água do cozimento para aproveitar em qualquer outra preparação. Desfiar o frango e misturá-lo com os miolos picados, os ovos, o sal, a pimenta, a noz-moscada e pedaços de ovos cozidos. Untar com óleo uma forma de alumínio baixa e colocá-la na boca do fogo para o óleo esquentar. Com o óleo ainda quente, derramar a mistura e levar para assar a 180° por 45 a 60 minutos. Para servir, esquentar levemente a preparação, que pode ser feita com antecedência, e depois cortar fatias retirando-as cuidadosamente com a ajuda de uma espátula. Arrumá-las num prato e servir.

Pollo com Peperoni

(GALINHA COM PIMENTÕES)
RENDE 4 PORÇÕES

Na cozinha judaico-italiana o *Pollo com Peperoni* é considerado um prato simples, e que se costuma acompanhar com polenta.

- *4 pimentões grandes amarelos em pedaços grandes*
- *800 g de peito com osso cortado em pedaços sem peles*
- *sal e pimenta recém-moída*
- *1/3 de xícara de azeite de oliva*
- *2 colheres de sopa de alho batido*
- *1 cebola picada bem fina*
- *2 tomates grandes sem peles e sementes picados*
- *100 g de azeitonas pretas sem caroços (opcionais)*

Temperar a galinha lavada com sal e pimenta. Esquentar o azeite e refogar a galinha até começar a ficar dourada. Diminuir o fogo, acrescentar a cebola e o alho e refogar mais. Acrescentar os pimentões em pedaços e os tomates. Misturar, abaixar o fogo, tampar a panela e deixar cozinhar. Se for preciso, colocar pouca água, só para soltar vapor. Deve cozinhar somente o tempo necessário para a galinha amaciar. Acompanhar com polenta (ver Polenta, pág. 347). Podem-se acrescentar as azeitonas ao frango, pouco antes de finalizar seu cozimento. A receita permite também que se usem 2 pimentões amarelos e 2 vermelhos.

Aves 280 *Cozinha Judaica*

Doro Wat

RENDE 6 A 8 PORÇÕES

Prato representativo da cozinha judaico-etíope. Rico em condimentos, costuma ser preparado para o jantar da véspera do *Shabat*. O *Doro Wat* é servido com arroz e acompanhado com *Dabo*, o pão etíope do *Shabat* (ver pág. 85)

- *2 kg de frango cortados em 12 pedaços*
- *1 limão fatiado*
- *1 colher de sopa de sal (ou a gosto)*
- *3 cebolas grandes finamente picadas*
- *3 colheres de sopa de óleo vegetal*
- *1 cabeça de alho (sem casca com os alhos amassados)*
- *1 pimenta seca vermelha (com as sementes)*
- *1 colher de chá de cominho moído*
- *1 colher de chá de pimenta-preta recém-moída*
- *1 colher de sopa de gengibre fresco moído*
- *1 colher de chá de noz-moscada ralada*
- *1 colher de sopa de coentro picado*
- *1 xícara de água*
- *1 colher de chá de canela*
- *1 colher de chá de açafrão-da-índia*
- *1 colher de sopa de caldo de galinha em pó*
- *1 tomate picado*

Lavar o frango em água e deixar de molho com a água, o sal e o limão, por 1 hora. Numa panela os etíopes fervem água com sal e mergulham os pedaços de frango por 3 minutos para eliminar o sangue, uma forma etíope de kasherizar a ave. Proceder assim e reservar o frango. Numa caçarola colocar o óleo, as cebolas, o sal e refogar até a cebola ficar macia. Acrescentar o alho, continuar a refogar, juntar todos os temperos e 1/2 xícara de água. Mexer e cozinhar por 3 a 5 minutos. Escorrer o frango e colocá-lo com os temperos, o restante da água e deixar cozinhar com a panela destampada até o frango tornar-se macio.

Carnes

Mais do que a quantidade de carne que se consome, a qualidade e a procedência desse alimento tornaram-se uma constante preocupação, depois que surgiu a doença da vaca louca. Entretanto, tomadas as devidas precauções, a carne é sem dúvida nenhuma um dos alimentos mais apreciados.

Para os judeus a preocupação com a qualidade dos alimentos, com uma ênfase muito maior ainda em relação à carne, não é uma novidade. À frente de seu tempo, quando a maioria dos povos sequer cogitava acerca desse aspecto, os judeus com seus preceitos religiosos já mantinham rígidos hábitos de observância com o estado que a carne se apresentava, examinando-a minuciosamente além de arrumar meios de higienizá-la. No capítulo "Guia para observância do *Kashrut* – as leis dietéticas da religião judaica", o assunto é detalhadamente abordado.

Apesar de a carne possuir grande poder nutritivo, comprovadamente rica em proteínas e aminoácidos essenciais, seu consumo depende de vários aspectos. Hábitos religiosos e alimentares, facilidade na obtenção do alimento, preferências e poder aquisitivo são fatores determinantes. Algumas comunidades sepharadim de localidades mais pobres só podem comer carne em celebrações especiais, e isso provavelmente diz respeito também aos inúmeros judeus do mundo menos afortunados, reservando o uso da carne para o *Shabat* e talvez certas festividades da religião, especialmente *Rosh Hashaná*. Na Europa, onde a carne de boi sempre foi um artigo caro, supõe-se também que o judeu do *Shtetl*, também devido a suas condições, era privado de comê-la.

Embora a carne de boi ainda seja uma das mais preferidas, o carneiro e o cabrito são tradicionalmente as carnes mais habituais na mesa do sepharade do Oriente. Quando este pensa em carne, a primeira coisa que vem à mente é o cordeiro assado. Os ashke-nazim, por sua vez, lembrando que o cordeiro era utilizado para sacrifícios no Templo, abstinham-se de comê-lo até bem pouco tempo atrás, e nesse particular os mais or-todoxos evitam incluí-lo em sua dieta. É fácil entender também que, além do aspecto religioso, nos países mediterrâneos, as ovelhas são muito abundantes, o que não ocorria no Centro e Leste Europeus, um aspecto resultante do panorama agrícola dessa região, e nesse sentido o assado de cordeiro, uma das mais apreciadas iguarias na opinião de judeus sepharadim, tornou-se impraticável para os judeus da Europa.

- *Pachá de Kodrero*

- *Kebabs de Ternera de Kodrero Adobado*

- *Adobo Griego para Ternera*

- *Kebabs de Kodrero* Moído

- *Kebab de Karne*

- *Keftes de Prasa*

- *Keftes de Espinaka*

- *Klops*

- *Meoyo Frito Kon Agristada*

- *Kotleti*

- *Moussaka*

- *Yaprakes*

- *Prakkes* ou *Holishkes*

- *Alburnia*

- Peito de Vitela Recheado

- Peito de Vitela Recheado com Batata

- Língua *Guepeklte*

- Língua Agridoce

- *Mina* de Carne

- *Yarkoie* ou *Rossale*

HISTORINHA EM UM AÇOUGUE KASHER

Uma mulher foi ao açougue Kasher *e dirigindo-se ao açougueiro falou: "Quero que você me corte exatamente novecentos gramas dessa carne." E apontou para a que desejava. O açougueiro cortou-a e ao pesá-la apresentou ter cinquenta gramas a mais. Ela replicou: "Retire um pouco. Quero exatamente novecentos gramas." Ele retirou um pouco, e ainda assim não estava exato. Insistente, ela pediu que ele cortasse um pouquinho mais. Então ele cortou mais do que imaginava, e o peso apresentou-se com menos quantidade do que os novecentos gramas desejados. Então, ela pediu para que ele adicionasse um pouquinho da carne. Quando finalmente o homem acertou, a mulher disse: "Quero saber o que são novecentos gramas, porque me falaram na outra loja que eu só precisaria perder novecentos gramas para caber no vestido que está na vitrine."*

Pachá de Kodrero

(PERNIL DE CORDEIRO ASSADO)

São inúmeras as partes de um cordeiro utilizadas em deliciosos pratos, porém, sem dúvida, é da perna que se preparam as formas mais tradicionais que costuma ser excelente para assar na grelha, na chapa ou na brasa. Fácil de cortar e de assar, destaca-se também a perna de cordeiro desossada, assim como a perna de cordeiro recortada, deixando-se parte de seu osso interno descoberto para efeito de apresentação, o que também se presta não só para assar como para ensopar. Os judeu-marroquinos, influenciados por hábitos franceses, também se utilizam da chuleta de cordeiro, que os franceses denominam de *Gigot d'Agneau*, um corte da parte mais macia da perna de cordeiro.

- *3,5 kg de pernil de cordeiro*
- *8 a 10 dentes de alho*
- *1 colher de sopa rasa de sal*
- *pimenta recém-moída*
- *1 xícara de vinho tinto seco, misturado com 1 xícara de água fria e mais 3/4 de xícara de vinho tinto seco para deglaçar*
- *hortelã picada fina*
- *1 cebola ralada*
- *cominho a gosto*
- *suco de 4 limões*

De véspera, lavar bem o pernil, furá-lo com um garfo e colocá-lo num recipiente temperado com sal, cebola ralada, alho amassado, pimenta, cominho, hortelã e suco de limão. No dia seguinte, untar uma assadeira com óleo e levar o pernil para assar, regando-o com a mistura de vinho e água. Regá-lo frequentemente até adquirir uma tonalidade dourado-escura. No final, estando pronto, utilizar o vinho reservado e com uma colher de pau fazer a deglaçagem com o que ficou grudado no fundo da assadeira, transformando em mais molho. Este prato pode ser acompanhado com qualquer verdura.

Kebabs de Ternera de Kodrero Adobado

(KEBABS DE VITELA DE CORDEIRO TEMPERADO)
RENDE 6 A 8 PORÇÕES

Kebabs, *Kabab* ou *Shashlik* são termos usados para carne grelhada em cubos, e para esse prato os judeus da Turquia e dos Bálcãs geralmente usam o cordeiro. O tamanho dos cubos pode variar, e nesse caso os norte-africanos preferem-no em pequenos quadrados. Embora grande parte costume simplesmente grelhar temperando apenas com sal e pimenta, outra parcela utiliza-se de marinados mais complexos, como por exemplo o *Kebabs* feito na Tunísia, que faz uso da *Harissa*, um molho muito condimentado feito com pimenta-vermelha, popular na África do Norte, embora já esteja sendo servido em alguns restaurantes provençais franceses. Os *Kebabs* grelhados são tão populares entre os judeus mediterrâneos como entre outras comunidades étnicas da região. Os temperos, a que os sepharadim denominam de *Adobos*, variam segundo a área, porém o método de preparar o *Kebabs* é sempre o mesmo. Curiosamente, os cozinheiros turcos costumam temperar a carne com iogurte, pois em sua opinião ela se torna mais macia. Os sepharadim, ao preparar o *Kebabs*, não costumam misturar a carne com verduras, como por exemplo, o tomate e a cebola, conforme é feito por algumas comunidades, pois o tempo de preparação da carne difere das verduras. Nessa

receita o tempero para a carne inspirou-se numa preparação grega, ou *Adobo Griego para Ternera*, cuja receita é dada no final. O *Adobo* varia de uma região para outra. No caso do *Adobo* marroquino, este é preparado com uma ênfase em temperos como o gengibre, a canela, o cravo moído, o pimentão picante e a salsa verde.

- *1,5 kg de costas de cordeiro ou espalda*
- *12 a 16 pedaços de cebola (optativos)*
- *2 xícaras de* adobo griego

Temperar os pedaços de carne e conservá-los no refrigerador por pelo menos 2 horas e no máximo 24 horas. Na hora de grelhar, colocar pedaços de cebola em cada ponta do espeto. Cada espeto deve grelhar no máximo 8 a 10 minutos de cada lado.

Adobo Griego para Ternera

(TEMPERO GREGO PARA VITELA)

- *1/4 de xícara de azeite de oliva*
- *1/2 xícara de suco de limão*
- *1 cebola pequena cortada em pedaços*
- *2 colheres de chá de orégano seco*
- *1/2 xícara de molho de tomate natural*
- *1/4 de xícara de cebolinha picada*
- *2 dentes de alho batidos*
- *sal e pimenta recém-moída*
- *2 folhas de louro*

Colocar todos os temperos no processador, à exceção do louro, até formar um purê suave. Cobrir a carne acrescentando o louro.

Kebabs de Kodrero Moido

(KEBABS DE CORDEIRO MOÍDO)

6 A 8 PORÇÕES

Outra especialidade de *Kebabs* se faz com a carne de cordeiro moída. Apreciado em todos os países árabes e em Israel, costuma em geral ser servido acompanhado de *Arroz Pilaf* (ver pág. 333), o acompanhamento mais tradicional. Em Israel, porém, costuma ser vendido nas ruas e servido enrolado num grande pedaço de *pita*, acompanhado de *Hummus* (ver pág. 395) e algum tempero picante, como por exemplo, o *Zhough*, um molho de pimenta-malagueta e coentro, que se transforma numa pasta (ver pág. 393).

- *1,25 kg de carne magra de cordeiro moída*
- *1 1/2 xícara de mistura de ervas conforme receita a seguir*
- *1/4 de xícara de azeite de oliva ou óleo de girassol*
- *rodelas de limão para acompanhar*

Numa vasilha, misturar com as mãos a carne, as ervas e o azeite de oliva ou óleo de girassol. Conservar a mistura na geladeira por pelo menos 30 minutos, um aspecto importante para que a carne não venha a se desprender do espeto. Dividir a carne em 6 a 8 porções e envolver cada espeto com porções da carne temperada, como se fosse uma salsicha com cerca de 15 a 20 cm de comprimento por 4 cm de espessura. Voltar com os espetos ao refrigerador por 1 hora. Após esse tempo, grelhar a carne por cerca de 12 minutos, a 2,5 cm da fonte de calor, tornando-se dourada por fora.

Carnes 290 *Cozinha Judaica*

MISTURA DE ERVAS

- *1 colher de sopa de pimentão doce*
- *1/4 de colher de chá de pimenta picante*
- *1 cebola média cortado em quatro*
- *2 dentes de alho*
- *3/4 xícara de cebolinha verde fresca*
- *1/4 de colher de chá de pimenta-da-jamaica moída*
- *sal e pimenta recém-moída*

Processar os ingredientes até formar um purê suave. Utilizar conforme a receita.

Kebab de Karne

(MÚSCULO À MODA SEPHARADE)
RENDE 6 A 8 PORÇÕES

O músculo é uma carne muito apreciada pelos judeus sepharadim para o preparo de assados. O objetivo na preparação é que, depois de pronto, fique macio, quase se partindo. Trata-se de uma preparação caseira, porém nutritiva e deliciosa.

- *2 kg de músculo cortado em rodelas grossas de aproximadamente 5 cm de espessura*
- *sal, vinagre e cebola para temperar a carne*
- *2 cebolas pequenas picadas ou grande*
- *3 dentes de alho partidos*
- *sal e pimenta recém-moída*
- *1 pimentão verde picado fino*
- *3 a 4 colheres de sopa de óleo vegetal*

De véspera, limpar a carne ao máximo, retirando o máximo possível de pelancas, e temperar bem com sal, vinagre e cebola ralada. Deixar na geladeira tampado por uma noite para pegar gosto. No dia seguinte, fritar a cebola picada no óleo até dourar e reservar. Numa outra panela dourar a carne no óleo, revirando-a. Misturar a carne com a cebola frita, acrescentar o alho batido, refogar mais um pouco e juntar o pimentão picado e o molho de tomate. Provar o sal e a pimenta e ir juntando água aos poucos, até o músculo ficar totalmente cozido, bem macio, e o pimentão desaparecer no cozimento. Quando preparado em panela de pressão, é preciso colocar mais água e abrir a panela para ver o ponto do cozimento da carne.

Keftes de Prasa

(ALMÔNDEGAS COM ALHO-PORRO)
RENDE 4 A 6 PORÇÕES

Assim como os *Keftes de Espinaka*, os que são feitos com alho-porro são também uma das preferências dos judeus sepharadim da Turquia.

- *0,5 kg de carne moída crua sem peles e gorduras*
- *sal e pimenta recém-moída*
- *farinha de trigo*
- *suco de 1 limão*
- *vinagre*
- *4 alhos-porros fervidos e bem picados*
- *3 ovos*
- *3 batatas*
- *1 xícara de molho de tomate*
- *óleo vegetal para fritar*

Cortar os alhos-porros em pedaços pequenos e deixá-los de molho em água e vinagre. Cozinhar as batatas, escorrer e amassá-las, reservando-as. Escorrer o alho-porro e cozinhar com pouca água. Juntar a batata, o alho-porro cozido, os ovos, a carne e misturar bem. Fazer bolinhos, levemente achatados, passá-los na farinha, no ovo batido e fritar no óleo, deixando-os corar. Numa caçarola rasa, colocar os bolinhos, suco de limão misturado com o molho de tomate e deixar cozinhar por cerca de 15 minutos em fogo brando, até o molho começar a secar. Como acompanhamento, fazer conforme a receita de *Keftes de Espinaka*, apresentada a seguir).

Keftes de Espinaka

(ALMÔNDEGAS COM ESPINAFRE)
RENDE 4 PORÇÕES

Um dos pratos mais apreciados pelos judeus da Turquia, é um dos preferidos para os jantares de sexta-feira à noite, véspera do *Shabat*.

- *250 g de carne moída crua sem peles e gorduras*
- *2 molhos de espinafre*
- *suco de 1 limão*
- *sal e pimenta recém-moída*
- *açúcar e óleo*
- *1 cebola picada fina*
- *2 ovos*
- *1 pãozinho molhado e espremido*

- *1 colher de sopa de massa de tomate diluída em 1 copo de água*
- *farinha de trigo e 3 ovos para fritar as almôndegas*
- *óleo vegetal para fritar*

Lavar o espinafre, dar uma fervura com pouca água, escorrer e espremer bem. Picar a folhagem cozida, batendo com a faca numa tábua, e juntá-la numa tigela com os ovos, pão, carne moída, pimenta e sal e a cebola. Com as mãos, formar bolinhos achatados e levemente ovalados, passando-os na farinha contida numa tigela à parte e no ovo batido em outro recipiente. Fritar as almôndegas até dourarem e reservá-las. Numa caçarola rasa, colocar os bolinhos fritos e por cima jogar a massa ele tomate já diluída, o suco ele limão e 1 pitada de açúcar. Cozinhar em fogo brando até o molho começar a secar. Servir quente, acompanhado de *Aroz Kon Tomat* (Arroz com Tomate, pág. 338) ou *Aroz Kon Fideos* (Arroz com Aletria, pág. 337).

Klops

(BOLO DE CARNE JUDAICO)

RENDE 4 A 6 PORÇÕES

Toda a família judaica ashkenaze tem sua receita de *Klops*. Porém a mistura de dois tipos de carne transforma esse prato numa especialidade menos comum.

- *450 g de carne de vitela moída*
- *450 g de carne de lombo de boi moída*
- *1 batata média sem casca ralada (cerca de 1/2 xícara)*
- *1 xícara de cebola picada bem fina*

- *2 ovos crus*
- *3 ovos cozidos*
- *4 dentes de alho amassados*
- *sal e pimenta recém-moída*

Pré-aquecer o forno a 140°. Misturar todos os ingredientes com as mãos, exceto os ovos cozidos. Num tabuleiro untado, colocar no formato de uma salsicha gorda metade da massa, e ir pressionando para formar depressões, a fim de poder colocar os ovos cozidos em cada parte. Cobrir os ovos com a outra metade da massa e levar ao forno para assar em temperatura média por 1 hora e 15 minutos aproximadamente. Pode ser servido quente ou frio. Ao ser fatiado, o ovo cozido aparece no centro das fatias.

Meoyo Frito Kon Agristada

(MIOLO FRITO COM AGRISTADA)

Miolo Frito com Agristada (molho de ovos e limão) é um dos pratos favoritos dos judeu-espanhóis. O mais importante no preparo é colocar o miolo na água com vinagre para soltar bem o sangue, depois disso retirar as membranas e em seguida fervê-los em água e sal, por 10 a 15 minutos, até que se tornem rígidos.

- *2 miolos limpos, cortados em fatias de 1 cm*
- *suco de 1/2 limão*
- *sal e pimenta-branca recém-moída*
- *2 ovos levemente batidos*
- *farinha de trigo*
- *óleo vegetal para fritura*

Temperar as fatias com limão, pimenta e mais sal (se necessário). Passar as fatias na farinha de trigo e nos ovos batidos e fritar em bastante óleo até corar. A agristada para acompanhar encontra-se no capítulo de peixes, pág. 233, na receita *Pishkado Kon Guevo y Limón*.

Kotleti

(BOLINHOS DE CARNE À MODA RUSSA)
RENDE 12 BOLINHOS

Denominados *Kotleti*, *Ktzifzot*, *Cadefin* ou *Hockfleish*, trata-se de bolinhos de carne feitos por judeus da Rússia. Depois de fritos são servidos acompanhados de uma fatia de limão ou molho de tomate.

- *450 g de carne de vitela (ou purê) moída*
- *2 fatias de pão branco molhado na água e espremido*
- *1 cebola média picada (cerca de 1/2 xícara)*
- *2 dentes de alho amassados*
- *1 ovo grande*
- *2 colheres de sopa de salsa verde picada*
- *2 colheres de sopa de endro ou aneto fresco picado*
- *sal e pimenta recém-moída*
- *3 colheres de sopa de quadrados de pão*
- *1/4 de xícara de óleo vegetal para fritar*

Misturar com as mãos a carne moída, o pão molhado, a cebola, o alho, o ovo, a salsa, o endro, o sal e pimenta a gosto. Amassar bem – a mistura não deve ficar muito espessa. Antes de formar os bolinhos, umedecer as mãos em água fria, pegar o equivalente a 2 colheres de sopa da mistura e moldá-lo no formato oval e depois enrolar o bolinho de carne nos quadrados de pão. Repetir a operação até a carne terminar. Fritar os bolinhos numa panela funda com bastante óleo para cobri-los até ficarem dourados. Desengordurá-los antes de servir.

Moussaka

RENDE 6 A 8 PORÇÕES

Na cozinha grega e em algumas cozinhas da Sicília e da Calábria, ex-colônias gregas, a *Moussaka* tornou-se um prato muito popular. Porém os judeus do Egito também se tornaram amantes dessa especialidade, cuja carne de cordeiro e a berinjela transformam a preparação em algo delicioso.

- *1 kg de berinjelas cortadas em fatias finas*
- *1 kg de carne de cordeiro moída (na falta do cordeiro, a carne de vaca pode ser usada)*
- *sal*
- *óleo para a fritura*
- *2 cebolas picadas*
- *4 dentes de alho amassados*
- *1 1/2 colher de chá de tempero completo*
- *pimenta recém-moída*
- *2 colheres de sopa de massa de tomate*
- *1/2 xícara de salsa picada bem fina*
- *750 g de tomates fatiados finos*
- *1 colher de chá de açúcar (opcional)*

Deixar as berinjelas temperadas com sal por 1 hora e depois enxaguar, enxugar e fritá-las em óleo bem quente muito rapidamente, virando-as para corarem por igual. Desengordurar as fatias em papel absorvente para tirar o excesso de óleo. À parte, fritar as cebolas com 2 colheres de sopa de óleo, até ficarem coradas, adicionar o alho e juntar a carne moída, a canela, o tempero completo, o sal e a pimenta. Amassar a carne com o garfo até perder a cor vermelha, adicionar a massa de tomate e cozinhar tudo por 10 minutos, adicionando no final a salsa picada. Separar um recipiente que possa ir ao forno e arrumar a preparação: uma camada de berinjela frita, fatias de tomate por cima (se quiser, polvilhar o tomate com açúcar), mais sal e pimenta, e por cima a carne moída de carneiro refogada. Cobrir com uma segunda camada igual à primeira e levar ao forno por 30 a 45 minutos a 180°. Algumas pessoas substituem a berinjela por abobrinha, embora a primeira seja mais apreciada.

Yaprakes

(VERDURAS RECHEADAS COM CARNE À MODA SEPHARADE)
8 A 10 PORÇÕES

POR QUE A MOÇA JUDIA TORNOU-SE MUÇULMANA (POEMA LADINO)

Judia?! Mas que judia!
Turca foi se apaixonar
Por uns negros *yaprakitos*
Que não os soube guisar!

Judia?! Mas que judia!
Se fez turca muçulmana
Por causa de uns *yaprakitos* queimados
Que não soube cozinhar!

As verduras recheadas com carne são consideradas um dos pratos mais apreciados. O termo *Yaprake* significa folha e só se aplica às folhas de parreira, couve, alface, embora na cozinha sepharade o termo termina se aplicando a todas as verduras recheadas. Em iídiche, para as coisas recheadas, usa-se a terminologia *Prakkes*, que os filólogos asseguram vir da palavra *Yaprakes*, possivelmente pela influência que houve entre mercadores judeus da Rússia e Turquia. Em geral, quando feitas no forno, podem ser requentadas, e são servidas quentes ou em temperatura ambiente, a não ser pelo *Yaprake de Aroz* (charutinhos de arroz que só devem ser servidos frios com aperitivo. Ver receita, pág. 373).

- *4 de cada uma das verduras seguintes: berinjelas pequenas, cebolas medianas, tomates medianos, abobrinhas pequenas*
- *8 pimentões verdes pequenos*
- *8 a 10 folhas de couve*
- *16 a 18 folhas de parreira (encontradas em lojas árabes)*
- *12 xícaras do recheio (ver na página seguinte)*
- *azeite de oliva*
- *4 xícaras de caldo vegetal (ver pág. 228)*
- *1/3 xícara de suco de limão*
- *molho de tomate (ver pág. 301)*

Cortar as berinjelas pela metade e retirar a polpa do centro, picando e reservando. Deixar pele suficiente para poder depois rechear. Fazer o mesmo com a abobrinha, retirando a polpa do centro. Picar a polpa e reservar. Cortar as cebolas pela metade, de maneira que se obtenham conchas. Picar o restante e reservar. Cortar os tomates pela metade e deixar uma cavidade que permita recheá-los. Picar a polpa e reservar. Retirar as sementes dos pimentões e conservar uma tampinha com o cabo para fechá-los. As folhas devem ser fervidas com água e sal, tempo suficiente para poder envolver o recheio. Preparar o recheio das verduras e, com o recheio, enchê-las até em cima. As folhas devem ser rechea-

das colocando o recheio no centro e depois dobrando-se as laterais, e finalmente enrolando, conforme o desenho. Em geral, dispõem-se as verduras artisticamente arrumadas, num mesmo prato de forno bem grande. Por cima, colocar o caldo vegetal, molho de tomate e regar com azeite, gotas de limão e cobrir com papel-alumínio, levando ao forno à temperatura de 180°. Abaixar o fogo ao mínimo e deixar assar por 1 a 1 1/2 hora. Os tomates podem ser preparados separadamente, e nesse caso só regados com azeite de oliva.

RECHEIO

- *6 colheres de sopa de azeite de oliva*
- *1 cebola grande picada fina*
- *todas as polpas que foram retiradas das verduras*
- *2 dentes de alho grandes amassados*
- *1 kg de carne de vaca moída*
- *cebolinha fresca picada bem miúda*
- *3 a 4 folhas de hortelã bem picadas*
- *2 xícaras de arroz branco escaldado por 6 minutos*
- *1/2 xícara de* Pignoli
- *sal e pimenta-preta recém-moída*

Numa panela fritar a cebola com azeite de oliva até tornar-se transparente (2 a 3 colheres de sopa). Abaixar o fogo e acrescentar as polpas, o arroz e a carne moída e as ervas e deixar guisar, até que tudo esteja cozido. Proceder conforme a receita.

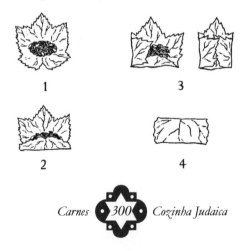

MOLHO DE TOMATE NATURAL
PARA OS YAPRAKES E VÁRIOS OUTROS USOS

Na cozinha dos judeus mediterrâneos o molho de tomate natural é imprescindível. A preparação pode ser feita com antecedência e guardada na geladeira ou no *freezer* se o objetivo for uma duração mais longa.

- *4 kg de tomates frescos*
- *1 xícara de azeite de oliva*
- *2 cebolas grandes picadas*
- *2 cenouras raspadas e raladas*
- *4 ramos de aipo*
- *1 colher de chá de açúcar*
- *1 colher de chá de sal*

Cortar os tomates em pedaços e cozinhá-los por 1 1/2 hora em fogo lento. Passar depois pela peneira para descartar peles e sementes. Fritar a cebola em azeite até tornar-se translúcida (5 a 7 minutos), acrescentar a cenoura ralada, o aipo, o açúcar e o sal e adicionar o tomate. Deixar cozinhar por 2 horas em fogo lentíssimo, e por fim passar tudo pela peneira. Guardar em vidros na geladeira, podendo ficar até 1 semana.

Prakkes ou Holishkes

RENDE 16 A 20 CHARUTOS DE REPOLHO

Existem várias denominações para este prato que era largamente apreciado pelos judeus do Leste e Centro da Europa. Uns o denominam *Galupze*, conforme era mais conhecido na Rússia. Outros preferem chamar *Prakkes*. O mesmo prato também é conhecido por *Holishkes*. Na Romênia, por exemplo, os charutos de repolho são conhecidos como *Sarmale*. Seu preparo obedece a inúmeras e variadas versões, que na realidade se resumem em trouxas de repolho recheadas. Nesta versão mais requintada adicionaram-se ameixas pretas e passas, que acrescentam um paladar especial, e que seguem um pouco o paladar dos judeu-poloneses, que apreciam pratos mais adocicados. Símbolo de abundância, tornou-se um dos pratos tradicionais na festa de *Sukot*.

- *900 g a 1 kg de carne de vaca moída sem peles nem gordura*
- *1 repolho de aproximadamente 1,5 kg*
- *3 colheres de sopa de óleo vegetal*
- *1 1/2 xícara de cebola bem picada*
- *1/2 xícara de açúcar mascavo*
- *3 tomates picados sem peles e sementes*
- *3 xícaras de molho de tomate*
- *1/4 de xícara de arroz cru*
- *2 colheres de sopa de* ketchup
- *1 cebola pequena picada fina*
- *sal e pimenta recém-moída*
- *1 1/2 xícara de ameixa seca preta*
- *1/2 xícara de passas*
- *suco de 1 limão*

Fritar as cebolas no óleo até ficarem transparentes e macias e adicionar o açúcar mascavo, mexendo por 10 minutos. Acrescentar 3 tomates picados sem peles e sem sementes e refogar tudo junto. Acrescentar o molho de tomate e deixar cozinhar em fogo baixo por cerca de 40 minutos. Enquanto o molho está sendo feito, preparar o repolho para rechear. Para destacar as folhas, cavar um cone no meio do repolho com o auxílio de uma faca afiada e pontuda e depois colocar o repolho inteiro dentro de uma panela com água fervendo e sal. A princípio algumas folhas se soltarão e a operação deve ser repetida até se obterem 16 a 20 folhas de repolho, de bom tamanho. Para preparar o recheio, fritar a cebola pequena e 2 colheres extras de óleo, acrescentar a carne, o *ketchup*, sal, pimenta e o arroz cru, e refogar até a carne mudar de cor, e o arroz, amolecer. As folhas do centro do repolho são pequenas para rechear porém podem ser adicionadas ao molho de tomate. As folhas devem ser cortadas pela metade. Colocar 1/3 de xícara do recheio no centro de cada folha reservada e enrolá-la apertando um pouco e dobrando as pontas, se precisar. A sobra da carne refogada pode ser adicionada ao molho de tomate. Finalmente, colocar os enrolados de repolho no molho de tomate, acrescentar as ameixas e passas e o suco de limão. Cozinhar em fogo lento por cerca de 1 a 1 1/2 hora e servir.

Alburnia

(BERINJELA REFOGADA COM CARNE À MODA TURCA)

Dos pratos caseiros, feitos com carne e verduras, a *Alburnia* é um dos preferidos dos judeus da Turquia, em grande parte provenientes da Espanha. Não se trata apenas de um simples refogadinho. À medida que a berinjela cozinha, forma-se uma espécie de purê cujo sabor se intensifica com o acréscimo da carne.

- *300 g de carne de boi (chã ou patinho) sem gorduras nem peles, picada em pedaços pequenos*
- *1 kg de berinjela descascada*
- *1 cebola grande picada*
- *suco de 1 limão*
- *óleo para fritar*
- *1 colher de café de açúcar*
- *1 copo de molho de tomate (ver receita, pág. 301)*

Cortar as berinjelas ao comprido. Deixá-las de molho na água e sal por 1/2 hora. Escorrer e espremer. Fritá-las em óleo quente (não muito) e desengordurá-las em papel absorvente. Reservar. Refogar a carne com a cebola, fritando a última em 2 a 3 colheres de sopa de óleo, até ficar transparente, acrescentar o sal, a pimenta e deixar dourar um pouco. Juntar o tomate, o limão, a água e deixar cozinhar até a carne ficar macia. Nesse ponto, colocar a berinjela, o açúcar e continuar o cozimento, lentamente, até secar um pouco o molho. Antes de servir, levar a preparação ao forno quente, num recipiente refratário, por cerca de 10 minutos.

Peito de Vitela Recheado

RENDE 6 PORÇÕES

Esta receita é uma adaptação de um prato que os judeus da Polônia costumavam fazer. A carne de peito, por ser mais barata, possibilitava a preparação desse prato, cujo recheio consiste em fígado de vaca. No *Pessach*, esse prato pode ser feito substituindo-se o pão por 1 xícara de farinha de *Matzá*. Para "kasherizar" o fígado os judeus deixam-no de molho em água e sal e depois grelham.

- 1 peito de vitela de (cerca de 3 a 3,5 kg)
- 1 colher de Schmaltz (ver pág. 77)
- 2 cebolas cortadas em quatro
- 6 cenouras raspadas e picadas e pré-cozidas
- 2 dentes de alho amassados
- sal e pimenta recém-moída
- 1 colher de chá de páprica
- 6 xícaras de caldo de galinha

Pedir ao açougueiro para cortar uma cavidade o mais larga possível na carne, sem perfurar uma das extremidades. Colocar o *Schmaltz* na assadeira, a cebola, o alho e as cenouras. Lavar bem a carne, temperar o seu interior com sal, pimenta e páprica, rechear e costurar qualquer abertura existente. Colocar tudo no forno e ir regando com caldo de galinha para cozinhar por 2 1/2 a 3 horas em temperatura média. Quando estiver corado e macio, fazer uma deglaçagem com o caldo de galinha para aproveitar os resíduos e fatiar a carne.

Carnes 305 *Cozinha Judaica*

RECHEIO

- *6 fatias de pão branco molhadas na água e espremidas*
- *450 g de fígado de vaca (sem a pele)*
- *4 cebolas médias finamente picadas*
- *sal e pimenta recém-moída*
- *3 colheres de sopa de* Schmaltz
- *2 gemas de ovos*
- *2 colheres de sopa de salsa verde picada*

Moer o fígado e refogar no *Schmaltz* com a cebola, acrescentar o sal, a pimenta e as gemas de ovos. Amassar tudo com o pão molhado e a salsa picada e aplicar o recheio na carne.

Peito de Vitela Recheado com Batata

Outra versão do peito de vitela, tendo como recheio a batata. Fazer a carne conforme a receita anterior, e use o recheio a seguir:

- *4 xícaras de batata crua ralada no ralo grosso*
- *2 cebolas finamente picadas*
- *8 colheres de sopa de fécula de batata*
- *1 1/2 colher de chá de sal*
- *1/4 de pimenta-preta recém-moída*
- *2 ovos levemente batidos*

Para preparar esse recheio, misturar a batata, a cebola, a fécula de batata, o sal e a pimenta e os ovos. Colocar a mistura na cavidade aberta da carne e costurar para fechar.

Língua Guepektle

(LÍNGUA NA SALMOURA)
RENDE 4 A 6 PORÇÕES

Muito apreciada pelos judeus ashkenazim do Leste Europeu, a língua na salmoura é um dos pratos obrigatórios oferecidos nas *delis* judaicas. Servida fatiada e fria, presta-se para recheio de sanduíches, incrementados com pepinos em conserva. Quando servida quente, em geral vem acompanhada de batatas, sendo considerado um prato simples e substancioso.

- *1 língua de boi ou de vitela*
- *3,5 litros de água*
- *2 folhas de louro*
- *150 g de açúcar*
- *15 g de salitre (comprado em casas especializadas)*
- *3 colheres de sopa de sal grosso*
- *4 dentes de alho descascados*
- *1 colher de sopa de sal refinado*

Colocar em uma panela a água misturada com o sal, o açúcar, o salitre, o alho e as folhas de louro, levando o líquido para ferver por 10 minutos em fogo brando. Retirar com uma escumadeira a espuma que for se formando. Coar o líquido para dentro de uma tigela de louça, barro ou pirex e, estando completamente frio, juntar a língua, cobrindo-a bem com o líquido para pegar o tempero. Colocar um peso (que pode ser um prato) sobre a língua, para que esta permaneça sempre dentro do líquido. Envolver tudo com um pano, tampar e levar à geladeira por uma semana, virando a língua dentro do tempero de uma a duas vezes durante esse período. Findo este tempo, retirar a língua, lavar e colocá-la dentro de uma panela com água fervendo para que cozinhe até ficar macia. Quando estiver cozida, retirar da água, tirar toda a pele que a recobre, estando pronta para ser fatiada e servida. Esse modo de preparar a língua também pode ser feito com outras carnes mais duras.

Língua Agridoce

RENDE 6 A 8 PORÇÕES

Os pratos agridoces pertencem ao ramo dos judeu-alemães, cujo paladar tende para misturas doces e azedas. Em alguns países, costuma-se encontrar nos açougues judaicos a língua empacotada a vácuo e preservada em vinagre e sal, seguindo os preceitos da religião. Nas *delis* nova-iorquinas é comum encontrar pratos feitos com esse tipo de língua.

- *1 língua de aproximadamente 1,8 kg*
- *2 colheres de sopa de óleo vegetal*
- *5 colheres de sopa de molho de tomate*
- *1 colher de sopa de mostarda*
- *3 colheres de sopa de vinagre tinto*
- *1/3 de xícara de açúcar mascavo*

Ferver a língua quatro vezes, mudando a água a cada vez para tirar o sal. Depois, cozinhar em panela destampada por 3 horas ou então na panela de pressão por 45 minutos. Com a ajuda de um garfo, retirar a pele da língua e cortar em fatias. Cozinhar por 10 minutos num molho preparado. Misturar o molho de tomate, a mostarda, o vinagre e o açúcar mascavo. Servir quente ou fria.

Mina de Carne

(TORTA DE CARNE À MODA SEPHARADE)
RENDE 8 PORÇÕES

A Mina de Carne é um prato muito apreciado pelos judeus sepharadim, de um modo geral. Existem muitas receitas; esta, porém, é feita para ser consumida no *Pessach*.

- *2 cebolas médias picadas*
- *4 colheres de óleo vegetal*
- *750 g de carne de vaca ou carneiro moída*
- *sal e pimenta-preta recém-moída*
- *1/8 de colher de chá de noz-moscada ralada*
- *1/8 de colher de chá de gengibre em pó*
- *1/8 de colher de pimenta-de-caiena*
- *1/2 xícara de salsa verde bem picada*
- *1/2 xícara de* Pignoli
- *5 ovos levemente batidos*
- *2 1/2 xícaras de caldo de galinha*
- *8 quadrados de* Matzá

Preparar o recheio começando por fritar as cebolas em 3 colheres de sopa de óleo, até começarem a dourar. Acrescentar a carne, o sal, a pimenta e os demais temperos, mexendo a carne para desfazê-la, por 10 minutos, até mudar de cor. Juntar a salsa, mexer bem e reservar. Com o restante do óleo fritar os *Pignoli* apenas para dourá-los um pouco. Juntar a carne, os *Pignoli* e 4 ovos levemente batidos, misturando bem. Para compor o restante da *Minas* mergulhar a *Matzá* quebrada em pedaços em água com sal por 5 minutos e espremer, enxugando num guardanapo. Colocar óleo extra numa assadeira e, quando estiver quente, ir espalhando pedaços de *Matzá* até cobrir o fundo da assadeira. Colocar o recheio por cima e cobrir com o restante da *Matzá*. Levar ao forno e coberto com o ovo restante batido e ir regando com o caldo de galinha. Deixar assar por 45 minutos a 180°. Depois de assada, cortar em fatias, colocar num prato e servir.

Yarkoie ou Rossale

(ENSOPADINHO DE CARNE)
RENDE 4 PORÇÕES

Os judeus ashkenazim consideram este prato simples porém substancioso. Trata-se de comida do dia a dia servida com molho e batatas.

- *1 kg de costela de boi*
- *3 colheres de sopa de óleo*
- *1 colher de sobremesa de sal*
- *3 colheres de sopa de extrato de tomate*
- *3 cebolas grandes fatiadas*
- *3 dentes de alho socados*

- *1 folha de louro*
- *1 colher de sopa de páprica*
- *1 pitada de açúcar*
- *1 pitada de pimenta em pó*
- *1 batata-doce grande*
- *2 batatas-inglesas de bom tamanho*

Fritar no óleo a cebola e o alho e juntar a carne cortada em pedaços. Acrescentar a folha de louro e deixar a carne corar, virando-a de vez em quando. Juntar 1 copo d'água fervendo, o extrato de tomate e, a partir daí, pingar mais água aos poucos até a carne cozinhar e ficar macia, sem deixar secar o molho que foi se formando. Quase no final do cozimento, acrescentar as batatas cruas descascadas para que cozinhem no molho obtido. Servir quente.

Arroz, Outros Grãos, Massas Acompanhamentos

Embora o arroz tenha uma história muito longa, a Bíblia não se refere a ele, e a esse respeito nada foi encontrado nos monumentos e documentos dos egípcios. Afirma-se que o arroz é originário do Sudeste Asiático, China, Indochina, Indonésia e mesmo Índia, de onde teria sido levado para a Pérsia, e posteriormente para a África. Há também quem postule que esse cereal teve diversas origens, inclusive a América teria sido uma delas. Entretanto, consta que o arroz chegou no mundo judaico durante o exílio na Babilônia, na Mesopotâmia, vindo pela Pérsia, e isso é mencionado no Talmud babilônico. Foi então adotado pelas comunidades sepharadim, e cada comunidade desenvolveu diferentes modos de preparar o cereal, tornando-se parte dos jantares de sexta-feira, véspera do *Shabat*. A história do arroz é entremeada de lendas e superstições, e muitos povos consideram-no símbolo de abundância, assim como alguns árabes acham que o arroz provém de uma gota de suor de Maomé no paraíso.

Contudo, no que diz respeito aos judeus do Leste Europeu, o arroz não entrou em seus hábitos alimentares, havendo uma preferência nítida por outros alimentos que tomaram o seu lugar, como a cevadinha, a *Kasha*, a batata, a polenta ou *Mamaliga* e a massa. Para os judeus sepharadim, entretanto, o arroz é um alimento fundamental, exceto para aqueles do norte da África, onde o *Couscous* feito com os grãos da semolina está sempre presente em suas mesas. O arroz é talvez o grão mais popular entre os habitantes étnicos de Israel, vindo em seguida o *Burgur*, muito popular na cozinha do Oriente Médio, especialmente em pratos vegetarianos, como o *Tabbouleh* (grãos de trigo quebrados).

Semelhante em textura à *Kasha*, a cevadinha tornou-se o elemento principal para os judeu-russos em sua terra natal, e na Palestina, durante o século XIX, quando os primeiros pioneiros russos ali chegaram, o alimento sustentou-os nos períodos de escassez, e com o *Burgur* faziam uma preparação igual à *Kasha*, colocando cebola frita e às vezes incrementando com cogumelos secos. Para os judeu-iranianos, mais do que qualquer outro do mundo sepharade, uma refeição não é uma refeição sem arroz no prato, seja na forma de um *Pilaf* (ver pág. 333) ou *Shirin Polo* (ver pág. 332). A variedade de grãos de arroz é imensa no mundo. O arroz branco de grão largo, por exemplo, é o ideal para *Pilafs*, assim como o arroz *Basmati*, que por sua vez é o preferido dos judeu-indianos. Para pudins, o arroz branco de grão curto é o ideal, tornando-se ótimo para o preparo do *Kugel de Arroz*, um dos poucos alimentos feitos com arroz no repertório de pratos ashkenazim.

- *Mamaliga* com Queijo
- *Kasha* ou Sarraceno
- *Kasha Varnishkes*
- Cevadinha
- *Matzo Brei*
- *Farfel*
- *Latkes*
- *Lokshen Kugel* para Carne
- *Lokshen Kugel* para Queijo
- *Kugel* de Batata
- *Kugel* de Batata com *Matzá*
- *Kugel* de *Matzá* para *Pessach*
- *Kugel de* Fígado de Galinha

- *Varenikes*
- Batata Amassada
- *Burgur*
- *Shirin Polo*
- *Pilaf*
- *Mujeddra*
- *Fideos*
- *Aroz Kon Fideos*
- *Aroz Kon Tomat*
- *Aroz Frito*
- *Couscous*
- *Couscous* básico
- *Couscous com Siete Legumbres*
- *Riz-au-Hamod* (com berinjelas)
- *Riso de Sabato*
- Polenta
- *Borekas*
- Gomos de *Borek*
- *Borekas de Pessach*
- *Burmuelos de Pessach*
- *Pasticcio di Maccheroni com Funghi e Piselli*
- *Boyos de Fila*
- *Boyos de Pan*
- *Kniches*

Arroz, Outros Grãos, Massas – Acompanhamentos   315   *Cozinha Judaica*

Mamaliga com Queijo

RENDE 6 PORÇÕES

Considerado um prato mais para ser consumido no inverno, pois conserva calor, a *Mamaliga* é a chamada polenta romena. Na Romênia a polenta é praticamente o prato básico. Nessa versão a *Mamaliga* torna-se mais nutritiva com a adição do queijo.

- *2 xícaras ou 350 g de farinha fina de milho*
- *6 xícaras de leite frio*
- *100 g de manteiga*
- *500 g de queijo ricota fresco ou* cream cheese
- *sal*
- *creme de leite (opcional) para servir*

Misturar a farinha de milho com metade do leite frio para evitar a formação de grânulos. Aos poucos juntar o restante do leite e levar ao fogo, mexendo vigorosamente com uma colher de pau. Sem parar de mexer em fogo muito lento, aguardar o líquido ser absorvido e começar a se formar uma pasta mais grossa nos lados da panela. Retirar a panela do fogo, adicionar o sal, a manteiga e o queijo e colocar num recipiente untado no forno para ser servido muito quente. Pode-se colocar por cima de cada porção servida uma colherada de creme de leite.

Arroz, Outros Grãos, Massas – Acompanhamentos 316 *Cozinha Judaica*

Kasha ou Sarraceno

RENDE 4 A 6 PORÇÕES

Assim como a polenta, que os romenos chamavam de *Mamaliga*, era o esteio da alimentação dos pobres, a *Kasha* era a do pobre na Rússia. Erroneamente chamado de trigo-sarraceno, deve ser denominado apenas de sarraceno por diferir-se completamente do trigo. Originário da Sibéria e da longínqua Mandchúria, para os judeus da Rússia, Lituânia e Ucrânia sempre representou um dos alimentos mais básicos para o consumo diário. *Kasha*, pão e batata ou sopa de repolho eram os alimentos que mais se viam na mesa do judeu pobre da Rússia e da Polônia. *Kasha Varnishkes*, entretanto, já era um prato para ocasiões especiais e se comia em geral em *Purim* (ver pág. 117). A *Kasha* é um alimento muito fácil de preparar, e pode ser um ótimo acompanhamento para pratos de carne nos dias de hoje, funcionando como substituto do arroz, com muito mais vitaminas. Antes de ser cozida, deve ser tostada, e um tradicional artifício que os judeus utilizam para deixar os grãos mais soltos ao serem cozidos é o de acrescentar um ovo batido ao cereal antes de prepará-lo, deixando secar um pouco.

- *1 ovo*
- *1 xícara de Kasha ou sarraceno torrado*
- *sal*
- *2 xícaras de caldo de galinha ou água (ou a combinação dos dois)*
- *2 colheres de sopa de* Schmaltz, *manteiga ou margarina (estas duas últimas dependendo com que será servido)*

Arroz, Outros Grãos, Massas – Acompanhamentos   *Cozinha Judaica*

Bater o ovo numa tigela pequena e misturar na *Kasha* com o sal. Colocar a *Kasha* numa frigideira de ferro pesada sem gordura e torrar grãos em fogo bem baixo, até começar a sentir um cheiro de noz torrada. Sem parar de mexer, acrescentar o caldo de galinha e mexer adicionando ao mesmo tempo a gordura. Diminuir o fogo para o mínimo, tampando a panela até que o grão absorva o líquido, o que deve durar 20 minutos, no máximo.

Kasha Varnishkes

RENDE 6 PORÇÕES

Nessa preparação a *Kasha* é misturada com macarrão gravatinha.

- *1 xícara de cebola picada fina*
- *1 colher de sopa de* Schmaltz, *manteiga ou margarina*
- *1 xícara de macarrão gravatinha cru*
- *2 xícaras de* Kasha *preparada (conforme receita da pág. 317)*

Aos poucos, fritar a cebola na gordura por 15 a 20 minutos, até começar a ficar macia e dourada. Enquanto isso, cozinhar o macarrão em bastante água com sal por 10 minutos. Escorrer. Misturar o macarrão e a *Kasha* numa vasilha grande, juntando a cebola frita, e servir quente.

Arroz, Outros Grãos, Massas – Acompanhamentos 318 *Cozinha Judaica*

Cevadinha

RENDE 3 A 4 PORÇÕES

No Leste Europeu a cevadinha era um dos alimentos mais populares. Pode ser consumida no lugar do arroz ou utilizada em sopas, sendo um acompanhamento ótimo e nutritivo.

- *3 3/4 xícaras de água*
- *sal*
- *1 1/4 xícara ou 250 g de cevadinha*
- *2 colheres de sopa de gordura de galinha derretida ou* Shmaltz

Deixar a água ferver numa panela e jogar a cevadinha e o sal. A cevadinha deve ferver por 30 a 40 minutos até estar macia e absorvido o líquido. Misturar então com a gordura de galinha e se quiser incrementar adicionar 250 g de cogumelos picados e refogados com cebola ralada.

Matze Brei

RENDE 2 PORÇÕES

Das comidas judaicas, o *Matze Brei* é talvez a mais fácil de ser preparada. Sem nenhum mistério, prepara-se no *Pessach* para se comer no café da manhã ou lanche, em substituição ao pão. Entretanto, por ser fácil e muito apreciado, algumas pessoas preparam o *Matze Brei* o ano inteiro.

- *3* Matzás
- *4 ovos*
- *sal*
- *3 colheres de óleo vegetal ou manteiga*

Quebrar as *Matzás* na metade, e depois cada metade em metades novamente. Deixar a *Matzá* de molho na água por 1 a 2 minutos, e com as mãos, depois de escorrer a água, esmigalhá-las ao máximo. À parte, bater os ovos, juntar sal e misturar com a *Matzá*. Esquentar o óleo ou manteiga numa frigideira e derramar a mistura mexendo como se estivesse fazendo ovos mexidos, cerca de 5 minutos, dependendo do ponto que se deseja, isto é, mais ou menos passado. Servir imediatamente, puro ou podendo acompanhar com geleia ou creme de leite azedo.

Farfel

RENDE 6 A 8 PORÇÕES

O *Farfel* não passa de uma massa de macarrão cortada em pequenos quadradinhos de aproximadamente 1 cm. A palavra iídiche para a pasta italiana é *Lokshen*, que deriva do polonês *Lokszyn*, pois consta que a massa foi para a Polônia como resultado da presença italiana nas cortes reais, além de outras influências pelo fato de Marco Polo ter vivido muitos anos na corte imperial da China. Por seu tamanho diminuto, é conhecido também em várias localidades pelo nome de *Egg Barley* ou olho de cevadinha, pois se assemelha em tamanho a esse cereal. O *Farfel* pode ser encontrado ao natural ou torrado, em se tratando de comprar pronto, pois nos dias de hoje quase ninguém mais prepara a massa em casa.

- *2 xícaras de* Farfel *ou* Egg Barley, *tostado ou simples*
- *sal*
- *2 xícaras de cebola picada*
- *3 colheres de sopa de* Schmaltz *ou manteiga*
- *1 xícara de cogumelos picados*
- *pimenta-preta recém-moída*

Ferver o *Farfel* em grande quantidade de água com sal, por cerca de 10 minutos, e escorrer. Enquanto isso, fritar as cebolas no *Schmaltz* ou na margarina bem devagar e mexendo sem parar até ficar macia, mas não escura. Acrescentar os cogumelos e cozinhá-los por mais 7 minutos. Acrescentar o *Farfel*, temperar com sal e pimenta e utilizá-lo para acompanhar aves ou carnes.

(BOLINHOS DE BATATA RALADA)
RENDE 40

Latkes não é um bolinho qualquer. Depois de pronto, é uma das mais deliciosas iguarias que os judeus ashkenazim inventaram, e que não falta na festa do *Chanuká*. Há quem diga que atualmente a preparação de *Latkes* é mais um assunto ligado à sofisticação do que à devoção. Em algumas *delis* nova-iorquinas, como por exemplo, a Carnegie, uma das mais sofisticadas, situada na Rua 55, o *Latkes* é servido dourado, crocante por fora, recém-frito e acompanhado de purê de maçãs soberbo, por sua consistência perfeita, e pelo fato de não ser doce demais.

- *6 batatas grandes do tipo Idaho (que tem a pele marrom e a polpa amarelo pálido, próprias para fritar. Devem regular em torno de 2,3 kg)*
- *3 cebolas médias*
- *4 ovos levemente batidos*
- *1/4 a 1/2 xícara de farinha de trigo*
- *sal a gosto*
- *pimenta-preta recém-moída*
- *óleo de amendoim para fritar*

Ralar as batatas no ralador na parte de buracos grandes, ou usar o processador. Com cada batata, processar metade de uma cebola. Transferir para uma tigela grande, apertar para tirar o excesso de umidade e passar para outra tigela o que restou. Bater os ovos, acrescentar sal e pimenta e juntar à batata ralada com a cebola e adicionar farinha o suficiente para fazer um grude leve. Provar o sal. Esquentar uma panela larga com 6 cm de óleo e pingar o equivalente a 2 colheres de sopa da mistura. Fritar 2 minutos de um lado e virar do outro por mais 30 segundos. Não fritar vários ao mesmo tempo. Removê-los com uma espátula, escorrer o óleo, desengordurando em papel absorvente. Enquanto for fritando, manter os *Latkes* fritos no forno. Devem ser servidos quentes. Algumas pessoas preferem os *Latkes* maiores. É um ótimo acompanhamento, mas pode ser comido por si só.

Lokshen Kugel

PARA COMER COM CARNE
(PUDIM DE MACARRÃO)
RENDE 8 PORÇÕES

Lokshen é o nome iídiche para macarrão, e constitui uma das iguarias que se prepara para o jantar de véspera do *Shabat*. Acompanha qualquer tipo de carne e enriquece a refeição.

- *1/3 de xícara de* Schmaltz
- *2 xícaras de cebola picada*
- *200 a 220 g de espaguete ou talharim*
- *3 ovos*
- *torresmo de banha de galinha frita (opcional)*
- *sal e pimenta-preta recém-moída*
- *1 ovo batido para jogar por cima*

Esquentar o forno. Utilizar 1 colher de sopa de *Schmaltz*, para untar uma forma que caiba 8 xícaras de alimento. Fritar as cebolas no *Schmaltz* que restou até ficarem macias (15 minutos sem parar de mexer) e deixar dourar levemente. Enquanto isso, cozinhar a massa em água salgada por 7 a 10 minutos, até amaciar, e escorrer. Numa tigela bater os ovos,

Arroz, Outros Grãos, Massas – Acompanhamentos 323 *Cozinha Judaica*

acrescentar à massa que já esfriou as cebolas fritas e a gordura da fritura, acrescentando os torresmos, se usar. Virar a mistura no recipiente untado, alisar a superfície e cobrir com 1 ovo batido e levar para assar em forno moderado por 30 a 40 minutos.

Lokshen Kugel

PARA QUEIJO
(PUDIM DE MACARRÃO)
RENDE 10 A 12 PORÇÕES

Como na religião judaica carne e queijo não se misturam, essa receita de *Kugel* é para ser consumida em refeições sem carne.

- *6 colheres de sopa de manteiga derretida*
- *450 g de espaguete ou talharim*
- *2 xícaras de queijo ricota tipo* cottage
- *2 xícaras de creme de leite azedo*
- *4 ovos levemente batidos*
- *1/2 xícara de açúcar*
- *1/2 xícara de passas*
- *1 xícara de maçãs sem casca e picadas*
- *1 xícara de miolo de pão branco esmigalhado*
- *1 colher de chá de canela*
- *1 colher de chá de açúcar mascavo*

Arroz, Outros Grãos, Massas – Acompanhamentos   *Cozinha Judaica*

Cozinhar a massa em bastante quantidade de água com sal por 8 a 10 minutos. Escorrer e reservar. Numa tigela grande misturar o queijo *cottage*, o creme de leite, os ovos, o açúcar, as passas e as maçãs. Misturar bem e acrescentar a massa escorrida, misturando mais. Virar a mistura num refratário levemente untado com uma parte da manteiga derretida e misturar o miolo de pão com o restante da manteiga derretida, canela, e açúcar mascavo, cobrindo a superfície com essa mistura. Levar ao forno por cerca de 45 minutos a 1 hora até a superfície tornar-se dourada, em forno moderado.

Kugel de Batata

RENDE 6 A 8 PORÇÕES

Derivado da palavra alemã *Kugel*, significando "bola", ou "esfera", tornou-se depois um renomado bolo da Alsácia ou da Áustria, conhecido como *Kugelhopf*, que teria se modificado até gerar o *Babá* e o *Savarin*, que se tornaram doces famosos. Os judeus, entretanto, preferiram transformar a receita em algo salgado, embora exista também o *Kugel* de arroz, um pudim adocicado incrementado com passas e maçãs. O *Kugel* de batata, entretanto, é uma receita simples. Em *Pessach*, além da batata se acrescenta farinha de *Matzá* para ficar mais de acordo com o que é permitido comer nessa festividade.

- *4 ovos*
- *sal e pimenta recém-moída*
- *5 a 6 colheres de sopa de gordura de galinha derretida ou* Shmaltz *(ou óleo vegetal)*
- *1 cebola grande picada*
- *1,5 kg de batatas*

Arroz, Outros Grãos, Massas – Acompanhamentos *Cozinha Judaica*

Ralar as batatas ou passar pelo processador e misturar rapidamente com os ovos batidos com sal e pimenta, para as batatas não escurecerem. Fritar a cebola na gordura até começar a dourar (não deixar escurecer) e misturar à batata. Colocar numa fôrma untada com óleo, para assar a 180°C por cerca de 1 hora, até começar a dourar.

Kugel de Batata com Matzá

RENDE 6 A 8 PORÇÕES

1 xícara de farinha de Matzá

2 cebolas

1,2 kg de batata sem casca

4 ovos levemente batidos

1/2 xícara de Shmaltz *ou margarina*

sal e pimenta recém-moída

Ralar as batatas e a cebola no processador de furo largo. Espremer os dois ingredientes para retirar ao máximo a umidade e depois colocá-los numa tigela. Não desprezar a goma que ficar no fundo da água. Juntar então a batata com a cebola, os ovos, a goma, a farinha de *Matzá*, o *Schmaltz*, o sal e a pimenta. Colocar a mistura numa forma untada com óleo para assar a 180°C por cerca de 45 a 60 minutos.

Arroz, Outros Grãos, Massas – Acompanhamentos *Cozinha Judaica*

Kugel de Matzá para Pessach

6 A 8 PORÇÕES

No *Pessach*, o *Kugel* que é feito com macarrão *(Lokschen)* passa a ser feito com folhas de *Matzá*, sendo apreciado.

- *4 ovos*
- *sal e pimenta-preta recém-moída*
- *8 a 10 folhas de* Matzá
- *3 colheres de sopa de óleo*

Colocar a *Matzá* de molho em água e espremer bem. Após 15 minutos, misturar a *Matzá* espremida com sal, pimenta, as gemas e por fim as claras em neve. Antes de levar ao forno, colocar o óleo numa forma de alumínio e esquentar a forma no forno, despejando a mistura de todos os ingredientes. Assar em forno médio, até dourar. Este prato deve ser acompanhado com assados de ave ou carne.

Arroz, Outros Grãos, Massas – Acompanhamentos   *Cozinha Judaica*

Kugel de Fígado de Galinha

6 PORÇÕES

- 1 pacote de talharim ou espaguete
- 2 colheres de sopa de Schmaltz
- 1 cebola pequena batidinha para refogar o fígado
- 1/4 de copo de farinha de rosca
- 4 ovos
- sal e pimenta-preta em grão moída
- 300 g de fígado de galinha previamente refogado e picado
- 1/4 de copo de óleo quente para untar

Cozinhar a massa com sal e escorrer. Misturar todos os ingredientes e por último as claras em neve. Colocar a mistura em forma ou pirex untado com óleo bem quente. Levar ao forno até ficar dourado.

Varenikes

(RAVIÓLIS JUDAICOS ASHKENAZIM)

A massa dos *Varenikes* é a mesma do *Kreplach* (pág. 195). Ao contrário do *Kreplach*, que se usa no caldo de galinha, os *Varenikes* podem ser recheados de batata, de ricota ou fígado de galinha. São apreciadíssimos especialmente no cardápio do Ano-Novo judaico ashkenaze ou *Rosh Hashaná*. Quando feitos de batata, procede-se como na receita da Batata Amassada (ver receita a seguir), recheando-se com essa preparação. Ao servi-los bem quentes deve-se regar com *Schmaltz* ou simplesmente com cebola picada recém-frita e corada. Uma forma de esquentá-los sem que ressequem no forno é deixar a travessa com os *Varenikes* na boca de uma panela com água fervendo. Se o recheio for de ricota, ficam deliciosos amassando-se a ricota com cebolinha verde, sal e um pouco de creme de leite. Nesse caso, tanto podem ser servidos cobertos de banha de galinha e cebola frita ou com creme de leite. Se recheados com fígado de galinha, fritar 1 cebola pequena picada, acrescentar de 175 a 200 g de fígado de galinha, sal e 1 ovo cozido. Preparar uma pasta no processador e rechear.

• Os *Varenikes* de queijo também podem ser feitos com queijo-de-minas. Há quem misture o queijo amassado, temperado com sal, ovos, pimenta-do-reino e pão umedecido no leite e amassado.

Batata Amassada

4 PORÇÕES

- *1 kg de batatas*
- *2 ovos cozidos*
- *3 colheres de sopa cheias de* Schmaltz
- *sal*

Descascar e cozinhar as batatas em água salgada até ficarem macias. Amassar as batatas escorridas com um garfo enquanto estiverem quentes e acrescentar os ovos cozidos amassados e o *Schmaltz*, misturando tudo. Deve ser servido imediatamente se for utilizado como acompanhamento de aves e carnes.

Burgur

RENDE 6 PORÇÕES

O *Burgur* (*Burghul*, em árabe) é o trigo que foi fervido, seco e moído. Para os judeu-curdos e iemenitas, é a base de sua alimentação. A receita a seguir foi enriquecida com amêndoas e *Pignoli*, tornando a preparação um prato festivo para datas especiais do calendário judaico.

Arroz, Outros Grãos, Massas – Acompanhamentos *Cozinha Judaica*

- *1 litro de água ou caldo de galinha ou caldo vegetal ou a mistura dos dois*
- *500 g de* Burgur
- *1 1/4 colher de chá de sal*
- *pimenta recém-moída*
- *100 g de amêndoas sem casca*
- *2 colheres de sopa de óleo vegetal*
- *1/2 xícara de* Pignoli
- *50 g de passas lavadas e escorridas*

Deixar o líquido ferver numa panela e acrescentar o *Burgur*, sal e pimenta. Mexer, abaixar o fogo e deixar o cereal cozinhar e absorver o líquido (10 minutos). Desligar o fogo e com a panela tampada aguardar os grãos ficarem macios. Numa frigideira fritar as amêndoas com 2 colheres de óleo, revirando-as até começarem a corar. (Para tirar a casca antes, deve-se deixá-las de molho em água fervendo.) Acrescentar às amêndoas o *Pignoli*, mexendo um pouco mais, e despejar sobre o *Burgur*, acrescentando também as passas. Misturar tudo e servir quente como acompanhamento.

Shirin Polo

RENDE 8 PORÇÕES

Os judeu-iranianos consideram o *Shirin Polo* tão requintado que o reservam para casamentos ou ocasiões muito especiais. Esta forma de preparar arroz distingue-se de algumas outras porque, além de ser uma preparação rica de ingredientes, tende para o adocicado, sendo servida em geral com pedaços pequenos de frango grelhado. Pode ser feita com vários tipos de arroz, no entanto recomenda-se o arroz *Basmati*, de grão largo e sabor aromático, que aumenta com a cocção. Ao cozinhar, o arroz *Basmati* mantém seus grãos inteiros e separados.

- *2 1/2 xícaras de arroz* Basmati *(ou 500 g)*
- *sal a gosto ou 1 e 1/4 de colher de chá*
- *1/2 xícara de açúcar*
- *1/2 xícara de cerejas secas ou tâmaras secas picadas*
- *1/2 xícara de* cranberries *ou damascos secos picados*
- *5 a 6 colheres de sopa de óleo de girassol*
- *1/4 de colher de chá de açafrão*
- *1 xícara de amêndoas picadas e sem pele*

Deixar as amêndoas em água fervendo para soltar a pele, picar e reservar. Lavar o arroz e deixar de molho em água com sal por pelo menos 1 hora. Para cristalizar a casca da laranja, tirar a casca descartando a parte branca e cortando-a em tiras finas. Numa pequena panela ferver a casca com bastante água por meia hora para perder o amargor e depois escorrer. Nessa mesma panela colocar o açúcar com 1/3 de xícara (80 ml) de água e deixar ferver. Juntar as cascas escorridas e picadas e ferver tudo por 20 minutos

Arroz, Outros Grãos, Massas – Acompanhamentos *Cozinha Judaica*

em fogo baixo. Enquanto isso, mergulhar as cerejas e *cranberries* em água por 15 minutos. Numa panela grande ferver 2 litros de água com 2 colheres de sopa de sal e colocar o arroz lavado e escorrido, fervendo-o por 8 minutos, até que esteja parcialmente cozido, embora ainda bem firme. Escorrer o arroz. No fundo de uma panela grande colocar óleo, misturar o açafrão e juntar o arroz. Misturar a laranja cristalizada sem a calda, as cerejas e as *cranberries* e, por fim, as amêndoas, misturando bem. O arroz se tornará amarelo devido ao açafrão. Deixar cozinhar em fogo lento por 20 minutos mais até ficar macio.

• **CRANBERRIES**: fruta silvestre vermelha da família das *berries*, no formato de uma uva pequena, com a qual se costumam preparar molhos interessantes, que enobrecem carnes brancas, como por exemplo, o peru.

Pilaf (básico)

RENDE 6 A 8 PORÇÕES

Embora o arroz seja um dos três grãos mais populares da cozinha sepharade, pois os outros dois são o *Burgur* e a semolina, em forma de *Couscous*, o *Pilaf* é a forma preferida de se preparar o arroz. A preparação do *Pilaf* contém quatro ingredientes básicos: arroz, caldo, azeite e sal, podendo-se variar com o acréscimo de açafrão, *Pignoli* ou verduras. O que distingue o arroz *Pilaf* dos demais é a forma de prepará-lo no forno.

- *2 xícaras de arroz branco ou integral*
- *3 colheres de sopa de azeite de oliva*
- *1 colher de chá de sal*
- *4 a 5 xícaras de caldo de frango ou caldo vegetal (ver pág. 228)*

Arroz, Outros Grãos, Massas – Acompanhamentos 333 *Cozinha Judaica*

Esquentar o forno a 180°C. No caso de o arroz ser branco, 4 xícaras de líquido são suficientes. Sendo integral, colocar 5 xícaras. No caso de se utilizar arroz branco, lavar até sair toda a goma e deixar escorrer por pelo menos 20 minutos; no caso de integral, basta lavar bem. Esquentar o óleo numa panela com tampa que possa ir ao forno, refogar o arroz até começar a dourar, sem parar de mexer. Temperar o arroz e acrescentar o caldo. Tampar a panela e colocar no forno durante 35 a 40 minutos (arroz branco) e 1 hora (arroz integral). O *Pilaf* está pronto quando todo líquido foi absorvido. Ao se destampar a panela, o aroma do arroz impregna o recinto. Servir imediatamente acompanhando carne ou peixe.

• Arroz *Pilaf* com *Pignoli*: seguir as instruções do arroz básico, acrescentando 1/3 de xícara de *Pignoli* ou amêndoas em lâminas (sem casca) antes de colocar o arroz no forno.

• Arroz *Pilaf* com espinafre: acrescentar ao arroz 0,5 kg de espinafre cozido e escorrido. Ao esquentar o óleo na panela, fritar 1 cebola pequena bem picada até tornar-se mole, antes de colocar o arroz. O espinafre deve ser colocado ao ir ao forno.

• Arroz *Pilaf* para o *Shabat*: seguir a receita básica, acrescentando 1/2 colher de chá de açafrão dissolvida em 1/4 de xícara de água fervendo, colocando também 1 pequena folha de louro. Depois de preparado, retirar a folha de louro.

Mujeddra

(ARROZ PILAF COM LENTILHAS)
RENDE 6 A 8 PORÇÕES

Os judeus do Egito, Síria e Líbano têm um apreço especial por esse tradicional prato. Simbolicamente, os elementos circulares representam para os judeus a imortalidade, e nesse sentido é natural que comidas redondas, como, por exemplo, as lentilhas, devem ser feitas em ocasiões em que preservar a vida é importante. É comum preparar-se na noite de sexta-feira que precede o *brit milá* ou a circuncisão um prato de favas ou de lentilhas. Na Antiguidade, as lentilhas também eram preparadas para combater a má influência de Lilith, primeira mulher de Adão, tida como rainha demônia da noite.

- *1 kg de lentilhas secas*
- *10 xícaras de água fria*
- *6 colheres de sopa de azeite de oliva*
- *1 cebola grande picada bem fina*
- *1 cenoura média raspada e ralada*
- *1 dente de alho grande picado fino*
- *1/4 de colher de chá de coentro moído*
- *1/4 de colher de chá de pimenta-da-jamaica moída*
- *1/4 de colher de chá de canela em pó*
- *2 xícaras de arroz integral*
- *1 folha de louro*
- *sal e pimenta-preta recém-moída*
- *2 cebolas médias roxas*
- *1/4 de xícara de cebolinha verde bem picada*

Cozinhar as lentilhas numa panela grande com 6 xícaras de água, por cerca de 45 minutos. Fritar a cebola grande com 3 colheres de azeite de oliva até amolecer e juntar a cenoura ralada, mexendo por 5 minutos. Acrescentar o alho, o coentro, a pimenta-da-jamaica e a canela, mexendo, e misturar às lentilhas. Juntar o arroz, a folha de louro e mais 4 xícaras de água. Cozinhar tudo em fogo baixo por cerca de 1 hora. Depois de preparada a lentilha, fritar a cebola roxa com o resto do azeite de oliva até dourar e servir o prato com a cebola frita e a cebolinha verde picada por cima.

(ALETRIA PREPARADA À MODA JUDAICO-TURCA)
RENDE 6 PORÇÕES

Os *Fideos* fritos são um antigo prato que se fazia entre os judeu-espanhóis, muitos dos quais após a Inquisição foram para a Turquia, tendo lá se fixado.

- *500 g de aletria ou macarrão cabelo-de-anjo*
- *1 cebola média picada o mais fina possível*
- *2 colheres de sopa de azeite de oliva*
- *1 colher de sopa rasa de extrato de tomate*
- *sal a gosto*
- *óleo para fritar a aletria*

Fritar os ninhos de aletria até dourarem e reservar. À parte, fritar a cebola com o azeite de oliva até ficar mole e transparente e jogar a cebola frita numa panela grande com a água, massa de tomate e sal. Acrescentar a aletria já frita e deixar cozinhar, soltando os fios com um garfo. Quando estiver quase seca, abaixar o fogo, tampar a panela e deixar terminar de cozinhar. Quando secar, revolver a massa para que fique bem solta. Servir como acompanhamento de aves e carnes.

Aroz Kon Fideos

(ARROZ COM ALETRIA)
RENDE 6 PORÇÕES

Para se fazer o *Aroz Kon Fideos*, seguir a receita do Arroz *Pilaf* (pág. 333) e acrescentar, ao cozinhar o arroz, o macarrão cabelo-de-anjo previamente frito, de acordo com a receita dos *Fideos* (pág. 336).

PARA 2 XÍCARAS DE ARROZ:

- *4 a 5 ninhos de macarrão cabelo-de-anjo*

Fritar os ninhos em 1/2 xícara de chá de óleo até dourarem. Ao preparar o arroz, de acordo com a receita de Arroz *Pilaf* básico (pág. 333), acrescentar numa panela em que já se colocou água no arroz, os ninhos de aletria, desmanchando-os com o garfo suavemente e misturando com o arroz. Deixar cozinhar junto, acrescentando mais água ou caldo, se necessário. Destampar a panela e deixar secar.

Aroz Kon Tomat

(ARROZ COM TOMATE)

RENDE 4 PORÇÕES

Esta é uma receita da qual os judeus sepharadim da Turquia não abrem mão.

- *1 xícara de arroz branco*
- *2 xícaras de água*
- *1 xícara de café de polpa de tomate ou molho de tomate neutro*
- *1/2 xícara de óleo vegetal*
- *sal a gosto*

Lavar bem o arroz e deixar de molho durante 10 minutos em água quente. Escorrer e reservar. Esquentar o óleo, adicionar a água, a polpa de tomate, o sal e colocar tudo para ferver. Ao levantar fervura, acrescentar o arroz, mexer e deixar cozinhar tampado em fogo brando até secar.

Arroz Frito

(ARROZ FRITO)

RENDE 6 A 8 PORÇÕES

O arroz frito é uma especialidade sepharade deliciosa e simples. Reservar uma parte do arroz, fritando-o até dourar. Pronto, além do aroma que exala da panela, a preparação adquire duas tonalidades: a do arroz que foi apenas refogado e a do arroz moreno que foi frito.

- *2 copos de arroz*
- *1/2 copo de arroz para fritar*
- *4 copos d'água*
- *sal a gosto*
- *1 xícara de café de óleo*

Lavar bem o arroz e escorrer. Deixar 1/2 copo separado. Esquentar o óleo numa panela, fritar bem o 1/2 copo de arroz reservado sem parar de mexer com uma colher de pau, até dourar, sem queimar. Juntar o resto do arroz, dar uma ligeira mexida e acrescentar água fervendo e sal. Abaixar o fogo, deixar cozinhar com a panela tampada até secar totalmente.

Arroz, Outros Grãos, Massas – Acompanhamentos *Cozinha Judaica*

Couscous

(RECEITA BÁSICA)
RENDE 6 A 8 PORÇÕES

O *Couscous* é o prato nacional do Marrocos e de outros povos do norte da África. Caracteriza-se pelo cozimento feito no vapor e com um ingrediente fundamental: a semolina, uma farinha granulada resultante da moagem de diversos produtos, especialmente trigo duro, arroz e milho, cuja aparência é de partículas arredondadas, minúsculas, ricas em amido, e com grande teor energético.

Para se preparar o *Couscous* existe uma panela especial a que os marroquinos denominam de *couscousière*. Trata-se de um recipiente com tampa, para cozimento a vapor, e que possui uma bandeja com furos, na qual se colocam os grãos, que cozinharão em fogo lento, pela ação do vapor, desprendido por um líquido, água, caldo vegetal e de carne, com condimentos. Embora os marroquinos não abram mão da *couscousière*, é possível improvisar algo semelhante, como, por exemplo, colocar um escorredor de macarrão sobre uma panela contendo líquido, desde que os grãos não tenham contato direto com esse líquido. Sofrendo a ação do vapor e com o escorredor tampado, o vapor não escapa e cumpre sua função, subindo e entrando nos buracos até alcançar os grãos.

Couscous básico

TEMPO DE COCÇÃO: 1 HORA

- *2 xícaras de semolina*
- *6 1/2 xícaras de água fria*
- *azeite de oliva*
- *sal (opcional)*

Lavar os grãos de *Couscous* e colocar de molho por 10 minutos para que absorvam um pouco da água, e depois escorrer. A proporção é de três partes de água para uma de grão. Com as mãos tentar desmanchar qualquer grumo que tenha se formado. Com a *couscousière* colocar a bandeja de vapor na parte de cima da panela e distribuir os grãos sobre ela. Não tampar a panela. Deixar vaporizar por 20 minutos com a água embaixo em ebulição. Jogar sobre os grãos xícaras de água fria, um pouco de azeite e misturar suavemente, desfazendo os grumos. Os grãos absorvem a água e o azeite. Caso desejar, colocar o sal. Deixar repousar 10 minutos e em seguida deixar vaporizar durante 20 minutos.

Couscous com Siete Legumbres

(CUSCUZ COM SETE VERDURAS)
RENDE 8 A 10 PORÇÕES

Chamado na França de *Couscous au Sept Légumes*, é um prato que os judeus sepharadim costumam preparar por ocasião da festividade do *Rosh Hashaná*. Os judeus acreditam na força do número sete, e preparar um prato que contenha sete elementos resulta em grande sorte, razão pela qual o fazem na festividade do ano judaico. Na tradição rabínica, o mundo foi criado em seis dias, e no sétimo Deus descansou, e assim como esse, vários fatos da religião estão ligados ao número sete, e por essa razão também se costuma, para o Ano-Novo judaico, preparar sete diferentes pratos. Nesse contexto, os judeu-marroquinos preparam como entrada o *Couscous aux Sept Légumes*. As sete verduras indicadas para esse prato são: cebola, tomate, nabo, cenoura, abóbora, abobrinha e couve. Embora se costume cozinhar grão-de-bico com a preparação, este não é contado como verdura. Nesse prato existe uma influência mourisca que se evidencia pelo acréscimo da mistura de especiarias doces e salgadas, combinadas com passas e ervas.

- *1 xícara de grão-de-bico seco*
- *água fria e mais 6 1/2 xícaras de água fria para o* Couscous
- *4 colheres de sopa de azeite de oliva*
- *1 kg de cordeiro ou vitela cortado em cubos*
- *2 cebolas médias picadas muito finas e 4 cebolas médias cortadas em pedaços*
- *1/2 colher de chá de cúrcuma**

*Cúrcuma: condimento tido como parente do gengibre, derivado do termo árabe *Kurkum*. O pó da cúrcuma é da cor do açafrão e confere um sabor acre e amargo aos alimentos.

Arroz, Outros Grãos, Massas – Acompanhamentos  *Cozinha Judaica*

- *1/2 colher de chá de gengibre moído*
- *1/4 colher de chá de pimenta-da-jamaica moída*
- *1/8 colher de chá de cravo moído ou 1 pitada*
- *1/4 de colher de chá de semente de coentro moído*
- *8 xícaras de caldo de carne*
- *5 tomates grandes sem pele e sem sementes*
- *1 colher de chá de pimenta-de-caiena*
- *12 colheres de chá de pimenta-preta em pó*
- *1/4 de colher de chá de açafrão diluído em 1/4 de xícara de água fervendo*
- *2 paus de canela*
- *1 bouquet garni feito de 7 ramos de salsinha, 7 ramos de coentro e 1 folha de louro atados*
- *4 cenouras grandes raspadas e cortadas em rodelas*
- *4 nabos médios sem casca cortados em quartos ou fatiados*
- *2 1/2 xícaras de abóbora em cubos*
- *1 maço de couve lavada e picada*
- *1/3 de xícara de passas*
- *3 xícaras de Couscous*
- *4 abobrinhas médias fatiadas*
- *sal*
- *2 colheres de sopa de Harissa* (ver receita pág. 394)*

Colocar de molho o grão-de-bico em água fria suficiente para cobri-lo, por 12 horas ou uma noite. Escorrer a água, trocar para outra água nova, e levar para ferver em fogo lento por 1 hora. Escorrer e reservar. Em uma panela grande ou na *couscousière*, esquentar 4 colheres de sopa de azeite em fogo médio e dourar a carne, e no mesmo azeite dourar

---

*Harissa: molho condimentado feito com pimenta-vermelha.

as cebolas até amolecerem (5 a 7 minutos). Abaixar o fogo e acrescentar o coentro, o gengibre, a pimenta-de-jamaica, cravos e a semente de coentro.

Deixar cozinhar durante 5 minutos, mexendo sem parar. Juntar 1 xícara de caldo, mexendo o fundo com uma colher de pau. Juntar o caldo restante, os tomates, a pimenta-de-caiena e a pimenta-preta, o açafrão, os paus de canela e o *bouquet garni*. Misturar bem e deixar ferver. Acrescentar o grão-de-bico junto com a carne e continuar em fogo baixo durante 1 hora. Acrescentar ao ensopado as cebolas em quatro, a cenoura, os nabos, a couve, a abóbora e as passas. Tampar a panela e deixar ferver em fogo baixo. Faça o *Couscous* conforme a receita básica e depois da primeira vaporização juntar à panela as abobrinhas. Terminar a vaporização do *Couscous*. Retirar o *Couscous* e colocar numa bacia. Temperar o ensopado e provar. Retire a canela e o *bouquet garni*. Misturar a *Harissa* com 1/2 xícara de caldo do refogado. Colocar junto com o *Couscous*. Para servir o *Couscous*, utilize pratos de sopa fundos. Colocar uma porção do grão em cada prato e em cima uma parte de carne e uma de verduras. Jogar por cima o caldo do ensopado. Colocar sobre a mesa a sopeira com o caldo para poder se servir a vontade. O *Couscous Kon Siete Legumbres* é considerado um prato único e não exige acompanhamentos.

Arroz, Outros Grãos, Massas – Acompanhamentos · *Cozinha Judaica*

Riz-au Hamod

(ARROZ LIBANÊS COM MOLHO AZEDO DE LIMÃO E BERINJELA)
RENDE 6 A 8 PORÇÕES

Em vários livros de cozinha libaneses, egípcios e sírios estão mencionadas receitas de arroz com molho azedo de limão e berinjela. Essa versão é uma das praticadas por judeus sepharadim oriundos dessas regiões.

- *2 xícaras de caldo de galinha, água ou mistura dos dois*
- *1 colher de sopa de óleo vegetal*
- *sal e pimenta-preta recém-moída*
- *2 dentes de alho amassados*
- *2 colheres de sopa de salsa verde picada*
- *2 talos de aipo com as folhas picadas*
- *1 colher de sopa de açúcar*
- *1 pitada de pimenta-de-caiena*
- *1 pitada de páprica*
- *suco de 2 limões*
- *1 berinjela média descascada e picada*
- *2 xícaras de arroz cru*

Numa panela colocar o caldo ou água, acrescentar o óleo, o sal, a pimenta, o alho, a salsa, o aipo, o açúcar, a pimenta-de-caiena e a páprica. Deixar ferver e acrescentar o suco de limão, ou mais limão, se desejar. Adicionar a berinjela, deixar ferver com a panela descoberta até a berinjela tornar-se macia (cerca de 20 minutos). Separadamente, cozinhar o arroz e servir o arroz coberto com a preparação de berinjela. O *Riz-au Hamod* combina com aves assadas ou grelhadas.

Arroz, Outros Grãos, Massas – Acompanhamentos   *345*   *Cozinha Judaica*

Riso del Sabato

(ARROZ DO SHABAT)
RENDE 4 A 6 PORÇÕES

Na receita de *Pilaf* (pág. 333), no final há uma menção sobre uma versão de *Pilaf* para o *Shabat*. Em termos de arroz para o Sábado, existem várias diferentes formas de se fazer, e cada grupo judaico o interpreta baseado em seus hábitos culinários. O *Riso del Sabato* é a forma italiana praticada por alguns judeus da Itália. A esse mesmo arroz, em *Chanuká*, adicionam-se passas e o prato passa a se chamar *Riso com L'uvette*. Há quem prepare esse arroz na forma de um *Pilaf*, cozinhando-o no final no forno.

- *1 1/2 xícara de arroz arbório*
- *5 a 6 xícaras de caldo de frango ou carne ou parte de água e parte caldo*
- *2 colheres de sopa de azeite ou* Schmaltz
- *2 dentes de alho batidos*
- *1/4 de colher de chá de açafrão diluído em 2 colheres de sopa de caldo quente*
- *3/4 de xícara de uvas ou passas amarelas colocadas de molho em vinho ou licor por 30 minutos*
- *sal e pimenta-preta recém-moída*

Colocar o caldo numa panela e deixar ferver em fogo lento. Separadamente, refogar o alho no azeite de oliva sem deixar escurecer, juntar a salsa e misturar. Acrescentar o arroz e misturar bem e deitar o caldo (mais ou menos 1 xícara), deixando ferver por 3 a 4 minutos, até o líquido ser absorvido. Diminuir o fogo e continuar acrescentando líquido, e a cada adição, aguardar que o arroz absorva todo o líquido, sem parar de mexer. Acrescentar o açafrão, as uvas ou passas no final da última adição de caldo. Temperar com sal e pimenta, retirar da panela e servir imediatamente.

Arroz, Outros Grãos, Massas – Acompanhamentos *Cozinha Judaica*

Polenta

RENDE 3 A 4 PORÇÕES

Um acompanhamento básico de muitos pratos judaico-italianos, sobretudo aqueles que são ensopados, a polenta não tem nada em comum com a *Mamaliga* dos judeus da Romênia. Ainda que em muitas ocasiões seja servida com manteiga e queijo parmesão ralado em forma de mingau ou fria, cortada em pedaços para fritar ou grelhar, é um prato de acompanhamento muito apreciado.

- *1 xícara de fubá ou farinha fina de milho (não usar a instantânea)*
- *1 colher de chá de sal*
- *4 copos de água ou caldo preparado de galinha (usando o caldo, não colocar o sal)*
- *3 a 4 colheres de sopa de manteiga sem sal (opcional)*
- *1/3 de xícara de queijo parmesão ralado (opcional)*

Misturar a farinha de milho com o sal (se não utilizar caldo temperado) e levar ao fogo médio durante 30 minutos para ferver, mexendo com uma colher de pau. Se a polenta engrossar muito rapidamente e ainda não parecer totalmente cozida, adicionar um pouco de caldo. Provar o sal e adicionar o queijo e a manteiga, se desejar.

Borekas (massa básica)

(PASTÉIS JUDAICOS SEPHARADIM)
RENDE CERCA DE 30 PASTÉIS

O termo *Borekas* é também conhecido como *Borek*, uma massa assada rica no forno, que permite variados recheios, sendo os preferidos: carne, queijo, berinjela e espinafre. De todos os pastéis, as *Borekas* são as mais simples e populares. Na realidade, tratava-se de um prato turco adotado pelos judeus que saíram da Espanha em 1492, e que as incorporaram na cozinha sepharade. Costuma-se colocar à mesa como um incremento para dignificar a refeição, embora em Israel hoje as *Borekas* sejam consumidas como aperitivo ou comida ligeira. Entretanto, em quase todas as festas sepharadim as *Borekas* estão presentes. Um ponto importante ao se fazer as *Borekas* é a qualidade do queijo parmesão ralado. O resultado final é surpreendente, quando se trata de um produto fresco e de ótima qualidade.

- *1 copo de óleo*
- *1 copo de água*
- *2 pires de cafezinho de queijo parmesão ralado*
- *1 colher de café de sal*
- *800 g de farinha de trigo*
- *1 ovo para pincelar*
- *queijo ralado para polvilhar*

Numa tigela juntar o óleo, a água, o queijo parmesão e o sal e mexer bem. Juntar aos poucos a farinha, até formar uma massa nem mole nem dura. Fazer bolinhas e abrir com um rolo (não muito fina). Colocar o recheio e fechar. Cortar o excesso com um copo, prensando bem e dando a forma de uma meia-lua. Colocar o pastel numa assadeira untada com óleo. Antes de levar ao forno, pincelar com ovo levemente batido e polvilhar cada *Boreka* com queijo parmesão. Assar por 1 hora em forno médio, e no final diminuir para dourar. Servem-se quentes ou em temperatura ambiente.

• Em vez de queijo parmesão, pode-se polvilhar com semente de gergelim.

Gomos de Borek

(RECHEIOS DE BOREKA)

GOMO DE KARNE

(RECHEIO DE CARNE)

- *2 cebolas grande picadas*
- *3 colheres de sopa de óleo*
- *0,5 kg de carne moída*
- *3 tomates (sem pele e sementes) picados*
- *1 1/2 xícara de água*
- *2 ovos cozidos picados*
- *1 colher de sopa de salsa picada*
- *1/2 xícara de arroz cru*
- *sal e pimenta a gosto*

Refogar no óleo a cebola, junta a carne, o tomate, a salsa, o sal e a pimenta, o arroz, a água e deixar cozinhar até secar completamente e o arroz ficar macio. Picar os ovos e juntar à mistura. Deixar esfriar para empregar.

Arroz, Outros Grãos, Massas – Acompanhamentos *Cozinha Judaica*

GOMO DE QUEZZO

(RECHEIO DE QUEIJO)

- *1 1/2 xícara de queijo parmesão ralado da melhor qualidade*
- *1 colher de chá de manteiga*
- *4 batatas grandes cozidas e espremidas*
- *2 ovos*
- *1 xícara de queijo-de-minas, ou similar, ralado*

Misturar tudo até ficar bem homogêneo e firme. Aplicar na massa.

GOMO DE ESPINAKA

(RECHEIO DE ESPINAFRE)

- *2 molhos de espinafre cru*
- *1 1/2 xícara de queijo parmesão ralado da melhor qualidade*
- *sal a gosto*
- *2 batatas cozidas e espremidas*

Separar as folhas do espinafre e lavar muito bem. Escorrer e secar com um guardanapo. Cortar as folhas bem finas e misturar com o queijo, o sal e as batatas.

Arroz, Outros Grãos, Massas – Acompanhamentos 350 *Cozinha Judaica*

GOMO DE HANDRAJIE

(RECHEIO DE BERINJELA)

- *3 berinjelas macias e médias descascadas e picadas miúdas*
- *2 a 3 cebolas médias picadas*
- *sal a gosto*
- *3 tomates sem pele e sementes picados*
- *1 pitada de açúcar*

Colocar as berinjelas de molho em água e sal. Escorrer, espremer bem e refogar no óleo com as cebolas, o tomate, o sal e o açúcar. Mexer de vez em quando até as berinjelas ficarem cozidas e sem molho. É importante secá-las bem. Usar o recheio só depois que esfriar.

Borekas de Pessach

(PASTÉIS JUDAICOS SEPHARADIM PARA O PESSACH)
RENDE 10 BOREKAS

A *Boreka* de *Pessach* difere da comum porque não é assada, e sim frita em óleo. Não se usa farinha de trigo e em seu lugar utilizam-se folhas de *Matzá*.

- *5 folhas de* Matzá
- *3 batatas cozidas e espremidas*
- *2 ovos*
- *50 g de queijo parmesão ralado*
- *sal*
- *óleo para fritar*
- *3 ovos batidos para a fritura*

Colocar as folhas de *Matzá* de molho na água cuidadosamente para não se quebrarem e depois secá-las num guardanapo. Reservar. Com a batata amassada misturar o queijo e 2 ovos. Cortar cada folha em 4 partes. Pegar cada 2 partes de *Matzá* e colocar o recheio entre ambas, passar cada *Boreka* em ovos batidos e fritar em óleo bem quente.

Arroz, Outros Grãos, Massas – Acompanhamentos   *Cozinha Judaica*

Burmuelos de Pessach

(BOLINHOS FRITOS DO PESSACH)

RENDE CERCA DE 20 A 30

Burmuelos ou *Bumuelos* são uma especialidade que os sepharadim preparam para o *Pessach*, sobretudo os da região mediterrânea. Existem inúmeras receitas chamadas de *Burmuelos*, inclusive algumas que levam levedura, o que não se aplica na época do *Pessach*, quando se substitui a farinha por *Matzá*. Caracterizam-se por serem fritos em bastante óleo e no *Pessach* tanto se come ao natural ou com uma calda de açúcar, água e gotas de limão. Servido como sobremesa, podem ser polvilhados com açúcar e canela, ao sair do fogo, ainda quentes. Os *Burmuelos* também são preparados para a festividade de *Chanuká*, quando os alimentos fritos são preferidos.

- *6 folhas de* Matzá
- *2 batatas médias cozidas e espremidas*
- *2 a 3 ovos*
- *sal*
- *3 colheres de queijo parmesão ralado*
- *óleo para fritar*

Picar a *Matzá* em pedaços pequenos, deixar de molho em água até amolecer e espremer ao máximo. Juntar o queijo ralado, as batatas, os ovos e o sal. Formar uma massa firme que não caia da colher. Esquentar uma panela funda com óleo e ir colocando às colheradas. Deixar fritar até dourar. Servir com mel, calda branca de açúcar e limão ou geleia.

Arroz, Outros Grãos, Massas – Acompanhamentos 353 *Cozinha Judaica*

Pasticcio de Maccheroni com Funghi e Piselli

(TORTA COM COGUMELOS E ERVILHAS FRESCAS VERDES)
RENDE 8 A 10 PORÇÕES

O *Pasticcio* é uma espécie de torta alta, uma composição de massa, que se diferencia das outras tortas por ser feita em recipientes bem mais altos que largos. Sua aparência confunde-se com o que se costuma denominar de *Timbale* ou *Tímpano*. O *Tímpano* pouco se diferencia em aparência do *Timbale*, cujo nome é proveniente do árabe *tambahl*, que significa tambor. Essa torta leva massa no fundo, lados e uma camada na cobertura. Na culinária judaico-italiana o *Pasticcio* é preparado para ocasiões especiais. Costuma ser servido quente.

PARA A MASSA:
- *4 xícaras de farinha de trigo*
- *1 pitada de sal*
- *1 1/2 xícara de manteiga sem sal*
- *2 ovos levemente batidos*
- *1/2 xícara de vinho branco ou Marsala*

PARA O RECHEIO:

- 450 g de macarrão do tipo Ziti (uma massa longa e larga com cavidade no centro)
- 4 colheres de sopa de azeite de oliva
- 2 cebolas picadas bem finas
- 3 dentes de alho amassados
- 1 colher de sopa de alecrim fresco picado
- 1/2 xícara de cogumelo Porcini seco (de molho em água por 30 minutos)
- 1 1/2 xícara de cogumelos frescos de Paris cortados finos
- 1 1/2 xícara de ervilhas verdes cozidas
- 2 colheres de sal
- 1/2 colher de chá de pimenta-preta recém-moída
- 1/2 colher de café de noz-moscada
- 1 1/2 xícara de queijo parmesão ralado
- 1 gema de ovo misturada com um pouco de leite ou água

Para fazer a massa, misturar a farinha com o sal numa bacia grande e cortar a manteiga em pedacinhos. Acrescentar os ovos, o vinho e amassar tudo. Dividir a massa em 2 bolas, uma um pouco maior que a outra, que servirão para o fundo e lados do recipiente que irá ao forno. Refrigerar a massa por 1 hora coberta com um plástico numa tábua ou mármore enfarinhados. Abrir a massa com um rolo até obter um diâmetro de 35 a 40 cm. Colocar essa massa numa forma de 25 cm de profundidade. Levar ao refrigerador. Enquanto isso, abrir a outra massa num diâmetro de 30 cm e levar também ao refrigerador coberta com um plástico. Para fazer o recheio, cozinhar o macarrão com água e sal, escorrer e misturar a massa com azeite de oliva. Reservar. Esquentar 4 colheres de sopa de óleo ou manteiga, acrescentar a cebola e refogá-la por cerca de 8 minutos. Acrescentar o alho, o alecrim, os cogumelos reidratados e picados e mexer bem, cozinhando por uns 5 minutos. Acrescentar os cogumelos frescos e cozinhar mais 8 a 10 minutos em fogo

Arroz, Outros Grãos, Massas – Acompanhamentos *Cozinha Judaica*

lento. Acrescentar o sal, a pimenta e a noz-moscada e juntar por fim a massa cozida e o queijo parmesão. Juntar as ervilhas verdes frescas e misturar tudo. Cobrir com a massa de diâmetro menor e pincelar com a mistura de gema e leite (ou água). Levar ao forno até corar por cerca de 35 a 40 minutos e, antes de cortar, aguardar 10 minutos. Deve ser servido quente.

Boyos de Phila

(FOLHEADO JUDAICO ORIENTAL)
RENDE 25 BOYOS APROXIMADAMENTE

Os *Boyos* são feitos de massa salgada com recheio um pouco semelhante à do *Strudel*, porém com mais textura e formato diferente. Nas comunidades sepharadim de Jerusalém, os *Boyos* são separados para o *brunch* do *Shabat*, ou o café da manhã. Deliciosos, são comidos em geral acompanhados de alguma salada ou com pasta ou mesmo com *Huevos Haminados* (ver pág. 101). O termo phila tem também a ver com a massa phila, extremamente fina, muito utilizada na Grécia e no Oriente Médio.

- 1 xícara de água
- 2 xícaras de farinha de trigo
- 1 colher de chá de sal
- 1 colher de chá de manteiga ou 2 colheres de chá de óleo vegetal
- óleo bastante para cobrir a massa
- farinha de trigo misturada com queijo parmesão ralado para polvilhar

Misturar a água, a farinha e o sal e juntar 1 colher de manteiga ou 2 colheres de óleo. Amassar até formar uma massa de consistência mole. Deixar descansar por 10 minutos e amassar mais duas vezes. Formar 25 bolas do tamanho de uma bola de pingue-pongue e mergulhar cada bola em óleo. Tirar uma bola e esticar bem fino com o rolo formando um quadrado de 25 cm. Polvilhar com a mistura de farinha e queijo e rechear com o recheio escolhido. Dar o formato de uma trouxinha (ver desenho), regar com óleo ligeiramente e polvilhar com queijo ralado. Arrumar os *Boyos* numa assadeira untada com óleo e levar ao forno para assar por aproximadamente 25 minutos. Os recheios são os mesmos das receitas das *Borekas* (ver pág. 348).

a b

a – Colocar o recheio no centro

b – Dobrar as pontas

c – Fechar

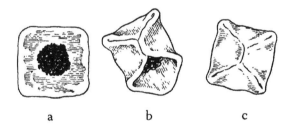

Boyos de Pan

(MASSA DE QUEIJO E PÃO)
RENDE 35 A 40 BOYOS

Os *Boyos de Pan* são um excelente acompanhamento para pastas. Os melhores são os preparados com sobras de *Challah* do *Shabat*. Também podem ser usados como entrada acompanhando uma salada. Há uma preferência para os *Boyos de Pan* que são feitos com o queijo Pecorino romano, um tipo de queijo na Sardenha, de coloração palha, escamado e granuloso e aroma bem forte. Na falta desse queijo, pode-se substituir por algum outro com as mesmas características.

- *6 xícaras de migalhas de* Challah *do dia anterior*
- *água fria*
- *5 ovos grandes*
- *1/4 de xícara de óleo de milho ou girassol*
- *1 1/2 xícara de Pecorino romano ralado*
- *400 g de queijo branco fresco*
- *2 copos de água*

Pré-aquecer o forno a 180°C. Desmanchar o pão com água fria misturando por alguns minutos e depois espremer e escorrer. Numa tigela misturar o pão molhado e todos os outros ingredientes, e com as mãos molhadas, formar bolas de pão. Colocar as bolas numa assadeira antiaderente com a ajuda de uma espátula. Assar os *Boyos* por cerca de 30 minutos, até que dourem. Servir quente ou em temperatura ambiente.

Kniches

(PASTELARIA JUDAICO-RUSSA)
RENDE 12 GRANDES OU 12 FATIAS

Os *Kniches* são legendários na cozinha judaica ashkenaze. Raymond Sokolov afirma em seu livro *The Jewish American Kitchen*, que os *Kniches* são tão perfeitos para um coquetel, que é difícil acreditar que foram inventados antes dos coquetéis serem inventados. Na realidade, os *Kniches* são primos do *Pirozhti* russo, outro tipo de pastel muito apreciado também. Os *Kniches* podem ser recheados com massa de batata, *Kasha* e até de ricota temperada. Há uma certa preferência pelos feitos com batata.

MASSA

- *2 xícaras de farinha de trigo, além da necessária para polvilhar a superfície a trabalhar*
- *1 colher de chá de fermento em pó*
- *1/2 colher de chá de sal*
- *1 a 2 colheres de sopa de óleo*
- *2 ovos levemente batidos*

Numa tigela misturar a farinha, o fermento e o sal. Acrescentar 1 colher de sopa de óleo, os ovos e 2 colheres de sopa de água. Trabalhar a massa durante 4 minutos, acrescentando mais água, se necessário, para formar uma massa bem macia. Colocar a massa num recipiente untado com óleo e cobrir, deixando descansar por 1 hora. Esquentar o forno a 180°C e dividir a massa em três pedaços. Abrir o primeiro num retângulo de cerca de 25 cm de comprimento e com espessura fina, aplicar o recheio, como um rocambole, e enrolar, prendendo as pontas. Fazer o mesmo com os outros dois pedaços. Cada retângulo deve ser preenchido com cerca de 3 colheres de sopa cheias de recheio. Levar para assar por 40 minutos até começarem a dourar.

RECHEIO DE BATATA

- *1/4 de xícara de* Schmaltz *ou óleo vegetal*
- *3 xícaras de cebola bem picada*
- *3 xícaras de batata cozida e amassada*
- *sal*
- *pimenta-preta recém-moída*

Fritar a cebola no óleo até dourar. Retirar do óleo e misturar com a batata. Temperar com sal e pimenta e rechear.

RECHEIO DE KASHA

- *2 colheres de sopa de* Schmaltz
- *1 xícara de cebola bem picada*
- *3 xícaras de* Kasha *cozida (ver pág. 317)*
- *1 ovo levemente batido*
- *sal*
- *pimenta-preta recém-moída*

Fritar a cebola no óleo até dourar. Misturar com a *Kasha*, acrescentar o ovo e temperar para depois aplicar o recheio.

Sabedoria Sepharade

Para kada oya ay su tapadera

Para cada panela existe sua tampa

Dá um palmo al perro, tomará cuatro

Dá um palmo ao cão, ele tomará quatro

Como lo guizes lo comerás

A forma como cozinharás, comerás

Cria cuervos, te sacarán los ojos

Cria corvos, te arrancarão os olhos

El mazzal de la fea, la hermozza le desea

A sorte da feia, a formosa a deseja

Kada uno es rey em sua kasa

Cada um é rei em sua casa

No tires aguas hattá que arrecojas anuas

Não jogues água fora, até que recolhas água

Ken tiene ambre i piedras kome

Quem tem fome até pedras come

No venga mal que no se cueda arsar

Não venha mal que não se possa suportar

El ombre mazaloso kuando toka todo se aze oro

O homem de sorte, o que toca se transforma em ouro

Arroz, Outros Grãos, Massas – Acompanhamentos •361• *Cozinha Judaica*

No freguês mucho, que saldrá cobre
Não esfregues muito, que sairá cobre

Los dos se mean em um jarrito
Os dois se urinam em um jarrinho (conspiram juntos)

El que mucho pensó, sin cenar se echó
O que muito pensou, sem cear se deitou

Da el Dió nueces a quen no tiene dientes
Deus dá nozes a quem não tem dentes

Mi asno no es de vender, pero si me dan su précio, no lo desprécio
Meu asno não é para vender, mas se me dão seu preço, não o desprezo

Por dinero baila el perro
Por dinheiro baila o cão

Quien muda de lugar, muda de mazzal
Quem muda de lugar, muda de sorte

Uma mano lava la outra, y las dos lavan la cara
Uma mão lava a outra, e as duas lavam a cara

Hás bien al malo, te dará con un palo
Faz bem ao mau, que te dará com um pau

Entre males, hay albares
Entre males, há algo claro

Saladas & Verduras

A relação da cozinha judaica com saladas e verduras está mais ligada a fatores geográficos. O Leste Europeu, de rigorosos invernos, não oferecia grande variedade de vegetais, e consequentemente pouca oportunidade de variação no cardápio: as batatas, a cenoura e o repolho se tornaram para os judeus da região os alimentos mais importantes. Houve uma exceção na Europa, com países como a Hungria e Bálcãs, que sofreram grande influência do Império Otomano; na Romênia e Bulgária, com grande ocupação de judeus sepharadim trazendo diferentes hábitos alimentares, assim como os países da Península Ibérica, com forte influência dos hábitos originados pela cozinha árabe. Embora em tempos antigos a alimentação dos judeus ashkenazim do Leste Europeu (sobretudo os mais pobres) fosse composta de grãos e vegetais, especialmente os últimos, por serem mais baratos, a dieta desses judeus não apresentava nenhuma variação em relação às mencionadas. Mantendo as leis da religião, a maioria dos judeus, e isso diz respeito também aos sepharadim, alimentava-se de verduras quentes nos jantares das sextas-feiras, e frias ou em temperatura ambiente nos almoços dos sábados. Nos livros de cozinha antigos não há referência a saladas de folhas verdes temperadas na dieta ashkenaze, de um modo geral. Essas saladas convencionais são um recente desenvolvimento no repertório de comida desse ramo de judeus. Em contrapartida, os sepharadim, com uma série de facilidades, bem diferentes dos judeus do Leste Europeu, sempre tiveram uma reputação de ser amantes de verduras e vegetais, principalmente os que ocupavam a área do Mediterrâneo. Além de utilizarem as verduras em misturas com carne, queijo ou simplesmente refogadas, muitos vegetais tornaram-se indispensáveis em seu cardápio, como a berinjela, o tomate, o aipo, a alcachofra, o espinafre, a abobrinha, notadamente na área da Itália e Espanha. Por influência árabe, esses judeus também fizeram uso do pepino, da abóbora e de diferentes tipos de pimentas frescas, assim como da cebola e do alho, além de outros condimentos. Consta que os judeus sepharadim tinham fama de ser grandes consumidores de alho, e a história relata a esse respeito que em Istambul, por ocasião de uma grande praga, que resultou numa vasta epidemia, os judeus não foram atingidos pelo vírus por causa do cheiro de alho. Em relação às verduras, Israel tornou-se para os judeus que ali foram viver, nos primórdios, uma grande aventura. Logo de início, eles descobriram quais as verduras que cresciam na região. Onde havia solo extremamente árido, foi necessária muita irrigação e uma imensa experiência de aprendizado, cujo objetivo maior estava ligado à sobrevivência. Cultivar e comer tornaram-se dois verbos fundamentais. Com uma grande força de vontade, os israelenses, dotados de uma perseverança incalculável, tornaram-se grandes produtores de vários legumes cultivados, especialmente em regiões onde houvesse um *kibbutz*. Conseguiu-se cultivar o brócolis, a couve-de-bruxelas e o melão-espaguete, um legume que ao cozinhar se desintegra em fios, além dos outros vegetais que aos poucos foram ganhando espaço no solo israelense.

Algumas verduras que constam de receitas deste livro estão no capítulo Carnes pelo fato de serem preparadas com carne, como é o caso da *Alburnia*, feita com berinjela, os *Yaprakes*, uma miscelânea de várias verduras, a *Moussaka* etc. Tal separação resulta do fato de que não se mistura queijo e carne na religião judaica, e fica-se sabendo de antemão de que forma é preparada a verdura.

- *Coleslaw*
- Salada de Batatas à Moda Judaica
- Fígado Batido
- *Cholodetz*
- *Tsimmes* de Cenoura
- Salada de Abacate com Iogurte e *Tahini*
- *Tabbouleh*
- *Yaprak de Aroz*
- *Djadjik*
- *Raita*
- *Tsimmes* de Cenoura
- Salada de Grão-de-Bico
- Salada de Repolho Roxo e Maçãs Agridoce
- Salada de Beterraba Especial
- Salada de Melão-Espaguete com Berinjela e Gergelim
- *Endjinaras*
- *Salata de Apyo*
- *Salata de Berendjena Asada*
- *Fongos*
- Fritada de *Kalavasa*
- Fritada de *Prasa*
- *Fritada de Tomat*
- *Tomat Kon Guevos*

Saladas e Verduras 365 *Cozinha Judaica*

Coleslaw

RENDE 6 PORÇÕES

- 1 kg de repolho branco
- 1 cenoura grande ralada em tiras
- 1 pimentão verde sem sementes (opcional) ralado em tiras
- 1 cebola ralada em tiras
- 1 a 2 colheres de sopa de açúcar (a gosto)
- 5 colheres de sopa de vinagre branco
- 2/3 de xícara de maionese misturada com creme de leite azedo na proporção de meio a meio (não usar creme de leite de lata)
- 1 colher de chá de mostarda
- sal e pimenta

Misturar o vinagre com o açúcar, a maionese com o creme de leite (ou o azeite de oliva), a mostarda e o sal com a pimenta. Juntar essa mistura com os vegetais picados e levar à geladeira para gelar, por pelo menos 1 hora antes de servir.

• Em se tratando de comida *Kasher*, o creme de leite é usado quando não se usa carne na refeição. Nesse caso, se dá preferência ao azeite de oliva extravirgem.

Salada de Batatas à Moda Judaica

RENDE 6 PORÇÕES

Embora existam inúmeras receitas de salada de batatas, esta se assemelha às que são servidas nas *delis*.

- *1 kg de batatas*
- *sal para cozinhar*
- *6 colheres de sopa de azeite de oliva extravirgem*
- *2 colheres de sopa de vinagre de maçã*
- *pimenta em pó*
- *1 cebola picada ou 6 cebolinhas verdes picadas*
- *3 colheres de sopa de salsa picada bem miúda*

Depois de ferver as batatas em água com sal até que fiquem macias, cortá-las em fatias. Adicionar os temperos enquanto as batatas ainda estiverem quentes, deixando a cebola e a salsa por último.

Fígado Batido

RENDE 6 PORÇÕES

Este é provavelmente um dos mais conhecidos pratos do cardápio judaico ashkenaze. Sua origem é desconhecida, porém no caso de "fígado batido", todo mundo é um *expert*. Por ser um prato de fácil preparo, é quase obrigatório às mesas do *Shabat*. Tradicionalmente, utiliza-se a gordura de galinha para fritar as cebolas e dar ao fígado uma textura especial. Na versão moderna, e com a constante preocupação com o colesterol, alguns utilizam óleo vegetal no lugar da banha de galinha ou, em última instância, azeite de oliva *Kasher*. Porém nada se compara ao paladar da banha de galinha. Quanto ao fígado, rico em sangue, utiliza-se o processo de grelhá-lo antes, quando se trata de uma refeição *Kasher*. Deve ser servido com pão de centeio, *Challah* ou *Matzá*.

- *500 g de fígado de galinha*
- *3 ovos cozidos e 1 ovo cozido extra para guarnição*
- *1 cebola grande finamente picada*
- *3 colheres de sopa de gordura de galinha derretida ou óleo vegetal*
- *1 colher de chá de sal*
- *20 pimentas-pretas moídas*

Fritar a cebola na gordura de galinha ou óleo vegetal, sem parar de mexer até ficar dourada. Deixar esfriar. Lavar os fígados, temperar com sal e pimenta, e depois de escorrê-los acrescentar à gordura em que se fritou a cebola, cozinhando delicadamente, por cinco minutos, até o fígado mudar de cor. Os ovos cozidos devem ser cortados em metades e picados no processador. À parte, misturar a cebola e o fígado no processador muito rapidamente. Misturar todos os ingredientes, colocar a mistura num recipiente de louça e levar à geladeira. Enfeitar o centro com o ovo picado, reservado para a decoração na hora de servir.

Cholodetz

RENDE 6 A 8 PORÇÕES

Entre as especialidades servidas nas tradicionais *delis*, o *Cholodetz* é uma espécie de gelatina feita do pé de boi ou de novilho. Embora não seja fácil de encontrar um pé de novilho, há quem se esforce, porque é considerado uma iguaria delicada e torna o *Cholodetz* mais especial. Recomenda-se que se peça ao açougueiro para cortar o pé do boi ou novilho em pedaços. Isto facilita bastante o trabalho.

- *2 pés de boi (cortados em 3 ou 4 pedaços)*
- *1 cebola*
- *4 dentes de alho*
- *3 folhas de louro*
- *1 colher de chá de pimenta em grão*
- *1 1/2 colher de chá de sal*
- *limão para servir*

Lavar e escaldar o pé de boi cortado para branqueá-lo, isto é, cobrir com água e ferver por 5 a 10 minutos. Desprezar a espuma e, por fim, a água. Cobrir novamente com água fresca; adicionar a cebola, o alho, o louro, a pimenta e o sal. Deixar ferver por 3 a 4 horas. Adicionar água, até que a carne se desprenda dos ossos ou cartilagens. Adicionar os dois outros dentes de alho batidos, o caldo coado em que o mocotó foi cozido e arrumar a mistura num pirex retangular, enfeitando com fatias de ovos cozidos. Levar à geladeira até gelatinar e ficar firme. Deve ser servido cortado em quadrados, acompanhado à parte de limão, que se espreme na hora de comer.

• Se se desejar uma feitura mais rápida, o mocotó pode ser cozido na panela de pressão por cerca de 40 minutos. Destampar e verificar se a carne está macia.

Tsimmes de Cenoura

(CENOURA ADOCICADA)

RENDE 6 PORÇÕES

O termo *"Tsimmes"* refere-se a um prato de vegetal ou carne, adoçado com açúcar ou mel. Porém, para a maioria dos judeus, quando se fala em *"Tsimmes"* significa "cenouras glaçadas". Na cozinha judaica ashkenaze, especialmente a que se fazia na Polônia, costumava-se acrescentar açúcar ou mel em pratos salgados mais do que nas demais cozinhas judaicas do Leste Europeu. Entre os ashkenazim as cenouras cortadas em rodelas estão associadas com moedas e fartura de dinheiro. Há uma preferência em prepará-las para o jantar de *Rosh Hashaná*, quando expectativas de um ano bom e farto se tornam presentes. O mel simboliza a esperança de que o ano se torne doce. Acompanhando aves e assados, torna-se um prato sedutor. Também se prepara o *Tsimmes* de cenoura para os jantares de sexta-feira, véspera do *Shabat*.

- *750 g de cenouras raspadas e cortadas em fatia*
- *3 colheres de sopa de óleo vegetal ou gordura de ganso*
- *sal*
- *suco de 1 laranja*
- *1/4 de colher de chá de gengibre ou noz-moscada*
- *2 colheres de sopa de mel*

Numa panela grande, refogar as cenouras na gordura, mexendo sem parar e virando-as. Acrescentar os ingredientes restantes e completar com água para cobrir. Ferver com o fogo lento com a panela tampada por cerca de 1/2 hora, até as cenouras amaciarem. Retirar a tampa da panela para abaixar o fogo e as cenouras tornarem-se brilhantes.

Saladas e Verduras • 370 • *Cozinha Judaica*

Salada de Abacate com Iogurte e Tahine

RENDE 6 PORÇÕES

Os israelenses apreciam muito o abacate e o consomem em pratos salgados, sobretudo em saladas. A Salada de Abacate com Iogurte e *Tahine* é uma das preferidas. Ao se prepararem os abacates, convém que se esprema suco de 1 limão em um copo d'água para conservá-los, a fim de evitar o escurecimento da fruta.

- *250 ml de iogurte natural*
- *100 g de pasta de* Tahine *(ver pág. 396)*
- *1/2 colher de chá de cominho moído*
- *1 pitada de coentro moído*
- *1 colher de café de alho amassado*
- *1 colher de sopa de suco de limão*
- *1/4 de colher de chá de sal*
- *1/4 de colher de chá de pimenta-preta recém-moída*
- *1 pitada de pimenta-de-caiena*
- *3 abacates maduros, porém firmes*
- *100 g de amêndoas torradas, sem casca e picadas*

Bater o iogurte com o *Tahine* e juntar todos os outros temperos. Misturar bem e levar ao refrigerador. Deixar para descascar os abacates perto da hora de servir e cortá-los em fatias, conservando na água com limão. Ao servir, derramar o molho por cima e salpicar com as amêndoas torradas.

Saladas e Verduras 371 *Cozinha Judaica*

Tabbouleh

(SALADA DE TRIGO MOÍDO COM LEGUMES E ERVAS)
RENDE 4 PORÇÕES

O *Tabbouleh* é um prato que se consome em todo o Oriente Médio e que foi absorvido também pelos israelenses. Por ser uma preparação bastante alimentícia, come-se até no famoso café da manhã dos *sabras*, uma refeição que por sua fama já correu o mundo. Para alguns puristas, o alho é proibido na preparação do *Tabbouleh*, porém há quem o use.

- *1 xícara de trigo moído ou* Burgul
- *4 colheres de sopa de salsinha verde*
- *2 colheres de sopa de hortelã picadinha*
- *1 pepino em cubos sem as cascas*
- *1 cebola picada*
- *6 alhos-porros em cubos*
- *1 tomate grande e rígido em cubos*
- *raspa de 1 limão*
- *suco de 2 limões*
- *1/3 de xícara de azeite de oliva*
- *sal e pimenta recém-moída*
- *1 pitada de pimenta-da-jamaica em pó*

Deixar o trigo de molho por 1/2 hora em água fria. Peneirar e lavar uma vez. Em uma saladeira funda, misturar todos os ingredientes. Levar ao refrigerador e servir como entrada.

Yaprak de Aroz

(CHARUTINHOS DE FOLHAS DE UVA)

4 A 6 PORÇÕES

Ao contrário dos *Yaprakes* feitos com carne e servidos quentes (ver pág. 298), o *Yaprak* de arroz se presta como aperitivo ou entrada e se come frio. Trata-se de um prato delicado quando bem-feito e bastante apreciado. Para alguns, é uma verdadeira iguaria.

- *150 g de folhas de couve ou de parreira*
- *(compradas nas lojas de produtos árabes)*
- *sal*
- *1 molho de hortelã picado*
- *suco de 1 limão ou mais, a gosto*
- *2 cebolas raladas*
- *1 copo de arroz cru*
- *canela em pó a gosto (opcional)*
- *1 colher de sobremesa rasa de açúcar*
- *1/2 xícara de óleo*
- *salsa verde fresca picada*
- *1 1/2 copo de água quente*

Ferver as folhas de parreira em água e sal por 5 minutos (ou folha de couve). Escorrer e tirar a parte mais dura equivalente à nervura. Reservar. À parte, refogar o arroz, as cebolas, a salsa, o sal e depois colocar um pouco de água quente, o açúcar e a canela. Quando o arroz estiver bem cozido e seco, juntar a hortelã. Deixar esfriar completamente e fazer charutinhos delicados. No caso da couve, pode ser dividida em duas partes, para os charutos não ficarem grandes demais. Numa panela não muito funda, arrumar os charutos, um ao lado do outro, e jogar por cima um pouco de água, limão, sal e óleo. Colocar por cima dos charutinhos um recipiente para fazer peso e que não deixe que se desmanchem. Cozinhar em fogo baixo, até secar. Não devem ficar, porém, totalmente sem líquido. Esfriar e gelar.

Djadjik

(SALADA DE PEPINO COM IOGURTE)

RENDE 4 A 6 PORÇÕES

Em todo o Oriente Médio se consome muito iogurte. Para os sepharadim o iogurte representa o que o creme de leite azedo é para os ashkenazim. O iogurte compõe saladas, mistura-se com molhos, acompanha frutas frescas e compotas. Essa salada entra não só no cardápio árabe em geral, assim como no judaico.

- *1 xícara de iogurte natural*
- *1 dente de alho amassado*
- *sal*
- *azeite de oliva extravirgem*
- *1 pepino cortado em fatias*
- *1 colher de sopa cheia de hortelã picada*

Misturar todos os ingredientes e servir acompanhada de pão *Pita*.

Raita

(SALADA INDIANA DE PEPINO)
RENDE 8 A 10 PORÇÕES

Os indianos são um dos maiores consumidores de iogurte. A *Raita*, assim como a *Djadjik* (pág. 374) são saladas de pepino com iogurte. O que diferencia uma da outra é que a *Raita* é mais condimentada, bem ao gosto dos judeu-indianos, além do pepino ser triturado.

- *4 xícaras de iogurte natural*
- *2 pepinos*
- *sal*
- *1 pimenta-malagueta fresca picada*
- *1/4 de colher de chá de cominho em pó*
- *1 cebola grande bem picada*
- *pimenta-de-caiena*

Descascar o pepino e picar bem miúdo, a mão ou no processador, sendo neste último juntamente com a cebola. Acrescentar o sal e deixar drenar o soro natural do pepino e da cebola. Escorrer o líquido e envolver o pepino e a cebola com o iogurte misturado com os condimentos. Servir gelado. Podem-se acrescentar no final algumas folhas de coentro picadas.

Salada de Grão-de-Bico

RENDE 6 A 8 PORÇÕES

Em *Rosh Hashaná* os judeus spharadim gostam de servir alimentos com formato arredondado – símbolo de vida e fecundidade. Esta é uma salada que se afina com esse simbolismo.

- *500 g de grão-de-bico (deve ficar de molho por uma noite)*
- *sal*
- *1/3 de xícara de azeite de oliva extravirgem*
- *suco de 1 limão*
- *1/2 colher de café de pimenta-de-caiena*
- *3 dentes de alho amassados*
- *4 colheres de sopa de salsa verde picada*

Cozinhar o grão-de-bico em água fresca por 1 1/2 hora, até amolecer. Acrescentar o sal, quase no final do cozimento, e escorrer o líquido. Temperar com os demais ingredientes e pôr na geladeira.

Salada Agridoce de Repolho Roxo e Maçãs

RENDE 6 PORÇÕES

Os judeus originários da Alemanha conservaram o hábito de misturar o doce e o azedo. Esta é uma das misturas sedutoras, que serve de entrada numa refeição.

- *1 kg de repolho roxo*
- *2 maçãs ácidas graúdas*
- *suco de 1/2 limão*
- *sal e pimenta-preta recém-moída*
- *4 colheres de sopa de vinagre*
- *1 e 1/2 colher de sopa de açúcar*
- *1/2 xícara de vinho tinto*
- *4 colheres de sopa de passas sem caroços*
- *2 colheres de sopa de azeite de oliva*

Desprezar o centro do repolho com a ajuda de uma faca pontuda e ralar a parte aproveitável ou moer no processador. Ralar também as maçãs, misturar com o repolho e temperar com sal, pimenta, suco de limão, vinagre, açúcar e vinho tinto. Dar uma leve fervura, o suficiente para o repolho amolecer, conservando o líquido que restar. Esperar esfriar e misturar as passas e o azeite de oliva. Servir gelada.

Salada de Beterraba Especial

RENDE 6 A 8 PORÇÕES

A raiz-forte confere a esta salada um sabor especial, muito apreciado pelos ashkenazim.

- *7 a 8 beterrabas cozidas e descascadas*
- *1/4 de xícara de creme de leite azedo*
- *1/2 colher de chá de raiz-forte ralada*
- *1/2 colher de chá de mostarda de Dijon*
- *2 colheres de sopa de maionese*
- *2 colheres de sopa de alho-porro picado, incluindo a parte verde*
- *2 colheres de sopa de salsa picada ou* Dill*

Fatiar e picar as beterrabas. Colocar todos os ingredientes numa tigela funda, menos a salsa ou *Dill*. Misturar tudo muito bem e salpicar a salsa ou o *Dill* na hora de servir.

* *Dill*: ou aneto, semelhante ao funcho. Pode ser adquirido em grão, folhas frescas ou secas.

Saladas e Verduras 378 *Cozinha Judaica*

Salada de Melão-Espaguete com Berinjela e Gergelim

RENDE 4 PORÇÕES

O melão-espaguete é um fenômeno da natureza. Ao cozinhar-se fragmenta-se em fios longos, como se fossem fios de espaguete, daí seu nome. Tornou-se muito apreciado em Israel, onde já é cultivado há um bom tempo com bastante sucesso.

- *1,5 kg de melão-espaguete cozido*
- *1 berinjela grande*
- *3 colheres de sopa de óleo*
- *100 g de semente de gergelim*
- *sal e pimenta-preta recém-moída*
- *1 xícara de queijo parmesão ralado*
- *2 colheres de sopa de manteiga*
- *3 dentes de alho amassados*

Torrar com o forno bem lento as sementes de gergelim até que comecem a soltar um aroma forte e se tornem levemente douradas. Reservar. Cortar a berinjela no sentido do comprimento em 8 pedaços, deixando-os de molho em água com sal. Untar uma assadeira com óleo, pincelar as fatias de berinjela também com um pouco de óleo e levar ao forno por 15 a 20 minutos, somente para que fiquem macias. Para cozinhar o melão-espaguete, separar as sementes e fervê-lo por 20 minutos. Lavar em água fria os fios e colocá-los para escorrer. Enrolar as fatias de berinjela com gergelim e 3/4 de queijo parmesão e reservar. À parte, numa caçarola grande, fritar o alho com a manteiga

Saladas e Verduras 379 *Cozinha Judaica*

e refogar nessa mistura o melão em fios. Temperar com sal e pimenta e acrescentar uma parte menor do queijo parmesão. Arrumar num prato: no fundo o melão em fios, como se fosse um ninho, e no centro as fatias de berinjelas enroladas. Servir em temperatura ambiente ou levemente resfriada. Caso se desejar, reservar um pouquinho das sementes de gergelim para salpicar por cima do prato.

Endjinaras

(CORAÇÕES DE ALCACHOFRAS À MODA SEPHARADE)
RENDE 8 PORÇÕES

- *8 alcachofras*
- *1 limão para esfregar as alcachofras*
- *1/2 copo de óleo vegetal*
- *suco de 2 limões para o molho*
- *2 copos d'água*
- *2 colheres de sopa de açúcar*
- *sal*
- *vinagre*
- *fatias de batata ou chuchu (opcional)*

Tirar as pétalas das alcachofras até chegar ao coração. Abrir ao meio, limpar retirando os fiapos e esfregar as alcachofras com limão, para evitar que escureçam. Mergulhá-las numa tigela com água, vinagre e a casca do limão e reservar. Numa panela colocar o óleo, o açúcar, os 2 copos d'água, o sal e algumas fatias de chuchu ou batata, pôr tudo para ferver. Lavar as alcachofras e colocá-las no caldo, deixando-as cozinhar até ficarem macias e com o molho apurado. Esperar esfriar e servir em temperatura ambiente ou gelada.

Salata de Apyo

(SALADA DE AIPO À MODA SEPHARADE TURCA)
RENDE 4 PORÇÕES

- *parte branca de 1 aipo*
- *1 limão*
- *sal*
- *1 colher de sopa de vinagre*
- *3 colheres de sopa de azeite extravirgem*
- *1 colher de sobremesa de açúcar*
- *suco de 1 limão*
- *cenoura, chuchu ou batata*

Cortar o aipo em fatias não muito finas, no sentido vertical. Deixar de molho em água com vinagre durante 1 hora. Escorrer e colocar para cozinhar lentamente o aipo, o azeite, o sal, o açúcar e o limão. Quando estiver quase cozido, colocar as batatas e o chuchu e terminar de cozinhar. Caso seja utilizada a cenoura, esta deve cozinhar desde o começo com o aipo.

Salata de Berendjena Asada

(SALADA DE BERINJELA À MODA SEPHARADE TURCA)

RENDE 4 PORÇÕES

- *1 kg de berinjela*
- *açúcar*
- *3 colheres de sopa de azeite extravirgem*
- *1 colher de sopa de salsa bem picada*
- *1 dente de alho amassado*
- *pimenta-preta recém-moída*
- *suco de 1 limão*
- *sal*

Lavar as berinjelas inteiras e secá-las, colocando em seguida com casca no forno para assar, até que fiquem macias, e as cascas, secas. Retirar cuidadosamente a casca e amassar a berinjela com um garfo. Acrescentar o alho amassado, o azeite, a fim de obter um creme consistente. Temperar com sal, limão, açúcar, salsa e pimenta. Servir como salada acompanhada de torradas ou pão *Pita*.

Fongos

(FRITADA DE ESPINAFRE COM NINHOS DE BATATA À MODA SEPHARADE TURCA)
RENDE 6 A 8 PORÇÕES

- *2 molhos de espinafre cru*
- *2 colheres de sopa de farinha de trigo ou de* Matzá
- *1 colher de café de fermento em pó*
- *4 ovos*
- *sal*
- *5 batatas grandes cozidas e espremidas*
- *250 g de queijo branco amassado (ricota ou queijo-de-minas)*
- *200 g de queijo parmesão ralado*
- *1 colher de sopa de manteiga*

Descascar e cozinhar as batatas em água e sal. Escorrer a água e amassar com um garfo. Lavar as folhas do espinafre, cortar em tiras pequenas, escorrer e secar com um guardanapo. Numa tigela, colocar o espinafre, o sal, a farinha, 100 g de queijo parmesão e 100 g de queijo branco, 2 batatas e os 2 ovos batidos levemente. Misturar e reservar. Os ninhos (*Fongos*) são preparados misturando-se 3 batatas cozidas junto com 150 g de queijo branco, 1 00 g de queijo ralado, 2 ovos inteiros, manteiga e fermento e reservar. Untar uma forma refratária redonda com óleo e levar ao forno para esquentar o óleo. Colocar a mistura do espinafre e abrir uns espaços com uma colher para colocar os ninhos. Deixar um espaço entre um ninho e outro para não misturar. Polvilhar tudo com o restante do queijo ralado e levar ao forno para dourar.

Fritada de Kalasava

(FRITADA DE ABOBRINHA À MODA SEPHARADE TURCA)

RENDE 6 A 8 PORÇÕES

- 1 kg de abobrinhas verdes
- 2 pãezinhos molhados e espremidos
- 4 ovos
- sal
- 1 xícara de queijo parmesão ralado
- 1 xícara de queijo branco ralado (ricota ou queijo-de-minas)
- 1 colher de sopa de cebola ralada
- 2 colheres de sopa de salsinha picada

Raspar a casca das abobrinhas e ralar as abobrinhas no ralo de buracos grossos. Espremer bem com as mãos para retirar toda a água. Numa tigela, colocar o pão, a abobrinha ralada, os ovos, os queijos, as cebolas, a salsinha e misturar bem. Numa forma refratária colocar óleo e levar ao forno para esquentar. Colocar em seguida a mistura, polvilhar com queijo parmesão ralado e levar ao forno para dourar.

Saladas e Verduras ✡ *Cozinha Judaica*

Fritada de Prasa

(FRITADA DE ALHO-PORRO À MODA SEPHARADE TURCA)
RENDE 6 A 8 PORÇÕES

- *6 alhos-porros*
- *4 a 5 ovos*
- *pimenta recém-moída*
- *2 batatas cozidas e amassadas (ou 2 pãezinhos molhados e espremidos)*
- *1 xícara de queijo branco ralado (ricota ou queijo-de-minas)*
- *1 xícara de queijo parmesão ralado*

Retirar as folhas duras do alho-porro. Usar somente a parte branca e alguma parte verde, caso esteja macia. Cortar em pedaços e lavar bem. Cozinhar até amaciar e bater com uma faca sobre uma tábua até desmanchar. Espremer bem. Numa tigela, colocar todos os ingredientes, reservando um pouco de queijo para polvilhar. Proceder como nas demais fritadas e levar ao forno para assar até dourar.

Fritada de Tomat

(FRITADA DE TOMATE À MODA SEPHARADE TURCA)

RENDE 6 A 8 PORÇÕES

- *4 ovos*
- *sal*
- *pimenta recém-moída*
- *2 cebolas picadas finas*
- *5 tomates picados (sem sementes)*
- *1 xícara de café de óleo*
- *2 pãezinhos molhados e espremidos*
- *1 colher de chá de açúcar*
- *1 xícara de queijo parmesão ralado*
- *1 molho de salsa picada*

Misturar todos os ingredientes, menos o óleo. Untar uma forma refratária e proceder como nas outras fritadas. Polvilhar com queijo ralado e levar para assar até dourar e secar um pouco.

Saladas e Verduras 386 *Cozinha Judaica*

Tomat Kon Guevos

(TOMATE COM OVOS)

RENDE 2 A 3 PORÇÕES

- *2 a 3 ovos*
- *óleo*
- *1 pitada de açúcar*
- *150 g de queijo branco em fatias*
- *4 tomates sem pele e sem sementes picados*
- *cebola*
- *sal*
- *alho amassado*
- *queijo parmesão ralado para polvilhar*

Fazer um molho de tomate com os temperos habituais: cebola ralada, sal, alho amassado e 1 pitada de açúcar. Depois de pronto, colocar numa panela rasa que vá ao fogo o molho, as fatias de queijo e por cima os ovos, um a um. Salpicar queijo ralado e cozinhar em fogo lento para o queijo derreter.

Miscelânea

O termo miscelânea define um pouco a cozinha judaica, resultado das mais variadas influências. Desde os pepinos em conserva que se fazia no Leste Europeu, passando pela *Harissa* dos norte-africanos, pelo *Applesauce* dos alemães, ou pelo tratamento que os judeu-turcos dão a uma simples ova de tainha, não importa. Tudo é cozinha judaica. O capítulo miscelânea finaliza no contexto dos alimentos salgados e alguns adoçados com alguns molhos ou pastas especiais, e algumas raridades gastronômicas, surpreendentemente simples e deliciosas.

- Pepinos em Conserva
- Conserva de Melancia
- *Zhounh*
- *Harissa*
- *Hummus*
- *Tahine*
- *Falafel*
- Beterraba Picante
- *Applesauce*
- *Keso a La Turca*
- *Abudaraho*
- *Taramá*
- Aperitivos com Ovos Cozidos
- *Likerda*
- *Charosset*

Vegetais em Conserva

Um antigo hábito cultivado pelas mulheres judias na Ucrânia, Polônia, Lituânia e Rússia era armazenar, dentro das variedades escassas, grandes provisões de vegetais em conserva, a fim de se precaver para os longos e rigorosos invernos. Alguns desses produtos, depois de prontos, também serviam para comercializar com camponeses de outras regiões, em troca de outras mercadorias ou como forma de ganhar a vida.

Pepino em Conserva

- *1 kg de pepinos pequenos*
- *6 xícaras de água*
- *3 colheres de sopa de sal*
- *1 colher de sopa de vinagre branco*
- *1 ramo de endro ou aneto fresco*
- *4 dentes de alho inteiros e sem a película*
- *1 colher de chá de pimenta-preta em grãos*

Depois de escovar e lavar os pepinos, cortar as pontas. Arrumar dentro de um pote de vidro, especial para picles. O segredo de um bom picles é dispor os pepinos de tal forma que não haja folga entre eles para não apodrecerem. Feito isso, encher o vidro com água fervida salgada e colocar o alho e a pimenta, assim como o ramo de endro. Os pepinos devem ficar totalmente cobertos de líquido. Tampe o recipiente. O picles deve ficar pronto em aproximadamente 4 a 6 dias e se conserva por vários dias na geladeira.

Miscelânea 391 *Cozinha Judaica*

• O picles de origem polonesa é adocicado, alternando-se sal e açúcar. Nesse caso, usar 2 a 3 colheres de sopa de açúcar mais 1 colher de sopa de sal e aumentar o vinagre para 1 xícara e 1 1 I 2 xícara de água.

• Há quem varie os temperos: no lugar do endro pode-se usar tomilho, folhas de aipo ou um pouco de cravo etc.

Conserva de Melancia

- *1 melancia vermelha*
- *alguns dentes de alho*
- *algumas pimentas-pretas em grãos*
- *sal*

Descascar uma melancia vermelha e tirar a casca fina. Cortar em fatias mais ou menos grossas. Colocar as fatias num vidro grande próprio para conservas. Juntar então alguns dentes de alho descascados, algumas pimentas em grãos. Fazer à parte uma salmoura e jogar por cima das melancias até cobrir bem. Cobrir toda a conserva, apertando bem, para a melancia não boiar. Depois de mais ou menos 6 dias, nota-se uma nata esbranquiçada na boca do vidro. Retirar a nata, provar e verificar se está a gosto.

Zhough

O *Zhough* é um prato iemenita que caiu nos hábitos do israelense. Trata-se de um condimento muito forte, em forma de uma pasta feita à base de pimentas e alho triturados a mão, ou no processador, misturando-se também coentro e condimentos. Depois de pronto, pode ser conservado meses na geladeira. Existem duas versões de *Zhough*: na versão vermelha, utiliza-se somente pimenta-malagueta vermelha, sem outros condimentos que modifiquem sua cor. Na cor vermelha também é chamado *Harissa* (ver pág. 394). Porém o típico *Zhough* iemenita leva muito cilantro, uma espécie de salsa verde utilizada na cozinha indiana, que confere um sabor sutil aos alimentos e que recai na segunda versão.

- *1 xícara de pimenta-malagueta fresca vermelha ou verde*
- *8 colheres de sopa de cilantro fresco picado*
- *8 colheres de sopa de coentro fresco picado*
- *1 colher de chá de sal*
- *1 colher de chá de pimenta-do-reino preta recém-moída*
- *1 colher de chá de cominho moído*
- *1 pitada de cardamomo*
- *1 alho picado*
- *sal a gosto*
- *1/4 de xícara de azeite de oliva*

Colocar tudo no processador e bater até obter um purê. Para guardar na geladeira convém cobrir sempre com uma camada de azeite de oliva.

Miscelânea 393 *Cozinha Judaica*

Harissa

Na realidade, embora a *Harissa* seja muito utilizada em Israel, trata-se de um condimento originalmente norte-africano, muito utilizado também nos pratos judaicos tunisianos, acompanhando salada, peixes e *Couscous*. Atualmente o molho *Harissa* pode até ser encontrado com facilidade em restaurantes da Provença francesa, muito usado para condimentar azeitona e algumas carnes antes de serem grelhadas.

- *250 g de pimenta-vermelha seca*
- *1 dente de alho*
- *I colher de sopa de sementes de coentro moídas*
- *1 colher de sopa de sementes de alcaravia moídas*
- *1 colher de sopa de sal*
- *1/2 xícara de azeite de oliva extravirgem*

Abrir a pimenta-vermelha e retirar as sementes. Mergulhá-las em água morna até tornarem-se macias. Espremer para tirar o excesso de água e moer a pimenta no processador com os outros ingredientes. Sua consistência depois de pronta deve ser a de um purê com uma profunda coloração vermelha. Colocar num vidro com um fio de azeite de oliva por cima e guardar na geladeira.

Hummus

O *Hummus* é uma das mais típicas comidas de Israel. É feito com *Tahine*, grão-de-bico amassado e alho. Os israelenses adoram para comer com pão *Pita* junto com *Falafel* (ver pág. 397).

- *1 xícara de grão-de-bico seco*
- *1 colher de sopa de bicarbonato de sódio*
- *3 dentes de alho picados*
- *1 colher de chá de sal*
- *1/2 colher de chá de cominho moído*
- *1/2 xícara de molho* Tahine
- *suco de 2 limões*

Deixar o grão-de-bico de molho por uma noite com o bicarbonato de sódio. Escorrer, mudar a água e colocar para cozinhar, reservando um pouco da água da fervura. Amassar o grão-de-bico e, se necessário, adicionar um pouco da água da fervura. Misturar os demais ingredientes. Deve ficar pastoso.

Miscelânea *Cozinha Judaica*

Tahine

Esse molho tornou-se o molho básico para se comer o *Falafel*, uma das mais populares comidas de Israel. Porém, também se presta para inúmeras outras preparações. Feito com a pasta de gergelim moído, na sua origem a palavra *Tahine* significa "semente de gergelim moída", vindo do árabe *thana* e do hebraico *Tahina*, que significa "moer".

- *1 xícara de pasta de gergelim (*tahine*)*
- *suco de 1 a 2 limões*
- *2 a 3 dentes de alho amassados*
- *sal*
- *1/2 colher de chá de páprica*
- *2 colheres de sopa de salsa verde e fresca picada bem fina*

Numa tigela misturar a pasta de gergelim com o suco de limão e 3/4 de xícara de água. Acrescentar o sal e o alho, e na hora de servir guarnecer com salsa picada. Deve ficar na consistência de um creme ralo.

Falafel

(BOLINHAS FRITAS DE GRÃO-DE-BICO OU FAVA)
RENDE 40 BOLINHAS

O *Falafel* em Israel é comida de rua que se encontra em carrocinhas e que se come em pé com um pão *Pita* (ver pág. 169) e *Tahine* (ver receita anterior). Há quem o aprecie também com salada e condimentado com *Zhough* (ver pág. 393). O *Falafel* pode ser feito com grão-de-bico ou feijão-fava. Ambos devem ficar de molho por 24 horas para amolecer antes de colocá-los no processador para moer.

- *2 xícaras de fava seca ou grão-de-bico*
- *4 colheres de salsa verde fresca bem picada*
- *4 colheres de cilantro ou salsa chinesa bem picado*
- *1 cebola bem grande picada*
- *2 colheres de chá de sal*
- *1 colher a 2 colheres de páprica picante*
- *6 a 7 dentes de alho amassados*
- *2 colheres de chá de cominho moído*
- *2 colheres de chá de fermento em pó*
- *8 a 10 colheres de farinha de trigo*
- *óleo de soja ou outro óleo vegetal para a fritura*
- *cebola picada para guarnecer*
- *molho* Tahine
- *pão* Pita
- Zhough *para condimentar (a gosto)*

Deixar de molho o grão-de-bico ou a fava pela noite toda ou por 12 horas. Escorrer e colocar no processador o cereal, a cebola, a salsa, o cilantro, o sal, a páprica, o alho e o cominho. Processar, porém sem virar um purê. Juntar o fermento, a farinha de trigo e misturar bem numa tigela, permitindo que se forme uma massa que não grude nas mãos. Colocar num recipiente no refrigerador coberto por um plástico por algumas horas. Feito isso, enrolar bolinhas do tamanho de uma noz. Esquentar o óleo equivalente a 8 cm de altura numa panela funda e fritar 1 bola para testar. Caso a bola se desmanche, é sinal de que há necessidade de colocar um pouco mais de farinha na massa. Depois, fritar de 6 em 6 bolas de cada vez até corarem. Desengordurar em papel absorvente. Deve ser comida recheada cada *Pita* com bolas de *Falafel*, tomate picado, cebola em rodelas e temperos a gosto.

Beterraba Picante

Esta forma de conservar beterrabas tem muito a ver com os velhos tempos no *Shtetl* (ver pág. 65)

- *800 g de beterrabas*
- *6 cravos*
- *1/2 colher de chá de noz-moscada*
- *1/8 colher de chá de pimenta-branca em grãos*
- *1/8 colher de chá de pimenta-preta em grãos*
- *1/8 colher de chá de canela*
- *2 xícaras de vinagre*
- *1/2 xícara de açúcar*
- *2 cebolas cortadas em fatias*

Depois de lavar e esfregar bem as beterrabas fervê-las até ficarem macias. Quando esfriarem, retirar as cascas e cortar em fatias. Ferver numa outra panela as fatias de beterraba, com vinagre e os temperos por apenas 5 minutos. Remover do fogo e acrescentar as cebolas fatiadas. Transferir as beterrabas para um prato fundo com o líquido e conservar na geladeira.

Applesauce

(PURÊ DE MAÇÃS)

RENDE 4 XÍCARAS

- *1,8 kg de maçãs de polpa doce e suculenta*
- *1/2 xícara de suco de maçãs ou cidra de maçã*
- *casca de um limão grande*
- *1/4 a 1/2 xícara de açúcar*
- *1/8 a 1/2 colher de chá de canela*
- *noz-moscada*
- *suco de limão*

Sem descascar as maçãs, cortá-las em 4 pedaços. Colocá-las numa panela e acrescentar o suco de maçãs ou cidra e a casca de limão. Cobrir a panela e com o fogo muito baixo cozinhar tudo por 30 minutos, até as maçãs ficarem macias. Retirar as cascas das maçãs e transformar a polpa num purê. Levar a polpa numa panela e acrescentar o açúcar, a canela e raspas de noz-moscada a gosto e cozinhar muito lentamente com a panela descoberta apenas para engrossar um pouco. Provar o tempero e, se for necessário, acrescentar mais açúcar e caldo de limão. O *Applesauce* é um delicioso acompanhamento para aves, *Latkes* e algumas carnes.

Miscelânea 399 *Cozinha Judaica*

Keso a La Turca

(RICOTA À MODA JUDAICO-TURCA)

Sendo a ricota um queijo neutro, os judeus da Turquia a incrementam para servir como aperitivo.

- *1 ricota média*
- *sal*
- *azeite extravirgem*
- *suco de 1 limão*
- *pimenta-preta recém-moída*

Cortar a ricota em rodelas grossas. Dar uma leve fervura na ricota com água e sal (5 a 10 minutos). Escorrer, cortar em 4 pedaços e depois de fria temperar com azeite, limão e pimenta. Conservar na geladeira.

Abudaraho

(OVA DE TAINHA PARA APERITIVO)

O *Abudaraho* pode ser comparado a uma das mais requintadas *delicatessen* da cozinha judaico-turca. Só se obtém o efeito desejado preparando-se com a ova da tainha, que no Brasil aparece por volta do mês de outubro nas peixarias e feiras livres. (Ver receita a seguir).

- *1 par de ovas de tainha de bom tamanho, que não estejam com a pele arrebentada*
- *sal*

Com a ajuda de um palito tirar o sangue da veia das ovas de peixe, cuidando para não arrebentar a pele. Lavar e colocar bastante sal. Assentar as ovas numa tábua de cozinha inclinada e deixar que seu líquido interno escorra por cerca de 6 a 7 horas. Após isso, lavá-las rapidamente e secá-las com cuidado para não arrebentar a pele. Colocar novamente na tábua inclinada por 4 a 5 dias ao ar livre, virando as ovas diariamente, até ficarem secas e duras. Envolver em papel-alumínio e colocar num saco plástico, para guardar na geladeira ou *freezer*. Na hora de servir, tirar a pele fina e cortar em fatias para comer com rodelas de pão fresco. Também se pode utilizar parafina derretida para conservar as ovas. Nesse caso, não precisam ir à geladeira. Para cobrir as ovas com parafina, basta mergulhá-las algumas vezes quando a parafina estiver ainda líquida. Escorrer, deixar esfriar e estocar.

Taramá

(PASTA DE OVA DE PEIXE)

Não existe nada mais saboroso do que o *Taramá*, uma pasta de ova de peixe que é feita sobretudo pelos judeus da Turquia, Grécia e imediações. Antigamente, a ova de peixe da tainha, a mais apropriada para esse preparo, era quase desprezada pelos peixeiros, que não conheciam seu real valor. À medida que começou uma grande procura por esse produto, o preço subiu astronomicamente. Hoje em dia é quase um artigo de luxo. Usa-se o *Taramá* sobre torradinhas, rodelas de pão francês fresco e crocante, sobre *Pita* e biscoitinhos salgados.

- *1 par de ovas de bom tamanho (imprescindível ser de tainha)*
- *sal*
- *1/2 xícara de café de óleo*
- *suco de meio limão*
- *1 pão francês pequeno (utilizando-se só o miolo molhado e espremido)*

Com cuidado especial, retirar com a ajuda de um palito o sangue das veias das ovas de peixe. Lavar, colocar bastante sal e deixá-las sobre uma tábua inclinada para escorrer a água, até que não corra mais nenhum líquido. Tirar a película com uma faca, e caso não seja imediatamente utilizada, deve ser conservada em óleo, e por tempo maior, no *freezer*. No preparo da pasta, tirar o equivalente a 3 colheres de sopa e colocar na batedeira. Juntar o miolo de pão, o suco de limão e, sempre batendo, colocar o óleo aos poucos, até ir formando um creme compacto.

Aperitivos de Ovos Cozidos

RENDE 2 XÍCARAS DE CHÁ

- *6 ovos cozidos*
- *1/2 xícara de cebola finamente picada*
- *sal*
- *pimenta-preta em grãos moída*
- *3 colheres de sopa de* Schmaltz

Picar os ovos com uma faca (sem amassá-los) batendo vigorosamente. Acrescentar a cebola e continuar batendo até ficar bem misturado. Temperar com sal, pimenta e o *Schmaltz*. Continuar batendo só até misturar bem. Servir em temperatura ambiente, acompanhado de pão preto ou *Challah* fatiados ou então com bolachas de *Matzá*.

(PEIXE CURTIDO)

Os judeus, desde a mais antiga época, usavam métodos de conservar o peixe. A *Likerda* é um processo que os judeus da Turquia e Grécia utilizam para curtir peixe, adaptando-o à modernidade dos dias de hoje, quando se pode fazer uso de geladeira.

- *cavala ou tainha*
- *sal*
- *azeite de oliva*
- *suco de limão*

Pedir para o peixeiro cortar o peixe em filés, sem pele, desprezando as outras partes. Lavar bem os filés e deixar escorrer. Colocar bastante sal dos dois lados e arrumá-los numa forma refratária com um prato fazendo peso por cima. Tampar bem e levar à geladeira por 1 semana. Para utilizar, lavar os filés, escorrer, cortar em tiras ou pedaços pequenos e guardar num vidro cobertos com azeite de oliva. Para usar, retirar e temperar com suco de limão.

Charosset

(PASTA PARA PESSACH)

O *Charosset* ou *Haroset* é uma pasta simbólica que se come com a *Matzá* na mesa de *Pessach*. Existem muitas variações de acordo com o país de origem (ver *Pessach*, pág. 121). Na mistura do *Charosset*, os iemenitas, por exemplo, podem incluir cravos e pimenta em pó, enquanto os judeus do Leste da Europa sempre utilizaram a canela. Existem até receitas israelenses feitas com bananas misturadas com frutos secos. Basicamente, o *Charosset* deve ter uma cor semelhante à do barro, já que a preparação evoca esse material, que os escravos judeus no Egito usavam para construir as pirâmides, e para esse resultado o vinho tinto é essencial.

RECEITA SEPHARADE
(RENDE CERCA DE 3 XÍCARAS)

- *1 xícara de tâmaras secas*
- *1/2 xícara de passas*
- *1/3 de xícara de vinho tinto doce, e mais, se necessário*
- *1 laranja ralada*
- *polpa da laranja sem as sementes, cortada em cubos*
- *1/2 xícara de mel*
- *1/2 colher de chá de canela em pó*
- *1/4 de colher de chá de cravos moídos*
- *1/3 de xícara de amêndoas inteiras*
- *1/3 de xícara de nozes*
- *1/3 de xícara de Pignoli (opcional)*

Deixar as tâmaras de molho no vinho. Passar todos os ingredientes pelo processador até obter-se uma pasta consistente. Se necessário, acrescentar mais vinho até conseguir a consistência desejada. Colocar num recipiente que permita comer durante toda a Páscoa judaica.

RECEITA ASHKENAZE
(RENDE CERCA DE 4 XÍCARAS)

- *450 g de maçãs sem casca em cubos*
- *1 xícara de nozes*
- *3/4 de colher de sopa de canela*
- *3 a 5 colheres de sopa de vinho tinto doce*

Processar todos os ingredientes para transformar numa pasta. Se necessário, acrescentar mais vinho. Caso se desejar mais adocicada a pasta, juntar 1 colher de sopa de mel.

Sobremesas e Confeitaria

Os judeus são tidos como grandes apreciadores de doces. O mel para eles foi na realidade o primeiro contato com o doce, e no Antigo Testamento ele é citado com frequência como um alimento comum na época. Tendo vivido no Egito na condição escrava, o povo judeu tomou conhecimento da famosa apicultura, que no Antigo Egito era muito cultuada, a ponto de o país ser conhecido como "país da abelha", e esta considerada o símbolo do Egito. Consta também que nos baixos-relevos gravados há mais de 30 séculos na tumba do faraó Ramsés III aparece uma variedade de doces e bolos, preparados com uma mistura de farinha de trigo, frutas, mel e especiarias. Países como a China e a Índia foram precursores no uso do açúcar, pois já utilizavam a cana-de-açúcar em estado selvagem, e o contato dos judeus com o açúcar também já vinha da mais remota Antiguidade, na vivência dos judeus na Índia, onde o uso do açúcar já era reconhecido e enaltecido. Também é sabido que na Pérsia e na Índia era costume colher uma reserva de árvores açucaradas para utilizar-se em bolos e doces, e em relação à cana-de-açúcar já se comentava como uma planta da qual "podia-se obter um mel sólido, sem auxílio de abelhas".

Mais tarde, a cozinha árabe deu uma grande contribuição à cozinha europeia, quando os árabes colonizaram a Sicília e a Espanha, e os viajantes europeus de épocas mais antigas, muitos deles de origem judaica, já ficavam maravilhados com a quantidade de doce nos países árabes, não poupando elogios às pastelarias e aos doces servidos ao término das refeições.

Os judeus que viviam na Europa tiveram a oportunidade de conviver com países onde a evolução da confeitaria e pastelaria desenvolveu-se consideravelmente, como é o caso da Áustria e Hungria, e nesse contexto foram também criando seus próprios doces e fazendo readaptações de doces já existentes, conforme suas possibilidades e necessidades. No mundo sepharade, as sobremesas eram reservadas para ocasiões especiais, pois a grande variedade de frutos secos constituía para muitos uma forma agradável de finalizar uma refeição. Quanto aos judeus da região do Mediterrâneo, tendo à disposição excelentes frutas, além de comê-las *in natura*, com elas preparavam geleias e compotas, sabendo também que o açúcar era um ótimo conservante.

Na história da cozinha judaica, várias sobremesas aparecem com sugestivos nomes fazendo parte das festividades: Orelhas de Haman relativas a *Purim*; *Honik Leikech*, que está presente às mesas de *Rosh Hashaná*; *Sufganiyot*, em *Chanuká*; *Blintzes* de Queijo, tão apreciados em *Shavuot*; *Bimuelos*, que se preparam no *Pessach*, além de uma grande variedade de doces que enobrecem a cozinha judaica. Nesse sentido existe uma razão muito simples para se cultuarem os doces: essas guloseimas adoçam a vida, atenuam o amargor de momentos difíceis e trazem uma grande alegria para ser repartida com quem se ama.

Sobremesas e Confeitaria *Cozinha Judaica*

- *Blintzes* de Queijo
- Torta de Ricota
- *Delie Cheesecake*
- Bolo de Cenoura
- *Honik Leikech*
- *Leikech* de Laranja
- *Nuant*
- Bolo de Maçãs de *Chanuká*
- *Lokshen Kugel Mit Eppel*
- *Travados*
- Bolo de Azeite
- *Kheer Bengali*
- *Chamali*
- *Plava*
- *Zalabia*
- *Bocca di Dama*
- *Sufganiyot*
- *Mustatchudos*
- *Maronchinos*
- *Hamantaschen*
- Panquecas de Maçã para *Pessach*
- Bolo de Tâmaras para *Pessach*
- *Mandeltorte*
- *Kadaif de Keso y Mueses*
- Compota de Pêssegos e Damascos
- *Apfelstrudel*
- Bolo de Semente de Papoula

- *Marzipã*
- Biscoitos de *Mum*
- *Biskochos de Vino*
- *Lokmas*
- *Kamish Broit*
- Orelhas de *Haman*
- Torta de Uvas de *Purim* n° 1
- Torta de Uvas de *Purim* n° 2
- *Baklava*
- Bolo de Açúcar Mascavo, Canela e Nozes para o *Shabat*
- Pão-de-Ló do *Pessach*

Blintzes de Queijo

RENDE 12 BLINTZES

Os *Blintzes* de queijo são muito apreciados pelos judeus de origem europeia, por ocasião da festa de *Shavuot*, quando produtos feitos com queijo são enaltecidos. *Blintzes* são delicadas panquecas enroladas com um recheio, que pode ser de queijo, maçãs ou cerejas, como se fazia na Rússia. Provavelmente essa especialidade é parente dos *Blinis* imperiais russos e do *Blinchiki*, pequenos crepes feitos de farinha de sarraceno, usualmente servidos com caviar, no Palácio de Inverno, o que obviamente não fazia parte do mundo judaico. Apesar de todas essas suposições, há quem afirme que os *Blintzes* possuem origem húngara, pois panquecas de todos os tipos eram comuns na Hungria, conhecidas por *Palacsinta*. Dos *Blintzes* existem versões mais e menos adocicadas.

PARA AS PANQUECAS
- *1 xícara de farinha de trigo*
- *1 1/4 de xícara de leite*
- *2/3 de xícara de água*
- *1 ovo*
- *1/2 colher de chá de sal*
- *1 colher de sopa de óleo e mais para untar a frigideira*

PARA O RECHEIO

- *500 g de queijo ricota fresco tipo* cottage
- *250 g de* cream cheese
- *1/2 xícara de açúcar ou a gosto*
- *casca ralada de 1 1/2 limão*
- *3 gemas de ovos*
- *gotas de baunilha*
- *100 g de passas brancas embebidas em rum*
- *2 a 3 colheres de sopa de manteiga sem sal derretida*
- *açúcar de confeiteiro para polvilhar (opcional)*
- *creme de leite azedo para acompanhar*

Misturar o leite e a água com a farinha de trigo aos poucos. Juntar o ovo, sal e o óleo. Deixar a massa descansar durante 1 hora. Esquentar uma frigideira não aderente, de preferência, e que possua aproximadamente 20 cm de diâmetro e pincelar o fundo ligeiramente com óleo. Deitar uma porção de massa, espalhando-a na frigideira até preencher toda a superfície do fundo. Assim que a panqueca começar a dourar, virar para cozinhar o outro lado. Proceder assim até fritar todas as panquecas, formando uma pilha. Para o recheio misturar o queijo com o *cream cheese*, o açúcar, a raspa de limão, as gemas de ovos e a baunilha e passar no processador. Depois, retirar e acrescentar as passas. Pegar uma panqueca de cada vez e colocar 2 colheres de sopa do recheio espalhando, evitando, entretanto, que o recheio chegue às extremidades. Enrolar as panquecas e colocá-las uma ao lado da outra numa forma refratária untada com manteiga. Na hora de servir, levar ao forno pré-aquecido a 190°C por 20 minutos. Servir quente, polvilhando com açúcar de confeiteiro e canela (se gostar). Deve ser acompanhada com creme de leite azedo.

Torta de Ricota

RENDE 8 A 10 PORÇÕES

Por ocasião da festividade do *Shavuot*, esta é uma clássica torta de influência judaico-
-austríaca.

MASSA

- 1 1/2 copo de farinha de trigo
- 1 copo de açúcar
- 2 colheres de chá de fermento em pó
- 2 colheres de sopa de manteiga sem gelo
- 2 gemas

RECHEIO

- 0,5 kg de ricota
- 250 g de creme de leite fresco
- 1 colher de sopa de manteiga
- 3 gemas
- 1 xícara de açúcar
- 1 colher de sopa de farinha de trigo
- 100 g de passas sem caroços
- raspa de 1 limão
- gotas de baunilha
- 3 claras batidas em neve

Sobremesas e Confeitaria 413 *Cozinha Judaica*

Peneirar todos os ingredientes secos: a farinha, o açúcar e o fermento. Misturar com a manteiga e as gemas. Amassar bem até formar-se uma farofa solta. Forrar uma forma de 25 cm de diâmetro, de fundo desmontável, e despejar o recheio sobre a massa, que é feito da seguinte forma: bater no liquidificador a ricota com o creme de leite. Acrescentar a manteiga, as gemas, o açúcar e a farinha de trigo. Tirar do liquidificador e misturar delicadamente as passas, a raspa de limão e, por último, as claras em neve. Levar a torta para assar a 180°C sem deixar dourar demais.

Delie Cheesecake

(UMA SOBREMESA RICA EM DERIVADOS DO LEITE COMUMENTE SERVIDA NAS DELIES JUDAICAS)

RENDE 10 A 12 PORÇÕES

MASSA

- *1 xícara de farinha de trigo*
- *1/4 de xícara de açúcar*
- *I colher de chá de raspa de limão*
- *8 colheres de sopa de manteiga sem sal*
- *1 gema de ovo*

RECHEIO

- *250 g de* cream cheese
- *1 xícara de creme de leite fresco*
- *2 ovos*
- *1/4 de xícara de açúcar*
- *1/2 colher de chá de baunilha*
- *1/2 colher de chá de casca ralada de limão*

COBERTURA

- *1 xícara de creme de leite fresco*
- *1 colher de sopa de açúcar*
- *1 colher de chá de casca ralada de limão*
- *1/2 colher de chá de suco de limão*

Misturar a farinha com o açúcar, a raspa de limão, a manteiga e a gema de ovo e formar uma bola. Embrulhar em folha plástica e levar à geladeira por 1 ou 2 horas. Depois forrar o fundo e os lados de uma forma de fundo removível (22 cm de diâmetro). Esquentar o forno a 200°C e assar por 10 minutos. Para começar a corar nas extremidades dos lados, diminuir para 190°C, assando mais um pouco. Retirar do forno e deixar a forma esfriar. Preparar o recheio misturando os ingredientes e levar para assar por mais 30 minutos, sem deixar corar demais. Retirar do forno, deixar esfriar e cobrir o *Cheesecake* após bater a mistura levemente, o creme de leite e o açúcar, adicionando a casca ralada e o suco de limão. Servir gelada.

Bolo de Cenoura

RENDE 8 A 10 PORÇÕES

Muitas são as receitas de bolo de cenoura. Raras são as *delis* americanas que não possuam o seu *Carrot Cake*, uma invenção do imigrante do Leste Europeu, que na Europa fazia esse bolo de forma mais rústica, e não tão leve como as receitas atuais. Consta que a cobertura é uma inovação do século XX.

- *3 xícaras de farinha de trigo*
- *2 colheres de chá de fermento em pó*
- *2 colheres de chá de bicarbonato de sódio*
- *1/2 colher de chá de sal*
- *2 colheres de chá de canela*
- *2 xícaras de açúcar*
- *1 1/2 xícara de óleo vegetal*
- *3 xícaras de cenouras cruas raladas*
- *4 ovos*
- *1/2 xícara de nozes moídas*

Pré-aquecer o forno a 180°C e untar uma forma de 25 cm de diâmetro ou uma fôrma de pudim. Peneirar a farinha com o fermento, o bicarbonato, o sal e a canela. Numa outra tigela, misturar o açúcar, o óleo e a cenoura ralada. Acrescentar os ovos, um a um, e juntar o que foi peneirado com a mistura de cenoura, sem deixar grumos. Por último, juntar as nozes. Deitar a mistura na forma untada e assar por cerca de 1 hora. Depois que o bolo esfriar, virá-lo sobre um prato e cobrir com a seguinte cobertura:

Sobremesas e Confeitaria · *Cozinha Judaica*

- *100 g de* cream cheese
- *1/4 de xícara de manteiga ou margarina*
- *2 xícaras de açúcar de confeiteiro*
- *1 colher de chá de suco de limão*

Misturar os ingredientes até obter um creme homogêneo e aplicar sobre o bolo frio.

Honik Leikech

RENDE 10 A 12 PORÇÕES

O *Honik Leikech* é o bolo mais tradicional nas mesas do *Rosh Hashaná* dos ashkenazim. Representa o desejo de um ano doce. Também é servido em nascimentos, casamentos ou em ocasiões alegres.

- *4 ovos*
- *2 copos de açúcar*
- *1 copo de mel*
- *3/4 de copo de óleo*
- *1 copo de chá forte frio*
- *casca ralada de 1 limão*
- *1 colher de sopa de chocolate em pó*
- *1 colher de chá de café solúvel*
- *3 copos de farinha de trigo*
- *1 colher de sopa de fermento*
- *1 colher de chá rasa de canela em pó*
- *raspa de noz-moscada*
- *1 xícara de nozes picadas (opcional)*

OBS.: usar como medida o copo de requeijão.

Misturar bem as gemas com o açúcar, o mel e o óleo. Juntar e misturar bem os outros ingredientes, menos as claras. Bater as claras em neve, envolver o creme e acrescentar as nozes. Untar uma assadeira de 31 x 21 cm, polvilhar com farinha de trigo e deitar a mistura, levando para assar a 150°C por cerca de 1 hora. Depois de frio, deve ser cortado em quadrados.

Leikech de Laranja

RENDE 4 A 6 PORÇÕES

- *4 ovos*
- *1 pitada de sal*
- *1 copo de açúcar*
- *casca ralada de 1 limão*
- *1 copo de suco de laranja azeda*
- *2 copos de farinha de trigo*
- *1 colher de sopa de fermento em pó*
- *gotas de baunilha*

Bater as claras em neve e acrescentar o açúcar aos poucos, continuando a bater até que a mistura fique firme. Acrescentar as gemas, bater mais um pouco. Alternar a farinha de trigo (previamente peneirada com o fermento) com o suco de laranja. Ao formar bolhas, misturar a raspa de limão e a baunilha. Levar para assar em forma bem untada com margarina e polvilhada com farinha. Forno moderado, até começar a corar, quando então o bolo estará pronto.

Nuant

(TORRONE JUDAICO)
RENDE CERCA DE 600 A 700 G

Por tratar-se de algo bem doce, é uma sugestão para ser preparado como guloseima, para se comer no *Rosh Hashaná*.

- *1 xícara de mel*
- *1 colher de chá de suco de limão*
- *3 1/2 xícaras de nozes e amêndoas (misturadas)*

Ferver o mel com o suco de limão. Acrescentar os frutos secos e não parar de mexer, até a mistura engrossar, tendo o cuidado de não deixar queimar. Deitar a mistura numa pedra mármore levemente untada e deixar endurecer. Antes de isso acontecer completamente, com uma faca, separar pedaços. Guardar em vidros.

Bolo de Maçãs de Chanuká

12 A 16 PORÇÕES

O Bolo de Maçãs feito com óleo é uma escolha para o *Chanuká*, pois o óleo simboliza o milagre da festividade.

MASSA

- *4 ovos*
- *250 g de açúcar*
- *250 ml de óleo vegetal*
- *250 g de farinha de trigo*
- *2 colheres de chá de fermento*
- *I colher de chá de baunilha*
- *açúcar de confeiteiro para polvilhar*
- *margarina para untar*
- *farinha para o fundo*

RECHEIO

- *1 kg de maçãs descascadas e cortadas em fatias finas*
- *4 colheres de sopa de açúcar*
- *1 colher de chá de canela em pó*
- *casca ralada de 1 limão*

Pré-aquecer o forno a 150°C e untar uma forma (de 23,5 x 32,5 cm) com margarina e polvilhar com farinha de trigo. Reservar. Numa tigela grande, bater na batedeira os ovos com o açúcar até engrossarem e as gemas clarearem. Juntar o óleo vegetal e a farinha de trigo e bater bem, até ficar homogêneo. Colocar metade da mistura na forma, metade das maçãs temperadas espelhadas por igual e a outra metade da massa. Por cima, espalhar a outra metade das maçãs. Polvilhar com 2 colheres de açúcar e levar ao forno por 1 hora aproximadamente. Cortar em quadrados depois de frio.

Lokshen Kugel Mit Eppel

(PUDIM DE MACARRÃO COM MAÇÃ)
RENDE DE 8 A 10 PORÇÕES

O *Kugel* doce é uma excelente preparação para se ter no *Shabat*, que, desde a Idade Média, já era consagrado pelos judeus da Alemanha. Os judeu-italianos também fazem esse doce, que na Itália se denomina *Dolce di Tagliatelle*, incrementando, porém, com 1/2 xícara de amêndoas picadas sem a película.

- *1 pacote de talharim*
- *sal*
- *4 ovos*
- *3/4 de copo de mel*
- *1 copo de geleia de ameixa*
- *1 a 2 maçãs ácidas descascadas e raladas*
- *2 colheres rasas de farinha de trigo*
- *1/2 limão espremido*
- *2 1/2 colheres de chá de canela em pó*
- *casca ralada de 1 limão*
- *1/2 xícara de passas sem caroços*

Cozinhar o macarrão com água e sal. Escorrer e não enxaguar, separando os fios com um garfo. Deixar esfriar e misturar com todos os ingredientes. Colocar numa forma untada salpicada com farinha de trigo e levar para assar em forno regular até corar levemente.

Travados

RENDE 20 A 30

Os *Travados* são pastéis doces sepharadim que se preparam em muitas festas judaicas. Podem ser feitos com recheio de nozes ou de amêndoas. Apesar de possuírem uma forma triangular não têm nenhuma relação com o *Hamantaschen*, um biscoito iídiche que se faz no *Purim*.

- *2 xícaras de farinha de trigo*
- *3 xícaras de açúcar*
- *8 colheres de manteiga derretida ou óleo vegetal*
- *3/4 de copo de vinho adocicado branco*
- *380 g de amêndoas sem a pele ou nozes*
- *1 1/2 colher de sopa de água de rosas ou conhaque ou licor*
- *1 ovo levemente batido com 1 colher de sopa de água fria*
- *1 gema*

Numa tigela, misturar a farinha com 1 xícara de açúcar e juntar a manteiga derretida ou o óleo e o vinho, e com as mãos amassar para obter uma massa suave. Fazer uma bola de massa e deixar numa superfície enfarinhada. Enquanto isso, pré-aquecer o forno a 180°C. Usar forma antiaderente ou passar farinha numa forma com pouquíssimo óleo.

Preparar o recheio misturando as amêndoas trituradas (ou nozes) com as 2 xícaras de açúcar restantes, a água de rosas ou conhaque ou licor e o ovo com a gema. Abrir a massa e cortar círculos de 5 cm de diâmetro com uma espessura média, e procurar dar uma forma triangular, colocando no centro o recheio, equivalente a 2 colheres de chá. Levar para assar por 15 minutos, sem deixar dourar muito. Depois de assados, colocar os *Travados* numa calda fervendo, de consistência não muito espessa, deixando uns 5 minutos. Retirar com a escumadeira e polvilhar com gergelim previamente torrado. Para a calda branca, basta mel, açúcar, água e gotas de limão na seguinte proporção:

- *6 colheres de.sopa de mel*
- *3 xícaras de açúcar*
- *1/2 xícara de água*
- *suco de 1 limão*

Colocar os ingredientes numa pequena caçarola e deixar ferver em fogo lento até que, colocando-se 1 colher de sopa na calda, se perceba que esta saia levemente melada.

Bolo de Azeite

8 A 10 PORÇÕES

Assim é chamado um bolo sepharade muito apreciado pelos judeus da Turquia. Embora seu nome seja Bolo de Azeite, usa-se óleo em seu preparo. É um bolo delicioso que se come após uma refeição festiva ou num lanche. Depois de assado, não fica alto, e deve ser cortado em quadrados.

- *4 ovos e mais 1 ovo batido*
- *1/2 copo de óleo*
- *gotas de essência de amêndoas*
- *2 copos de açúcar (menos 1 dedo de cada um)*
- *6 colheres de sopa de farinha de trigo*
- *1 prato fundo de nozes picadas e passas escuras sem caroços*
- *1 colher de chá de fermento em pó*

Passar as nozes e as passas na farinha de trigo e reservar. À parte, misturar numa tigela o açúcar, o óleo, os 4 ovos levemente batidos, a farinha e o fermento. Mexer bem e colocar a mistura numa forma não muito grande, untada e polvilhada com farinha de trigo. Espalhar com uma espátula e jogar por cima o ovo batido, espalhando-o por toda a superfície. O forno deve ser moderado, e deve assar até dourar.

Sobremesas e Confeitaria • *Cozinha Judaica*

Kheer Bengali

(ARROZ-DOCE)

RENDE 4 PORÇÕES

Não existe na Índia quem não conheça um *Kheer*, e esse pudim também é apreciado pela comunidade judaica do país. Existem muitas formas de prepará-lo. Alguns utilizam o leite; outros, o leite misturado com creme de leite; e há quem utilize apenas leite de coco.

- *5 xícaras de leite (ou metade leite, metade leite de coco)*
- *1 xícara de creme de leite*
- *3/4 de xícara de arroz*
- *1/2 xícara de passas brancas*
- *1/4 de colher de chá de cardamomo em pó*
- *1/2 xícara de açúcar*
- *2 colheres de sopa de pistache picado*
- *2 colheres de sopa de amêndoas sem pele picadas*
- *1/2 folha de louro (opcional)*

Em uma panela grande misturar o leite, o creme de leite, o arroz e a folha de louro (se usar). Cozinhar em fogo alto por 15 minutos, mexendo com frequência. Deixar levantar fervura e abaixar o fogo, deixando cozinhar em fogo lento por 40 minutos ou até engrossar. Tirar a folha de louro, acrescentar o açúcar, as passas, o pistache, as amêndoas e o cardamomo. Deixar esfriar e levar à geladeira. Servir frio.

Sobremesas e Confeitaria · *Cozinha Judaica*

Chamali

(BOLO DE SEMOLINA COM AMÊNDOAS)
RENDE 6 A 8 PORÇÕES

A semolina ou sêmola é a denominação que se dá a uma farinha granulada, que resulta de vários cereais. Além de ser usada para engrossar sopas e cremes, faz bolos deliciosos muito apreciados pelos sepharadim e na cozinha árabe de modo geral.

PARA A MASSA
- *4 ovos*
- *1 xícara de semolina*
- *1 xícara de amêndoas sem pele, moídas*
- *1/2 xícara de açúcar*
- *3/4 de xícara de óleo*
- *2 colheres de chá de fermento*
- *1/2 xícara de farinha*

PARA A CALDA
- *suco de 1 limão*
- *3 xícaras de açúcar*
- *1/2 xícara de água*
- *2 colheres de essência de amêndoas*
- *6 colheres de sopa de mel*

Em uma tigela bater os ovos com açúcar até as gemas clarearem. Juntar aos poucos o óleo, continuar batendo e acrescentar a semolina, as amêndoas e o fermento. Mexer e colocar numa assadeira não muito grande untada com manteiga e polvilhada com farinha. Levar ao forno brando até dourar, e quando tirar do forno, cortar em quadrados. Despejar a calda quente por cima.

Plava

RENDE 6 A 8 PORÇÕES

Plava é um bolo feito com substitutos de farinha de trigo. Muito apreciado pelos judeus sepharadim na Espanha que escaparam para a Grécia durante a Inquisição, tornou-se uma preparação especial para o *Pessach*, na forma de um bolo leve e esponjoso servido com molho de limão.

PARA A MASSA
- *6 ovos separados (gemas e claras)*
- *250 g de açúcar*
- *125 g de farinha de* Matzá
- *60 g de fécula de batata ou amêndoas trituradas sem a pele*
- *1/4 de colher de chá de canela*
- *casca ralada de 1 limão*
- *suco de 1 limão*
- *amêndoas brancas fatiadas para a decoração*

PARA O CREME DE LIMÃO

- *1 colher de sopa de araruta*
- *150 g de açúcar*
- *suco e raspa de 1 limão*
- *2 ovos (gemas e claras separadas)*

Pré-aquecer o forno a 180°C e untar com manteiga uma forma redonda de cerca de 23,5 cm de diâmetro com certa profundidade. Reservar. Numa tigela grande, bater as gemas de ovos com metade do açúcar até clarearem. Numa outra tigela bater as claras em neve e acrescentar aos poucos o restante do açúcar, sem parar de bater. Numa terceira tigela misturar a farinha de *Matzá* com a fécula ou amêndoas moídas, a canela e a raspa de limão. Misturar as 3 preparações, agregando o suco de limão e deitar a mistura na forma, polvilhando por cima com as amêndoas fatiadas. Levar para assar até dourar por cerca de 40 a 45 minutos. Só desenformar depois de frio e servir acompanhado do creme de leite.

CREME

Numa pequena panela misturar a araruta com o açúcar, o limão e as gemas previamente batidas na batedeira até crescerem de volume. Acrescentar a casca ralada e o suco do limão. Mexer em fogo baixo até engrossar levemente, sem ferver.

Zalabia

(FRITURAS LEVEDADAS COM CALDA)
RENDE 6 PORÇÕES

Na cozinha judaica as preparações fritas no óleo tornaram-se em grande parte especialidades de *Chanuká* (a Festa das Luzes). A *Zalabia* assemelha-se aos *Burmuelos* (ver pág. 353) que os judeus sepharadim preparam para o *Pessach*. Um mesmo prato pode receber diferentes denominações de um país para outro. No Iraque, Pérsia e Índia, a *Zalabia* é conhecida entre os judeus por *Zengoula*.

PARA A CALDA
- *5 xícaras de açúcar (ou 1 kg)*
- *2 xícaras de água*
- *suco de 1/2 limão grande*
- *1 colher de chá de água de rosas ou de flor de laranjeira*

PARA AS FRITURAS
- *2 colheres de fermento seco*
- *1 colher de chá de açúcar*
- *3 xícaras de água morna*
- *500 g de farinha de trigo*
- *1/2 colher de chá de sal*
- *óleo para fritar em quantidade generosa*

• Como variação, as *Zalabias* também podem ser servidas polvilhadas com açúcar de confeiteiro, em vez de serem feitas na calda.

Durante 15 minutos, ferver em fogo lento, numa panela pequena, os ingredientes da calda. No final acrescentar a água de rosas ou de flor de laranjeira, desligar o fogo e reservar. Deve ficar suficientemente grossa para colar na colher, porém não grossa demais, pois, ao esfriar, costuma encorpar. Numa tigela grande dissolver o fermento com o açúcar e 1/2 xícara de água morna e deixar por 15 minutos, antes de colocar a farinha e o sal. Misturar muito bem, acrescentando o restante da água morna e trabalhar a massa até se tornar elástica e macia. Cobrir com uma toalha e deixar a massa crescer num local abafado, por cerca de 1 hora. Findo esse tempo, amassar novamente e deixar crescer outra vez. Esquentar o óleo, manter o fogo médio, e com a ajuda de uma colher colocar no óleo pequenas bolas com cerca de 4 cm. Devem fritar, crescer e dourar. Desengordurar num papel absorvente e mergulhar na calda por alguns minutos.

Bocca di Dama

(BOLO DE PESSACH À MODA ITALIANA)

8 A 10 PORÇÕES

O título deste bolo é de origem desconhecida. Seu nome significa "boca de mulher", porém na cozinha italiano-judaica é apenas o nome de um bolo clássico que se come especialmente no *Pessach* por ser preparado com farinha de *Matzá* e incrementado com amêndoas.

- *1 1/2 xícara de amêndoas mal moídas*
- *1 1/2 xícara de açúcar granulado*
- *12 ovos – gemas e claras separadas*
- *6 a 8 colheres de sopa de farinha de* Matzá
- *casca ralada de 2 laranjas*
- *1/2 colher de chá de essência de amêndoas*
- *açúcar de confeiteiro para polvilhar*

Pré-aquecer o forno a 180°C. Untar uma forma redonda com manteiga e polvilhar com farinha. Triturar no processador 1/3 do açúcar granulado com as amêndoas e reservar. À parte bater as gemas com o restante do açúcar até as gemas clarearem. Acrescentar aos poucos a farinha de *Matzá*, a mistura de amêndoas moídas, a casca ralada da laranja e a essência de amêndoas. Misturar delicadamente numa outra tigela, bater as claras em neve e misturar com a massa obtida, revolvendo, até incorporar bem. Assar em forno lento por cerca de 40 minutos. Deixar esfriar e passar o bolo para um prato. No final, polvilhar o bolo com açúcar de confeiteiro.

Sobremesas e Confeitaria • *Cozinha Judaica*

Sufganiyot

(SONHOS DE CHANUKÁ)

RENDE 24 SONHOS

De acordo com dicionários de língua hebraica, *Sufganiyot* vem da palavra grega *Sufgan*, que significa crescido e frito. Em Israel os judeus preparam *Sufganiyot*, delicados sonhos, com recheio de geleia, quando comemoram o *Chanuká*. Os sepharadim, para comemorar essa mesma data, também fazem uso de diferentes denominações de frituras, como *Zalabia*, *Sfenj* e *Lokmas*. O *Sufganiyot* em geral é recheado com geleia de damasco ou de frutas vermelhas silvestres, como: morangos, amoras ou framboesas. Os judeus descendentes de europeus usam geleia de ameixa vermelha, conforme faziam no Leste Europeu.

- *2 colheres de sopa de fermento seco*
- *4 colheres de sopa de açúcar*
- *3/4 de xícara de leite morno*
- *2 1/2 xícaras de farinha de trigo*
- *2 gemas de ovos*
- *1 pitada de sal*
- *1 colher de chá de canela em pó*
- *1 1/2 colher de sopa de manteiga (em temperatura ambiente)*
- *óleo para fritar em quantidade generosa*
- *geleia (a gosto)*
- *açúcar de confeiteiro para polvilhar*

Dissolver o fermento e 2 colheres de sopa de açúcar no leite. Peneirar a farinha, fazer um buraco no centro e colocar o fermento dissolvido, as gemas, o sal, a canela e o restante do açúcar. Trabalhar a massa muito bem até tornar-se macia e elástica. Fazer uma bola e deixar crescer num local abafado coberto com um pano por 2 horas. Amassar novamente e abrir a massa numa superfície polvilhada com farinha, cortando discos de 5 cm de diâmetro por 2,5 cm de espessura. Deixar crescerem um pouco mais, cobertos com um pano leve. Mergulhá-los em óleo quente fritando 4 a 5 de cada vez, até corarem. Desengordurar em papel absorvente, polvilhar com açúcar de confeiteiro após abri-los e rechear com geleia.

Mustatchudos

RENDEM 16

Os *Mustatchudos* são uma especialidade fina da comunidade judaica de Rodes, embora os judeus da Turquia também os preparem. Podem ser feitos com nozes ou amêndoas. Esse doce, depois de pronto, deve ficar seco por fora e levemente úmido por dentro.

- *2 xícaras de nozes (250 g)*
- *1/2 xícara de açúcar*
- *1 ovo*
- *casca ralada de laranja*
- *3/4 de colher de chá de canela em pó*
- *açúcar de confeiteiro*

Triturar as nozes ou passá-las no processador. Umedecer as mãos com água e depois com óleo e formar docinhos com os ingredientes mencionados. Colocar numa assadeira polvilhada com farinha de trigo e levar ao forno para ficar no máximo 10 a 15 minutos. Quando saírem do forno, passar em açúcar de confeiteiro.

Maronchinos

RENDE CERCA DE 30

Os *Maronchinos* assim como os *Mustatchudos* são tidos como doces finos que são oferecidos em celebrações. Pertencem originalmente à comunidade turco-judaica e realmente são deliciosos. Depois de prontos, devem ficar secos por fora e úmidos por dentro, assim como os *Mustatchudos* (pág. 433), que depois de assados devem conservar uma certa umidade em seu interior.

- *3 claras em neve*
- *0,5 kg de amêndoas*
- *400 g de açúcar*
- *açúcar de confeiteiro*

Deixar as amêndoas de molho em água fervente por 3 minutos e retirar. Soltar a pele e colocar em recipiente com água fria. Escorrer, enxugar e moer ou passar no processador. Misturar a amêndoa com açúcar e acrescentar as claras. Polvilhar uma assadeira com farinha, formar pequenos montinhos de massa com as mãos e colocá-los não muito próximos na assadeira, levando para assar em forno moderado, pré-aquecido.

Hamantaschen

RENDE CERCA DE 24

O doce mais característico da festividade de *Purim* é o *Hamantaschen*. A origem do nome desse doce é discutida. Alguns defendem que vem simplesmente do chapéu de *Haman*. Outros dizem que o nome vem de *Tash Kocho* (que a força de *Haman* enfraqueça). Outra teoria afirma que o termo tem algo a ver com *Muntasche*, ou seja, saco de papoula (*Mohn*).

RECHEIO

- *1 xícara de semente de papoula*
- *1/2 xícara de leite*
- *2 colheres de sopa de manteiga*
- *1/4 xícara de açúcar de confeiteiro*
- *1/2 xícara de nozes moídas*
- *2 colheres de sopa de mel ou similar*
- *1 xícara de passas sem caroços*
- *1/2 colher de chá de baunilha*
- *raspas de 1 limão*

MASSA

- *2 ovos (para pincelar)*
- *2/3 xícara de açúcar de confeiteiro*
- *1/2 xícara de óleo vegetal*
- *I colher de chá de baunilha*
- *casca ralada de 1/2 laranja*
- *3 xícaras de farinha de trigo*
- *1 1/2 colher de chá de fermento em pó*

Sobremesas e Confeitaria 435 *Cozinha Judaica*

Triturar a papoula no liquidificador ou processador e misturar com o leite. Cozinhar a pasta por 5 minutos numa panela junto com a manteiga, o açúcar, as nozes, o mel e as passas. Se for necessário, juntar mais açúcar. Retirar do fogo, juntar a baunilha e a raspa de limão. Deixar esfriar e reservar. Preparar a massa, misturando os ingredientes, até que possa ser aberta numa superfície enfarinhada. Cortar círculos de 7 cm de diâmetro por 6 mm de espessura. Colocar uma porção do recheio no centro e dobrar as pontas firmemente para formar um triângulo. Pincelar os pastéis com o ovo e levar para assar por 30 minutos em forno moderado.

Panquecas de Maçã para o Pessach

RENDE 14 A 18 PANQUECAS

Panquecas preparadas para o *Pessach* têm que ser feitas com farinha de *Matzá* em substituição à farinha de trigo.

- *3 ovos*
- *1/2 xícara de farinha de* Matzá
- *1/2 xícara de leite ou água*
- *1 colher de chá de sal*
- *1/2 a 3/4 de maçãs descascadas e picadas bem miúdas*
- *óleo vegetal*
- *canela*
- *açúcar de confeiteiro (opcional)*

Bater as gemas até empalidecerem. Numa tigela pequena misturar a farinha de *Matzá* com as gemas e água ou leite. À parte bater as claras em neve e envolver a mistura. Delicadamente, juntar as maçãs. Esquentar uma frigideira e lambuzar com óleo. Pingar um pouco da massa, espalhando-a. Fritar as panquecas até dourarem levemente (cerca de 3 minutos) e virar para o outro lado. Fritar uma panqueca de cada vez, e a cada vez lambusar de óleo a frigideira. Colocar num prato redondo e polvilhar com canela e açúcar de confeiteiro.

Bolo de Tâmaras para o Pessach

RENDE 12 PORÇÕES

- *12 ovos*
- *12 colheres de sopa de açúcar*
- *3 colheres de sopa de farinha de* Matzá
- *gotas de baunilha*
- *500 g de nozes picadas*
- *500 g de tâmaras picadas*

Bater na batedeira as gemas com o açúcar até a mistura esbranquiçar. Acrescentar sem bater, apenas misturando a farinha de *Matzá*, as gotas de baunilha, as nozes, as tâmaras picadas e por último as claras em neve (batidas à parte). Untar com margarina uma forma redonda grande e depois polvilhar com farinha de trigo. Assar a mistura por cerca de 40 minutos em forno moderado e depois retirar da forma, cobrindo com a mistura que se segue.

Sobremesas e Confeitaria *Cozinha Judaica*

- *160 g de chocolate meio amargo em tablete*
- *4 colheres de sopa de leite*
- *2 colheres de sopa de açúcar*
- *1 colher de sopa de manteiga ou margarina em temperatura ambiente*

Derreter o chocolate picado em banho-maria. Retirar do fogo e acrescentar os demais ingredientes, misturando bem. Espalhar a pasta ainda quente sobre o bolo.

(BOLO DE AMÊNDOAS)
RENDE 6 A 8 PORÇÕES

Mandeltorte é uma guloseima típica para se ter no *Shabat* acompanhando um chá à tarde.

- *5 ovos*
- *1/2 xícara de açúcar*
- *1/3 de xícara mais 2 colheres de sopa de farinha de trigo*
- *2/3 de xícara de amêndoas sem casca, tostadas e moídas*
- *2 colheres de sopa de manteiga*
- *1/4 de colher de chá de baunilha*
- *sal*
- *1 xícara de geleia de damasco*

Pré-aquecer o forno, untar uma forma de aproximadamente 22,5 a 27,5 cm de diâmetro. Polvilhar com farinha de trigo e reservar. Bater as gemas com 1/4 de xícara de açúcar até as gemas empalidecerem (10 minutos). Acrescentar a farinha aos poucos, 3/4 de xícara de amêndoas, a manteiga e a baunilha. Misturar tudo delicadamente. À parte, bater as claras em neve, acrescentar o restante 1/4 de açúcar e bater até ficar firme. Envolver bem devagar as claras na mistura e colocar na forma untada. Assar por 30 minutos em forno moderado e deixar esfriar pelo menos 10 minutos. Esquentar a geleia de damasco. Dividir a massa em dois e rechear com a geleia. Espalhar o restante da geleia por cima e lados do bolo e salpicar o restante das amêndoas.

Kadaif de Keso y Mueses

8 A 10 PORÇÕES

O *Kadaif* é um doce típico do Oriente Médio. Existem diferentes receitas, e nenhuma é totalmente judaica, entretanto os judeus incorporaram-no em seu repertório de doces, fazendo algumas alterações. Esta receita, por exemplo, conservou as características do *Kadaif*, o macarrão cabelo-de-anjo, as nozes, porém foi acrescida de queijo, conferindo um sabor especial à preparação.

- *500 g de macarrão cabelo-de-anjo*
- *150 g de margarina*

RECHEIO

- *350 g de ricota*
- *200 g de creme de leite*
- *3 colheres de sopa de açúcar*
- *casca ralada de 1 limão*
- *2 colheres de água de flor de laranjeira*
- *100 g de nozes picadas*

CALDA

- *1 1/2 xícara de açúcar*
- *3/4 de xícara de água*
- *1 colher de sopa de água de flor de laranjeira*
- *1 colher de chá de suco de limão*

Desfazer o macarrão cabelo-de-anjo e misturar com a margarina derretida. Reservar. Numa tigela, misturar a ricota, o creme de leite, o açúcar, a acasca ralada de limão e a água de flor de laranjeira. Numa forma de 28 cm de diâmetro, untada com margarina, colocar metade do cabelo-de-anjo e sobre ele o recheio. Por cima, espalhar o restante do macarrão e cobrir com as nozes picadas. Levar ao forno em temperatura média durante 25 minutos, até começar a dourar. Retirar do forno e jogar a calda fria sobre a preparação quente. Deixar esfriar antes de desenformar. Para preparar a calda, colocar o açúcar e a água numa caçarola e deixar ferver com o fogo lento até obter a consistência de calda rala. Retirar do fogo e juntar a água de flor de laranjeira e o suco de limão. Misturar bem e reservar para o uso.

Compota de Pêssegos e Damascos

RENDE 6 A 8 PORÇÕES

Os sepharadim são grandes apreciadores de frutas desidratadas, e com elas preparam variados doces. Pode ser servida no jantar do *Shabat* acompanhando qualquer bolo esponjoso.

- *250 g de damascos secos*
- *250 g de pêssegos (ou pera seca)*
- *4 a 5 colheres de sopa de açúcar*
- *1 pau de canela*
- *100 g de* Pignoli
- *1,5 litro de água*

Lavar os damascos e os pêssegos e deixar de molho durante a noite em 1,5 litro de água. Numa panela, colocar as frutas, com a água em que ficou de molho, acrescentar o açúcar e a canela. Deixar ferver em fogo lento por 40 minutos até que a fruta esteja macia, e a calda, levemente encorpada. Deixar esfriar e servir salpicada com os *Pignoli*.

Apfelstrudel

(STRUDEL DE MAÇÃS)
RENDE 8 A 10 PORÇÕES

Na culinária o *Strudel* possui uma longa história que começou na Bavária ou Áustria, sendo depois aperfeiçoado na Hungria. Na Idade Média, recheado com peixe ou repolho, servia como prato principal, quando a carne não estava disponível. De prato salgado, o *Strudel* passou a ser recheado com elementos doces, e as mulheres judias assim o preferiam, colocando recheios de maçã, queijo adocicado, ameixa e sementes de papoula. Os confeiteiros húngaros afinaram a massa do *Strudel* e incrementaram a preparação com passas e nozes, e assim fizeram também os alemães. Originalmente, a massa do *Strudel* era feita em casa e deveria ser tão fina como uma folha de papel. Hoje utiliza-se a massa *Phillo* (mais conhecida na Grécia e na Turquia) ou a massa folhada disponível nos mercados, mais fácil de ser manuseada.

- *900 g a 1 kg de maçãs sem casca e cortadas em fatias (4 a 5 xícaras)*
- *1 xícara de passas*
- *1 colher de chá de canela*
- *noz-moscada ralada a gosto*
- *1 xícara de nozes picadas*
- *1 colher de sopa de suco de limão*
- *3 colheres de sopa de casca ralada de limão*
- *1/2 xícara de açúcar ou a gosto*
- *8 colheres de sopa de manteiga sem sal ou margarina derretida*
- *450 g de massa* Phillo *ou massa folhada pronta*
- *1/2 xícara de pão cortado em cubos levemente torrados*
- *açúcar de confeiteiro para polvilhar*

Numa tigela colocar as maçãs, as passas, a canela, a noz-moscada, as nozes, o suco de limão, a casca ralada de limão e o açúcar. Misturar bem com uma colher de pau e reservar. Esquentar o forno a 180°C e, enquanto isso, numa panela derreter a manteiga em banho-maria. Em cima de uma toalha, abrir a massa bem fina e pincelá-la com margarina dissolvida já fria. Salpicar o pão torrado e esmigalhado. Em cima dessa massa colocar as maçãs no sentido vertical e ir enrolando com o auxílio da toalha, até dar várias voltas. Pincelar a superfície do *Strudel* com manteiga derretida e assar num tabuleiro untado por 30 a 45 minutos até começar a corar. Servir morno ou em temperatura ambiente polvilhado com açúcar de confeiteiro.

Bolo de Semente de Papoula

RENDE 12 PORÇÕES

Ainda que as sementes de papoula sejam pretas ou amarronzadas, as de coloração preta são as mais comuns na Europa, onde sempre foram muito apreciadas para o preparo de doces, especialmente os famosos *Strudels*, que eram feitos na Hungria. Os judeus aplicaram essas sementes em vários de seus doces, especialmente os ashkenazim do Leste Europeu, e faz parte da tradição reservar os doces com semente de papoula para a festa do *Purim*, embora possam ser preparados o ano inteiro.

- *4 colheres de sopa de manteiga*
- *1/2 xícara de açúcar*
- *3 ovos (gemas e claras separadas)*
- *1 colher de chá de baunilha*
- *1 1/2 xícara de farinha de trigo*

- *1 colher de chá de fermento em pó*
- *1/4 de colher de chá de sal*
- *1 xícara de açúcar mascavo peneirado*
- *1 xícara de semente de papoula*

Pré-aquecer o forno a 180°C. Bater a manteiga com o açúcar, adicionar as gemas e a baunilha. Misturar bem. Agregar a farinha de trigo e o fermento. À parte, bater as claras em neve, juntar o sal e aos poucos ir colocando o açúcar mascavo e por fim as sementes de papoula. Por último, misturar as claras à massa, envolvendo delicadamente. Deitar a mistura numa forma untada com manteiga e polvilhada com farinha de trigo. Assar por cerca de 40 minutos, até o bolo ficar corado.

RENDE 30 A 40 BOLINHAS

É um dos mais antigos doces com o qual os judeus sepharadim tiveram contato. Segundo registros, pouco depois da era cristã, os romanos já consumiam amêndoas adoçadas com mel, e era costume preparar-se com a amêndoa triturada este doce em casamentos. A princípio, o marzipã começou sendo um doce para o *Pessach* pelo fato de não ser preciso utilizar farinha de trigo, e em alguns países do Oriente Médio o marzipã, de coloração esbranquiçada, passou a ser feito com pistaches, nozes e avelãs, modificando sua coloração, e por isso recebeu também a denominação de "almendrada".

- *2 xícaras de açúcar*

- *1 xícara de água fria*

- *3 xícaras de amêndoas sem pele ou pistaches (sem casca) ou a combinação de ambos*

- *1 1/2 colher de sopa de água de rosas*

- *açúcar de confeiteiro*

Numa tigela dissolver o açúcar com 1 xícara de água fria. Levar para ferver por 15 minutos, até a calda começar a se fixar na colher. Moer os frutos secos e incorporar à calda, acrescentando a água de rosas. Mexer bem até que a pasta fique pegajosa. Despejar o marzipã sobre uma superfície lisa ou mármore frio e amassar por alguns minutos. Enrolar a massa na forma de um cilindro e cortar formando bolas. Passá-las em açúcar de confeiteiro. Antes de serem servidos, devem repousar pelo menos 24 horas para adquirir a consistência ideal.

Biscoitos de Mohn

(BISCOITOS DE SEMENTE DE PAPOULA)

RENDE CERCA DE 45

Os judeus ashkenazim denominam a semente de papoula de *Mohn*. Também conhecidos por Biscoitos da Rainha Ester, pois esta em seu jejum se alimentou de sementes. Trata-se, porém, de um biscoito típico dos ashkenazim e por eles muito apreciado.

- *1/2 xícara de açúcar*
- *1/2 xícara de manteiga ou margarina (e mais um pouco para untar a assadeira)*
- *1 ovo batido*
- *1 colher de sopa de água*
- *1/2 colher de chá de baunilha*
- *2 xícaras de farinha de trigo*
- *1/2 colher de chá de fermento em pó*
- *1/4 de xícara de semente de papoula*

Bater a manteiga com o açúcar, acrescentar o ovo, a água e a baunilha e agregar a farinha misturada com o fermento. Misturar bem, acrescentando também a semente de papoula até formar uma massa firme. Deixar descansar numa tigela coberta e por fim abrir a massa com uma espessura de cerca de 6 mm. Cortar os biscoitos do formato desejado e colocá-los para assar em uma forma untada a 180°C, por cerca de 10 a 15 minutos, até começarem a corar. Pode-se passar uma gema dissolvida sobre os biscoitos antes de levá-los ao forno. Depois de prontos e frios, devem ser guardados em latas.

Sobremesas e Confeitaria 446 *Cozinha Judaica*

Biskochos de Vino

RENDE 25 A 30

Os biscoitos feitos com vinho são uma especialidade dos sepharadim de Rodes e Salônica, que os reserva especialmente para serem consumidos no *Pessach*.

- *1 xícara de óleo*
- *3/4 de xícara de vinho tinto doce*
- *3/4 de xícara de açúcar*
- *1 ovo grande*
- *2 xícaras de farinha de* Matzá
- *1/2 xícara de fécula de batata*
- *1/2 xícara de nozes picadas em metades*
- *1 colher de sopa de casca ralada de laranja*

Misturar todos os ingredientes até formar uma massa que permita abrir numa superfície enfarinhada com farinha de *Matzá*. Cortar biscoitos de cerca de 2,5 cm de diâmetro. Em cada biscoito colocado em uma forma untada, pôr um pedaço de noz e levar para assar por 20 a 25 minutos até dourar a 180°C. Quando frios, os biscoitos tornam-se crocantes. Devem ser guardados em latas.

Sobremesas e Confeitaria • 447 • *Cozinha Judaica*

Lokmas

(SONHOS DA TURQUIA)
RENDE 6 A 8 PORÇÕES

Os *Lokmas* são deliciosos sonhos que, depois de fritos, são mergulhados em calda e servidos mornos. Fazem parte da doçaria turca sepharade e podem ser servidos também por ocasião da festividade de *Chanuká*, quando há uma preferência por alimentos fritos.

MASSA
- *5 xícaras de farinha de trigo*
- *2 xícaras de água morna*
- *40 g de fermento em tablete*
- *3 colheres de sopa de açúcar*
- *1 colher de chá de sal*
- *canela*
- *1 ovo*
- *óleo para fritar em quantidade generosa*

CALDA
- *3 colheres de sopa de mel*
- *1 xícara de açúcar*
- *3/4 de xícara de água*
- *1 colher de sopa de suco de limão*

Numa tigela dissolver o fermento com um pouco de água morna e acrescentar o açúcar, o ovo, o sal e o restante da água. Misturar bem e ir adicionando a farinha aos poucos. Deve ficar uma massa mole. Cobrir com um pano e deixar crescer por 2 horas. Esquentar o óleo em uma panela funda e colocar colheradas da massa. Deixar dourar. À parte, fazer a calda e deixar ferver durante 5 minutos. À calda, juntar os bolinhos e deixar mais 5 minutos. Retirar da calda, colocar numa travessa e polvilhar com canela. O restante da calda deve ser jogada por cima dos bolinhos. Servir morno.

Kamish Broit

(BISCOITOS JUDAICOS UCRANIANOS)
RENDE 6 A 8 PORÇÕES

Qualquer judeu de descendência ucraniana já deve ter alguma vez provado esse delicioso biscoito. Caracteriza-se por ser enrolado como um rocambole, e é cortado em fatias. Recomendado para se ter em casa para as tardes do *Shabat* acompanhando uma chávena de chá.

- *3 copos de farinha de trigo*
- *3 ovos*
- *1 1/2 copo de açúcar*
- *100 g de manteiga*
- *300 g de marmelada ou geleia diluída em um pouco de vinho tinto*
- *250 g de nozes picadas*
- *gotas de baunilha*

Bater a manteiga com o açúcar e a baunilha. Acrescentar os ovos e a farinha. Abrir a massa numa superfície enfarinhada. Passar a geleia ou marmelada e jogar as nozes por cima. Enrolar como rocambole. Passar 1 ovo por cima e levar para assar em tabuleiro untado com manteiga. Cortar fatias com a preparação ainda quente, depois de assada e levemente dourada. Quando frios, tornam-se crocantes. Devem ser guardados em latas.

Orelhas de Haman

RENDE 24

Na festividade do *Purim*, de acordo com a história, é tradição comer as legendárias Orelhas de *Haman*, uma alusão ao malvado ministro Haman, cuja intenção era disseminar os judeus.

- 3 ovos inteiros ou 2 ovos e 2 gemas
- 4 colheres de sopa de açúcar granulado
- 1/2 colher de chá de sal
- 2 colheres de chá de casca ralada de laranja ou de limão
- 3 colheres de sopa de azeite de oliva
- 3 colheres de sopa de conhaque
- 1/2 colher de chá de baunilha
- 2 1/2 a 3 xícaras de farinha de trigo
- óleo vegetal para a fritura em quantidade generosa
- açúcar de confeiteiro para polvilhar
- canela em pó

Numa tigela misturar os ovos, o açúcar granulado, o sal, a raspa de laranja ou limão, o azeite de oliva, o conhaque e a baunilha. Acrescentar farinha de trigo aos poucos, transformando numa massa de consistência macia. Trabalhar a massa por 5 minutos numa superfície enfarinhada. Enrolar e transformar em tiras de 4 cm de largura por 10 cm de comprimento aproximadamente; apertar com força no meio para formar uma borboleta, que supostamente deve evocar o formato das orelhas de Haman, e fritar numa panela com cerca de 5 cm de óleo, para que as orelhas possam ser mergulhadas. Deixar corar e colocar em papel absorvente. Devem ser servidas frias, polvilhadas com açúcar de confeiteiro e canela em pó. Pode-se também abrir a massa, cortar círculos com a boca de um copo, fritar e polvilhar com açúcar e canela.

Torta de Uvas de Purim nº 1

RENDE 8 A 10 PORÇÕES

Tudo que possui semente evoca a rainha Ester, a personagem principal da festividade do *Purim*. Essa torta pode ser comida quando aparecem as uvas pretas, e que em algumas localidades é uma fruta de temporada definida e muito curta, ao contrário das outras uvas, que podem ser encontradas o ano inteiro. Caracterizam-se por sua coloração, que vai do vinho arroxeado ao preto*.

*No Brasil surgem no final de fevereiro, e em meados de março já desaparecem.

- *1 copo de leite*
- *100 g de maisena*
- *2 xícaras de açúcar*
- *3 xícaras de farinha de trigo*
- *4 gemas (4 claras em neve)*
- *1 colher de sopa de fermento em pó*
- *1 kg de uvas pretas lavadas, escorridas e passadas num pouco de farinha de trigo*

Misturar todos os ingredientes, exceto as uvas pretas. Envolver a massa com as claras em neve, e colocar a mistura numa assadeira untada e polvilhada com farinha. Por cima da massa, espalhar as uvas e levar a torta para assar em forno regular pré-aquecido, por cerca de 45 minutos. Depois de fria, cortar em quadrados. Servir acompanhada de creme *chantilly*.

Torta de Uvas de Purim nº 2

RENDE 6 A 8 PORÇÕES

- *500 g de uvas pretas*
- *1 colher de sopa bem cheia de manteiga ou margarina*
- *1 ovo*
- *1 xícara de chá bem cheia de açúcar*
- *1 1/2 xícara de chá de farinha de trigo*
- *3/4 de xícara de chá de leite*
- *1 colher de sopa de fermento em pó*
- *3 gotas de baunilha*

Retirar as uvas dos cachos, lavá-las bem e escorrê-las numa peneira. Antes de secarem totalmente polvilhar as uvas com farinha de trigo e reservar. À parte bater o ovo inteiro ligeiramente, acrescentar a manteiga, o açúcar, a baunilha e por último o fermento peneirado com a farinha de trigo. Espalhar essa mistura numa forma de fundo removível de 24 cm de diâmetro, muito bem untada, colocando por cima da massa as uvas reservadas, espalhando-as uniformemente. Polvilhar as uvas com uma mistura feita com 1 xícara cheia de açúcar com 1 colher de sopa de canela. Levar a forma para assar em forno quente pré-aquecido nos 10 primeiros minutos e depois em forno moderado. Estando fria, desenformar a torta e servir com creme *chantilly* ou sorvete de creme.

Sobremesas e Confeitaria 453 *Cozinha Judaica*

Baklava

(DOCE ORIENTAL FOLHADO)
RENDE 40 A 50 DOCES

O *Baklava* é um doce do Oriente Médio, cuja receita consta de qualquer livro de culinária grega ou do Oriente Médio. Existem as mais diversas receitas de *Baklava*, e nenhuma é de todo judaica, embora os judeus, por terem se tornado grandes apreciadores dessa iguaria, costumem associá-la a celebrações especiais. Nas comunidades sepharadim, em geral o *Baklava* está presente em *bar-mitzvás* e casamentos, o que também se observa entre os muçulmanos que, além de casamentos, preparam o doce para o *Ramadã*, quando é comido principalmente após o jejum. Quando o *Baklava* é feito com pistache, é considerado o mais fino, embora haja outras variações igualmente bem aceitas em que se misturam nozes com amêndoas, como é o caso de algumas versões libanesas. Um detalhe da maior importância na confecção do *Baklava* é a massa *Phillo*, um legado do mundo otomano, com o qual se fazem os mais deliciosos doces e tortas folhadas. Facilmente encontrada em mercados gregos e panificações orientais, enobrece inúmeras preparações. Existe um tipo padrão, que mede 30 x 25 cm, contendo cerca de 20 folhas e pesa 500 g. A qualidade da massa conta muitos pontos no resultado final desta iguaria, pois, se bem-feita, possui uma delicadeza ímpar, fina como uma folha de papel, e que, depois do doce assado, fica crocante ao mesmo tempo que se desmancha na boca.

- *500 g de mistura de pistaches, nozes e amêndoas*
- *3 colheres de sopa de açúcar de confeiteiro*
- *175 g de manteiga sem sal*
- *1/2 xícara de óleo de girassol*
- *500 g de massa* Phillo

PARA A CALDA

- *500 g de açúcar*
- *1 xícara de água*
- *suco de 1/2 limão*
- *2 colheres de sopa de água de flor de laranjeira*

Moer os frutos secos com 3 colheres de sopa de açúcar. À parte, derreter a manteiga com o óleo em banho-maria numa caçarola. Colocar na mistura dos frutos secos cerca de 4 colheres de sopa da manteiga derretida e mexer bem. Untar uma forma (com cerca de 30 cm de comprimento) e colocar a massa *Phillo*, uma folha de cada vez, bem aderente à forma, pincelando-as generosamente com a manteiga derretida com óleo. Salpicar em toda a extensão a mistura de frutos secos sobre as folhas de massa *Phillo* e cobrir com o restante da massa, pincelando com o restante da manteiga derretida. Com uma faca afiada, cortar pequenos losangos no sentido diagonal. Colocar a assadeira no forno previamente aquecido a 180°C, por cerca de 1 hora ou um pouco mais, até o doce começar a dourar. Enquanto a preparação está no forno, fazer a calda, fervendo os ingredientes por cerca de 10 minutos. Retirar o *Baklava* do forno, deixar esfriar por 5 minutos e cobrir com a calda, principalmente deixando penetrar nas inserções. Levar novamente ao forno por apenas 5 minutos, com a temperatura a 350°C. Retirar e servir frio.

Pequena História Sobre o Baklava

(CONTO POPULAR SEPHARADE)

Um cristão, um judeu e um muçulmano foram juntos para Istambul a fim de tentar a sorte. O tempo passou, e eles quiseram dormir. Estava muito frio, e no caminho encontraram uma moeda. Depois de longa discussão, decidiram que a gastariam comprando um Baklava. *Porém, a moeda só permitia comprar um único doce. Depois de comprá-lo, os três concordaram em guardá-lo até a manhã seguinte e decidiram que aquele que tivesse tido o sonho mais bonito comeria o doce.*

No meio da noite, o judeu sentiu fome e sem conseguir conciliar o sono, começou a dar voltas no recinto. Ocorreu-lhe acordar os amigos para conversar, porém estes dormiam profundamente. Desanimado com a ideia, voltou a deitar-se. Remexendo-se na cama e sem conseguir dormir, finalmente se levantou e deu uma pequena mordida no Baklava. *Logo em seguida, retornou à cama esperançoso em pegar no sono. Porém o sono não chegava. Levantando-se mais uma vez, deu mais uma volta e mordiscou o* Baklava, *até que por fim terminou com o doce. Não havia pois mais* Baklava, *e uma vez terminado, finalmente o judeu adormeceu.*

Na manhã seguinte os homens despertaram surpresos pelo fato de o Baklava *ter desaparecido.*

— Por onde andará o Baklava? *— perguntaram o cristão e o muçulmano, procurando por toda a habitação.*

O judeu, por sua vez, também o fazia como se o estivesse procurando. Por fim, no final os homens dirigiram-se a um café onde tomaram sua pequena refeição matutina. Numa conversa que surgiu entre eles e outros que ali estavam, os homens relataram a história de como haviam encontrado a moeda e comprado o Baklava *com o intuito de dar a quem tivesse tido o sonho mais bonito.*

Ao ouvirem a história todos no café afirmaram que desejavam, após ouvir o sonho de cada um, decidir quem teria o mais belo deles, e por conseguinte comprariam um novo Baklava.

O primeiro a falar foi o cristão:

Sobremesas e Confeitaria · 456 · *Cozinha Judaica*

– Sonhei que Jesus me havia levado a Nazaré, e quando lá chegamos, todos os santos estavam ali para nos receber. Nesse momento, Jesus me mostrou as portas do paraíso. Existe algum sonho mais belo do que este?

Em seguida contou o muçulmano:

– Sonhei que o profeta Maomé me apareceu e me levou até a Cidade Santa, Meca. No sonho víamos todos os hajji passeando ao redor da Ka'aba e pudemos nos aproximar da Vida Eterna. O que pode haver de mais belo do que esse sonho?

Finalmente chegou a vez do judeu:

– Bem, amigos, o meu sonho foi diferente do vosso. Não tive a sorte de ver o jardim do Éden, mas Moisés, o nosso mestre, apareceu e me disse: "Suleiman está com seu mestre Maomé, em Meca; George está com seu mestre, Jesus, em Nazaré. Quem pode afirmar se eles irão retornar?" E aconselhou-me a comer o Baklava.

– Você o comeu? – perguntaram ansiosamente.

– Quem sou eu para desobedecer a Moisés, nosso mestre? – contestou o judeu.

Bolo de Açúcar Mascavo, Canela e Nozes para o Shabat

RENDE 6 A 8 PORÇÕES

No dia do *Shabat*, entre o almoço e a última refeição ou "terceira refeição" (*sendá shlishit*, em hebraico), costumam-se preparar alguns alimentos para o lanche da tarde que também é apropriado para se entreterem amigos e visitas costumeiras. Este é um delicioso bolo para esta ocasião.

- *1/2 xícara de açúcar mascavo peneirado*
- *1/2 colher de sopa de canela em pó*
- *1 xícara de nozes picadas*
- *2 xícaras de farinha de trigo*
- *1 colher de chá de fermento em pó*
- *1 colher de chá de bicarbonato de sódio*
- *1 pitada de sal*
- *8 colheres de sopa de manteiga ou margarina em temperatura ambiente*
- *1 xícara de açúcar*
- *2 ovos*
- *1 xícara de creme de leite*

Reservar uma assadeira de 25 cm de diâmetro, em que se untou com manteiga e se polvilhou com farinha de trigo. Misturar o açúcar mascavo, a canela e as nozes picadas e reservar também para se colocar no topo do bolo. À parte peneirar a farinha junto com o fermento e o bicarbonato e o sal. Em outra tigela bater a manteiga com o açúcar, juntar

Sobremesas e Confeitaria 458 *Cozinha Judaica*

as gemas e o creme de leite. Adicionar os ingredientes secos, misturar bem e por último as claras em neve batidas em separado. Colocar a metade da mistura na forma, salpicar metade da mistura de açúcar mascavo, canela e nozes. Cobrir com a outra metade da massa e por cima o restante da mistura de açúcar mascavo e nozes. Levar para assar em forno moderado por cerca de 45 minutos.

Pão de Ló de Pessach

RENDE 6 A 8 PORÇÕES

- *6 ovos*
- *1/2 copo de óleo*
- *1 copo de açúcar*
- *1 colher de café de sal*
- *casca ralada de 1 limão*
- *1 copo de suco de laranja*
- *1 1/2 copo de farinha de* Matzá

Bater as claras em neve e aos poucos juntar o açúcar. Acrescentar as gemas, bater e juntar a farinha de *Matzá* alternando com o suco de laranja misturado com o óleo. Mexer delicadamente para diluir possíveis grumos e por fim acrescentar o sal e a raspa de limão, terminando de misturar. Levar ao forno moderado em assadeira ou forma de bolo untados e polvilhados com farinha de *Matzá*, deixando assar até corar.

Sobremesas e Confeitaria · *Cozinha Judaica*

PARTE IV

Glossário

ABRAÃO – termo do hebraico *Avraham*, primeiro dos patriarcas dos hebreus e fundador do monoteísmo. Teria vivido em 1850 a.C.

ADAFINA – cozido de origem sepharade que se come no *Shabat*.

ADEI-LO-IADA – termo aramaico que significa até que ele não saiba. No Estado de Israel é um festival carnavalesco, com desfiles pelas ruas, e que acontece na festividade do *Purim*.

AGADÁ – termo aramaico para história. Acervo de conhecimentos e tradições rabínicas sobre ética, teologia, história, folclore e lendas.

ANTISSEMITISMO – preconceito contra os judeus através dos tempos, desde a era pré--cristã até a moderna perseguição política.

ARAMAICO – língua semítica que atingiu os anos 300 a.C. a 560 d.C., usada inclusive por Jesus em suas pregações. Na Antiguidade era falada em todo o Oriente Próximo, tendo se tornado parte integrante da cultura linguística judaica. Em muitas comunidades judaicas, o documento de casamento (ver *Ketubá*) ainda é escrito em aramaico.

ÁREA DE ESTABELECIMENTO – área de segregação onde no final do século XIX moravam perto de cinco milhões de judeus, vivendo sobretudo em pequenas aldeias (ver *Shtetl*) onde falavam iídiche.

ASHKENAZIM – termo originário de *Ashkenaz* (Alemanha). Originalmente judeus de ascendência alemã, envolvendo uso de diferentes dialetos do iídiche como língua franco-judaica, e diferentes rituais, costumes, liturgia, métodos de estudo e pronúncia do hebraico, diferenciando esses judeus de seus correligionários sepharadim e das comunidades judaico-orientais.

AUTOS DE FÉ – expressão dada para as execuções públicas feitas na forma de espetáculos públicos, no tempo da Inquisição na Espanha e Portugal e da qual muitos judeus foram vítimas, sendo queimados vivos na estaca.

BAR-MITZVÁ – admissão do menino na comunidade judaica ao completar 13 anos. Maioridade religiosa. Cerimônia de confirmação quando o jovem judeu é recebido na comunidade dos homens, ficando sujeito às obrigações da lei judaica. Em hebraico, filho do mandamento.

BAT-MITZVÁ – em hebraico, filha do mandamento. Acontece na vida de uma menina aos 12 anos, quando é considerada uma mulher adulta que deve cumprir os mandamentos judaicos.

CABALA – termo hebraico para tradição. Sistema de magia e pensamento místico popular entre os judeus na Baixa Idade Média. Ensinamentos esotéricos que começaram a surgir no sul da França e na Espanha no século XIII. Como o misticismo judeu é tão velho como o povo israelita, mesmo antes de Cristo circulavam entre os judeus interpretações secretas da história da criação no Gênesis e nos capítulos I e X de Ezequiel. No livro *Sefer Yesira* – O Livro da Criação, místicos atribuíam sua autoria a Abraão e Deus. O livro ensinava que a criação tinha sido efetuada pela mediação de dez *sefirot* – números ou princípios.

CHALLAH – pão trançado que se come habitualmente no *Shabat* e nos feriados judaicos. No Ano-Novo judaico muda de forma e passa a ser arredondado.

CHAMETZ – termo hebraico para fermento. O *Chametz* simboliza a "levedura que cresceu" no homem, o egoísmo e a arrogância do homem centrado em si mesmo, que o separam de Deus. Durante a festa de *Pessach* é proibido comer, ou mesmo possuir qualquer fermento.

CHANUKÁ – Festa das Luzes pós-bíblica que começa em 25 de *Kislev*, normalmente meados de dezembro.

CHAROSSET – alimento simbólico usado durante o *Seder* ou refeição de *Pessach*.

CHASSID – Termo hebraico equivalente a beato. Adepto do chassidismo, movimento místico religioso, com uma nova liturgia e mudanças no ritual.

CHASSÍDICO – movimento judaico que começou em meados do século XVIII na Polônia. No início uma religião de protesto, depois uma ortodoxia institucionalizada. Hoje, uma grande e importante força conservadora que se opõe às introduções da modernidade na vida judaica tradicional.

CHAZAN – termo hebraico para cantor. Funcionário da sinagoga que conduz as orações.

CHOLENT – cozido ashkenaze semelhante à *Adafina* que se come no *Shabat*.

CHUPÁ – termo hebraico para dossel, pálio.

CIRCUNCISÃO – ato cirúrgico ou ritual religioso de iniciação, que consiste no corte do prepúcio. De acordo com as injunções da Bíblia, um menino deve ser circuncidado no oitavo dia de vida.

DECÁLOGO – Os Dez Mandamentos.

DIÁSPORA – termo genérico do grego para a dispersão dos judeus no decorrer dos séculos e para os que nela vivem fora do Estado de Israel. A diáspora começou ao fim do período do Segundo Templo, quando surgiram grandes centros judaicos na Babilônia,

Alexandria, Roma e todo o mundo greco-romano. Na diáspora os judeus adquiriram características de muitos povos em cujo seio habitavam.

ELIAS, CADEIRA DE – cadeira vazia usada no ritual da circuncisão que se acredita ser ocupada pelo profeta Elias.

ESTRELA-DE-DAVI – distintivo judaico. Em hebraico, *maguen David*. Estrela de seis pontas, ou hexagrama, formada pela união de dois triângulos equiláteros entrelaçados e superpostos. Também estrela de seis pontas em tecido amarelo sobre fundo preto, com o tamanho da palma de uma mão com a inscrição *Jude*, que foi criada para que o judeu pudesse ser reconhecido de longe, introduzida pelos nazistas em todo o *Reich* sob o jugo de Hitler, de 1939 a 1945, sendo os judeus obrigados a ostentá-la, aplicada na roupa. Além de um estigma, passou a ser um passaporte para a câmara de gás do leste, em direção a Birkenau-Auschwitz, Treblinka e Majdanek.

ETROG – fruta cítrica do Oriente Médio que se assemelha à cidra e que faz parte da festa do *Sukot*.

ÊXODO – para os judeus, saída do Egito. A milagrosa história da redenção dos judeus da escravidão do Egito e de sua peregrinação no deserto.

FALAFEL – mistura de grão-de-bico e vegetais em forma de bolinhas que se comem fritas.

FARFEL – massa muito apreciada no cardápio judaico feita na forma de pequenos pedacinhos quadrados.

GENTIO – termo para um não judeu. Em hebraico, *goi*.

GUET – documento de divórcio.

GUEMARA – decisões que complementam a *Mishná* e formam parte do Talmud.

GEFILTE FISH – mistura de peixe, pão ou *Matzá* e ovos que se transforma em bolas ovaladas cozidas em caldo.

GUETO – termo do italiano *guetto*, originário do hebreu *ghet*, que significa divórcio, segregação. No começo de 1500, junto com a emigração de judeu-italianos do sul e o grande influxo de judeus sepharadim, simultaneamente chegaram à Itália judeus ashkenazim. A súbita onda de pessoas causou uma superpopulação em muitas cidades e trouxe a instituição da segregação. Em 1516, o primeiro *guetto* de cerca de 700 judeus estabeleceu-se em Veneza numa parte isolada da cidade. Em 1555, durante o reinado do papa Paulo IV, os guetos estavam estabelecidos por toda a Itália, e a vida dos judeus drasticamente restrita em bairros onde os judeus eram obrigados a viver em grande pobreza e terríveis condições dentro de um lugar superpopuloso, com grandes limitações de espaço. Na Idade Média afirma-se que esta segregação era forçada ou voluntária. Em Portugal e na Espanha, a partir do século XVI, a vida do judeu no gueto era obrigatória. Na Alemanha, a denominação preferida foi *Judengasse*. Nos territórios papais da França era corrente o termo Carrière.

HAGADÁ – termo hebraico que se refere à história do *Pessach*. O texto da *Hagadá* é lido no *Seder*, durante a refeição familiar.

HAKITIA – dialeto hispano-judeu-marroquino.

HALACHA – tradição legalística do judaísmo, que se confronta com a teologia, a ética e o folclore da Hagadá.

HAMAN – vilão do Livro de Ester e que faz parte da festividade do *Purim*.

HAMANTASHEN – doces triangulares consumidos na festa de *Chanuká*.

HEBRAICO – língua semítica, para os judeus é a língua sagrada, com a qual Deus criou o mundo. De acordo com uma tradição rabínica, todos falavam o hebraico, até que a única língua do mundo dividiu-se em setenta línguas, após a construção da torre de Babel (Gênesis 11).

HEBREU – termo do radical judaico *ivri*, que originalmente significa talvez uma pessoa "da outra margem do rio Jordão ou Eufrates". Esse termo deveria aplicar-se propriamente só aos judeus antes do cativeiro babilônico (586 a.C.). Depois dessa época, o termo judeu (de Judá) tornou-se de uso comum.

HOLOCAUSTO – assassinato em massa dos judeus. Culminação do processo de antissemitismo nazista, com a morte de seis milhões de judeus.

HUEVOS HAMINADOS – ovos cozidos com casca que os sepharadim preparam principalmente para servir com a *Adafina* no dia do *Shabat* e em outras ocasiões.

INQUISIÇÃO – termo do latim *inquisitio*. Busca, indagação. Designação de um tribunal eclesiástico vigente na Idade Média e começos dos tempos modernos, que julgava os hereges e as pessoas suspeitas de heterodoxia, em relação ao cristianismo. Sua pujança apresentou-se no século XIII, ainda que suas origens remontem ao século IV, quando a partir daí começou a perseguição àqueles que não aceitavam o credo católico, registrando-se numerosos casos de execuções de hereges na fogueira, e se não, eram condenados à morte, tendo seus bens confiscados. Neste particular, uma das maiores vítimas da Inquisição foram os judeus.

IOM KIPPUR – em hebraico, Dia da Expiação ou Dia do Perdão. É o dia mais sagrado do calendário judaico. Ocorre no décimo dia de *Tishri*, entre setembro e outubro. Os judeus penitenciam-se fazendo jejum.

ISRAEL – em hebraico, Campeão de Deus. O termo foi o nome dado ao reino do norte, após a morte de Salomão, onde habitavam as chamadas "dez tribos de Israel". As letras que compõem a palavra Israel em hebraico formam as iniciais dos três patriarcas e de suas esposas: **Y** – *Yitzac* – *Yaacob;* **S**, *Sarah;* **R**, *Rachel* – *Rivcah;* **A** – *Abraham;* **L** – *Lea*. Homenagem aos patriarcas e matriarcas do povo hebreu nos dias de hoje. Israel ou *Medinat Israel* é o nome do Estado judeu criado em 14 de maio de 1948.

ISRAELENSE – pertencente ou relativo ao Estado de Israel.

ISRAELITA – indivíduo do povo de Israel, dos israelitas. Relativo ou pertencente a esse povo.

JUDAÍSMO CONSERVADOR – expressão utilizada nos Estados Unidos, para o culto judaico, que modifica a lei para atender às necessidades modernas, ao mesmo tempo que evita as abundantes mudanças que ocorrem no judaísmo reformista. É atualmente o movimento religioso mais vital no povo de Israel, embora o centro desse movimento seja nos Estados Unidos, onde ele cativou, com ênfase nos judeus de classe média oriundos da Europa Oriental.

JUDAÍSMO ORTODOXO – expressão utilizada para definir o judaísmo rigoroso que segue todos os preceitos da religião judaica. Mais do que um credo, é um sistema de vida. Por estar afinado com um mundo que está desaparecendo rapidamente, para alguns se afigura condenado, embora ora subsista.

JUDAÍSMO REFORMISTA – culto judaico que modifica a lei para atender às necessidades modernas. Iniciou-se como um movimento para reformar apenas o ritual da sinagoga, tendo no final refundido totalmente o caráter da religião. O judaísmo reformista aboliu muitas observâncias rituais. O movimento floresceu na América e chegou a lançar suas ramificações na Inglaterra, na França e em outros países.

JUDEIA – parte da Palestina entre o mar Morto e o Mediterrâneo, constituindo o reino de Judá ou toda a Palestina.

JUDEU – termo do latim *judaeus*, o qual por sua vez deriva do gentílico hebreu *yehudhi*, e que significa pertencente à tribo e posteriormente ao Estado de Judá. Em iídiche, *id*. Este termo, entretanto, foi aplicado unicamente às populações que viveram no sul da Palestina, depois do cativeiro na Babilônia (538 a.C.). Todo aquele natural da Judeia (reino de Judá) ou que descende dos habitantes daquele país. Esta denominação foi dada aos descendentes do patriarca Abraão. Tradicionalmente define-se um judeu como alguém

que tenha nascido de mãe judia, ou que tenha se convertido ao judaísmo. Não obstante, tem havido movimentos dentro do judaísmo reformista para que também se considere como tal quem tenha nascido de pai judeu e mãe gentia.

KABALAT SHABAT – em hebraico, recebimento do *Shabat*. Liturgia para a inauguração do *Shabat*, que se recita no anoitecer de sexta-feira, antes do pôr do sol.

KADISH – oração em aramaico recitada pelo *chazan* para assinalar o fim de uma liturgia, e pelos cultuantes, após a morte de um parente.

KAPAROT – costume que data de tempos medievais, de se matar um galo ou galinha antes do *Iom Kippur*, como expiação. Em relação a esse termo hebraico, em iídiche, costuma-se dizer a respeito de um acontecimento ruim: "Que isso seja *Oif Kapures*", isto é, que "isto seja uma expiação". Nesse ritual, enquanto se recitam versículos e outras preces, giram-se os galos ou galinhas sobre a cabeça pedindo a Deus que a má sorte seja destinada à ave. Costuma-se doar as aves para os pobres ou o seu valor para a caridade.

KASHER – alimento apropriado para consumo de acordo com os princípios judaicos.

KASHERIZAR – tornar o alimento apropriado para o consumo.

KASHRUT – termo hebraico para princípios judaicos fundamentais, que provêm das leis da *Torá*, que regem a alimentação.

KETUBÁ – termo hebraico para documento. Contrato de casamento judaico assinado pelo noivo antes da cerimônia.

KIBBUTZ – assentamento judaico normalmente dedicado à agricultura, em que a comunidade é comum a todos.

KIDDUSH – cerimônia que recita orações e bênçãos sobre uma taça de vinho no começo do *Shabat* e das festas, e de novo ao fim do serviço matutino, antes do almoço.

KOSHER – termo ashkenaze da palavra hebraica *Kasher*, isto é, apropriado. Termo genérico para qualificar o alimento que é permitido comer, segundo as leis dietéticas judaicas.

KUGEL – bolo feito de macarrão, *Matzá*, batata ou pão.

LADINO – língua judeu-espanhola que se desenvolveu entre os judeus exilados da Espanha.

LATKES – panqueca de batata ralada frita em óleo.

LULAV – folha de palmeira que é usada na festa de *Sukot* com o *Etrog*.

MANÁ – alimento milagroso em forma de orvalho que veio como "pão do céu" de acordo com o Êxodo 16:4.

MAROR – termo hebraico para ervas amargas, ingeridas durante o *Seder* de *Pessach* (geralmente raiz-forte ou alface) como lembrança da amarga escravidão dos judeus no Egito.

MARRANO – denominação injuriosa para os judeus secretos, descendentes de judeu-espanhóis e portugueses convertidos ao cristianismo à força. O termo significa suíno. A Inquisição perseguia os marranos sobre os quais pairasse a menor suspeita de serem judaizantes.

MATZÁ – ou pão ázimo, também chamado pão da aflição. Consiste em placa fina, que não foi fermentada, feita de farinha e água. É o símbolo da Páscoa judaica que se come no *Pessach* por oito dias. Pão comido pelos pobres e pelos escravos judeus.

MAZAL – sorte.

MENORÁ – termo hebraico para candelabro. Simboliza a sabedoria divina, sendo a *Torá* comparada à luz. Candelabro de sete braços usado no Templo. Candelabro de oito braços, usado no *Chanuká*.

MESSIAS – libertador do povo judeu no Antigo Testamento. No Novo Testamento o título é aplicado a Jesus. Em hebraico, *mashiach*, que significa ungido.

MIDRASH – em hebraico, busca, procura. Método de interpretação bíblica no qual o texto é explicado de forma diferente de seu significado literal.

MINIAN – termo hebraico significando contagem. *Qyorum* de dez judeus do sexo masculino com mais de treze anos de idade, e que constitui um número mínimo necessário para atos públicos de culto, assim como para a leitura da *Torá*.

MISHNÁ – repetição. Código de leis civis e religiosas compilado mais ou menos em 200 a.C. A mais antiga das obras remanescentes da literatura rabínica.

MITSVÁ – termo hebraico para a palavra mandamento (plural, *mitsvot*). Refere-se a qualquer boa ação. Na *Torá* há 613 mandamentos cujo propósito é aprimorar a natureza do homem disciplinando-o a seguir Deus, e não seus próprios desejos.

MOHEL – aquele que faz a circuncisão.

MOISÉS – o maior dos profetas para o judaísmo.

PAREVEH – termo hebraico que significa neutro. Em iídiche, *parve*. Refere-se ao alimento classificado pelas leis dietéticas como não sendo nem carne nem leite, como por exemplo, peixe, ovos e vegetais.

PESSACH – passagem. Festividade que se inicia em 14 de *Nissan* geralmente em abril, perdurando por oito dias. Nos tempos bíblicos era chamada Festa do Pão Ázimo. Festeja a liberdade dos judeus e é comemorada com o *Seder*, refeição ritual no lar na primeira noite da festividade.

POGROM – termo russo usado especificamente para ataques a judeus ou bairros judeus de cidades ou aldeias. Os *pogroms* constituíram parte muito frequente da experiência judaica na Europa Oriental do período pré-nazista. Porém o termo foi largamente usado no governo czarista.

PURIM – termo hebraico que significa lançar a sorte. Refere-se a festividades que se se iniciam em 14 de *Adar*, e comemora a história do Livro de Ester.

RABBI – termo hebraico que equivale a meu mestre. Rabino. Originalmente o título era dado com veneração a quem ensinava a lei. Doutor em leis judaicas. Mais tarde passou a indicar o chefe espiritual numa sinagoga. Em iídiche é chamado *Rebbe*.

ROSH HASHANÁ – festividade que comemora o Ano-Novo judaico. O feriado ocorre no primeiro dia de *Tishri*, geralmente no final de setembro ou no início de outubro. Uma grande refeição festiva é preparada com diversos pratos simbólicos e uma liberação de alimentos doces.

SCHNORER – termo iídiche para mendigo. Herói no folclore judaico.

SEDER – termo hebraico para ordem. Refeição ritual do *Pessach*.

SEFIROT – em número de dez, são mencionadas como estruturas divinas, através das quais o mundo emergiu, defendido por alguns cabalistas. O estudo das *Sefirot* atinge sua expressão máxima no Zohar.

SEPHARADIM – judeus emigrados e expulsos da Península Ibérica de 1391 a 1492. Judeus de origem espanhola e portuguesa que se espalharam pelo norte da África, Império Otomano, parte da América do Sul, Itália e Holanda, após sua expulsão da Península Ibérica.

SHABAT – termo hebraico para o dia de descanso obrigatório, seguindo o quarto mandamento em que nenhum trabalho deve ser feito.

SHADCHAN – termo aramaico para casamenteiro.

SHALOM – termo hebraico para paz. Emprega-se como cumprimento.

SHAVUOT – termo hebraico que significa Pentecostes, literalmente semanas. É a festa da colheita e cai nos dias 6 e 7 de *Sivan*.

SHECHITÁ – termo hebraico para abate, matança. Método de abate ritual de animais e aves, segundo os preceitos da religião e do *Kashrut*.

SHOFAR – chifre de carneiro de uso litúrgico. Antigo instrumento de sopro.

SHOCHET – profissional preparado para a *shechitá*, ou abate.

SHTETL – termo iídiche que significa aldeia. Pequena comunidade provinciana de judeus na Europa Oriental, ou seja, Rússia, Polônia, Lituânia e parte leste do Império Austro--Húngaro. A maioria dos judeus que viviam na Área de Estabelecimento habitavam essas pequenas cidadezinhas que possuíam uma feição quase que totalmente judaica.

SINAGOGA – em hebraico, *bet Knesset*, e em iídiche, *Shul*. Casa de oração e de estudo. Organização religioso-judaica ou sede dessa organização.

SUFGANIYOT – doce semelhante a um sonho que leva recheio.

SUKA – cabana construída na festa de *Sukot*. Em hebraico, tabernáculo.

SUKOT – festa da colheita que dura sete dias. Começa em 15 de *Tishri* e comemora a generosidade de Deus na natureza, e sua proteção. É chamada Festa dos Tabernáculos.

TALIT – termo hebraico para manto. Xale de orações adornado com *tsitsit* em seus quatro cantos, usado pelos homens em suas orações matinais e na sinagoga.

TALMUD – corpos da lei compostos por escribas e rabinos que já existiam na Palestina e Babilônia, no Templo ou nas sinagogas e nas escolas. O termo Talmud significa estudo. A obra mais importante da *Torá Oral*, editada sob a forma de um longo comentário em aramaico sobre seções da *Mishná*.

TAREFÁ – termo para qualquer alimento não *Kasher*. Em iídiche, *Treyf*.

TIFILIN – termo hebraico para objetos de oração ou ornamentos que os judeus aplicam na fronte e nos braços. Filactérios ou pequenas caixas de couro presas ao braço ou à fronte durante a reza.

TORÁ – termo hebraico que equivale a ensinamento. É sinônimo da lei judaica, de todo o saber judaico ou da cultura em geral. É especificamente aplicado aos Cinco Livros de Moisés ou Pentateuco. O mesmo que rolos com esses escritos. Por inserir toda a tradição judaica, os rabinos consideravam ser tarefa sua estudar e ensinar a *Torá*. É na arca sagrada que são guardados os rolos da *Torá*, um armário que existe em todas as sinagogas, e que fica próximo de Jerusalém.

TORÁ ORAL – tradições orais do judaísmo recebidas por Moisés durante os quarenta dias e noites que passou no monte Sinai. Originalmente não era permitido registrar por escrito a *Torá Oral*, podendo apenas ser memorizada pelos mestres e transmitida a seus discípulos. A proibição terminou com a perseguição romana aos judeus que ameaçou exterminar os sábios.

VELHO TESTAMENTO – denominação de origem cristã para o que compreende 24 livros, segundo o cânon rabínico. Os judeus sempre tiveram outras denominações para essa coleção de documentos: *Kiswe Há-Kodish* ou Escrituras Sagradas; *Tanaka* (combinação de *Torah*, *Nebi lm* e *Ketubim* – Lei, Profetas, Escrituras).

YESHIVAH – escola rabínica.

ZOHAR – principal obra da cabala, escrita com um *midrash* da Bíblia em aramaico. O *Zohar* descreve a realidade esotérica subjacente na experiência cotidiana. O *Zohar* existe desde o século II, mas o texto só foi publicado no século XIII.

PARTE V

Bibliografia

ALFIE, Elisa & DEISERNIA, Cristina. *La Cocina Judia y Todos Sus Secretos.* Buenos Aires: Mega Livros Editores, 1999.

ALGRANTI, Marcia. *Pequeno dicionário da gula.* Rio de Janeiro: Editora Record, 2000.

BEEH, Günter; TRUTTER, Marion; FERRABEN, Peter; OITTER, Michael. *Culinária Spain.* Colonia: Könemann, 1999.

BENTES, Abraham Ramiro. *Os sefardim e a Hakitia.* Rio de Janeiro: União Israelita Shcl Guemelut Hadissim, 1981.

BORGER, Hans. *Uma história do povo judeu,* volume I. São Paulo: Editora & Livraria Sêfer Ltda., 1999.

BOTTOMORE, Tom & OUTHWAITE, William. *Dicionário do pensamento social do século XX,* Rio de Janeiro: Jorge Zahar Editor, 1996.

BROWNE, Lewis. *A sabedoria de Israel.* Rio de Janeiro: Irmãos Pongetti Editores, 1947.

BURDETT, Helen. *Jewich Cooking.* Nova Jersey: Crescent Books, 1993.

CALVOCORESSI, Peter. *Quem é quem na Bíblia.* Rio de Janeiro: José Olympio Editora, 1987.

CASTELLÓ, Elena Romero & KAPSON, Uriel Macías. *The Jews and Europe – 2000 Years of History.* Nova Jersey: Book Sales, 1994.

CHASSMAN, Gari; DANFORT, Randi; FEIRABEN, Peter. *The United States – A Culinary Discovery.* Nova York: Konemann, 1998.

COHEN, Elizabeth Wolf. *New Jewich Cooking.* Londres: Quintet Books, 2000.

CRESLER, Janet & KlNARD, Malvina. *Loaves & Fishes – Foods From Bible Times.* Connecticut: Keats Publishing Inc, 1975.

DOLEZALOVÁ, Jana & KREKULOVÁ, Alena. *The Jewich Kitchen*. Nova Jersey: Chartwell Books Inc, 1996.

DUBNOW, Simon. *História judaica*. Rio de Janeiro: Livraria S. Cohen, 1948.

DURANT, Will. *História da civilização – judaísmo*. Rio de Janeiro: Editora Record, 1983.

EDWARDS, Jonathan A.M. e EDWARDS, Trijon D. D. *The New Dictionary of Thoughts*. Nova York: Standard Book Company, 1995.

FAUSTO, Boris. *Fazer a América*. São Paulo: Editora da Universidade de São Paulo, 2000.

FLANDRIN, Jean Louis & MONTANAIRE, Maximiliano. *História da alimentação*. São Paulo: Estação Liberdade Ltda., 1998.

FOX, Robin Lane. *Bíblia, verdade e ficção*. São Paulo: Companhia das Letras, 1996.

FRANK, Otto H., PRESSLER & PRESSLER, Mirjan. *O Diário de Anne Frank*. Rio de Janeiro: Editora Record, 2001.

GANOR, Avi & MAIBERG, Ron. *O sabor de Israel – um banquete mediterrâneo*. Londres: Multimídia Books Limited, 1990.

GOLD, Michael. *Judeus sem dinheiro*. Rio de Janeiro: Editora Record, 1958.

GOLDBERG, David J. & RANGER, John D. *Os judeus e o judaísmo*. Rio de Janeiro: Xenon Editora e Produtora Cultural Ltda., 1989.

GOLDSTEIN, Joyce. *Cucina Ebraica.Flavors of the Italian Jewich Kitchen*. São Francisco: Chronicle Books, 1998.

GRUPO ALYAH WISO. *Gostinho de saudade. Al Savor de Muestras Madres– Delicias da Cozinha Sefardi*. Rio de Janeiro, 1995.

HECK, Marina e BELLUZZO, Rosa. *Cozinha dos imigrantes – memórias e receitas*. São Paulo: Melhoramentos, 1998.

HERZL, Theodor (comentado por Scliar, Moacyr) . *O Estado judeu*. Rio de Janeiro: Garamond, 1998.

JOHNSON, Paul. *História dos judeus*. Rio de Janeiro: Editora Imago, 1995.

GAZETA MERCANTIL. *Bebidas, um novo filão de mercado*, 6/5/2000.

GAZETA MERCANTIL *(Negócios)*. *Produto especial atrai argentinos*, 30/03/2001.

LAQUEUR, Walter. *History of Zionism*. Nova York: Schocken Books, 1989.

LUSTIG, Oliver. *KZ. Dicionário do campo de concentração*. Rio de Janeiro: Editora Imago, 1991.

MAZALTOV, Jacob (Rabino). *Ritual de orações para o dia de Kipur conforme o rito Sepharade*, tomo II. São Paulo: Departamento Beneficente e Religioso Ahavá-Vahessed, sem data.

NATAKER, Henry; GAARDNER, Jostein; HELLERN, Victor. *O livro das religiões*. São Paulo: Companhia das Letras, 1989.

NATHAN, Joan. *The Food of Israel Today*. Nova York: Knopf Borsoi Books, 2001.

_____*The Jewish Holiday Kitchen*. Nova York: Schocken Books, 1998.

ORGANIZAÇÃO CHAVIVA REICH. *Nosso livro de receitas antigas e atuais (receitas judaicas)*. Rio de Janeiro, 1983.

ORTIZ, Elizabeth Lambert. *The Encyclopedia of Herbs, Spices & Flavoring*. Londres: Dorling Kindersley, 1992.

PERELLA, Angelo Sabatino e PERELLA, Myriam Castanheira. *História da confeitaria no mundo*. São Paulo: Editora Livro Pleno, 1999.

PEREZ, David José; AZULAY, Jomtob. *Ritual das orações de Iom Kipur*. União Israelita Shel Guemelut Hassadim: Rio de Janeiro, 1955.

PINTO, Mons. José Alberto L. de Castro e FIGUEIREDO, padre Antonio Pereira. *Bíblia Sagrada*. Rio de Janeiro: Edição Barsa, 1969.

RODEN, Claudia. *The book of Jewish food*. Alfred A. Knopf. New York. 1998.

ROHMANN, Cris. *O livro das ideias*. Rio de Janeiro: Editora Campus, 1999.

ROSE, Evelyn. *The New Jewish Cuisine*. Londres: MacMillan Publishers Limited, 1985.

ROTH, Cecil. *Enciclopédia judaica*. Rio de Janeiro: Editora Tradição, 1967.

SCLIAR, Moacyr; FINZI, Patricia; TOKER, Eliahu. *Do Éden ao divã-humor judaico*. São Paulo: Editora Shalom Ltda., 1990.

SELDON, Philip. *O mais completo guia sobre vinho*. São Paulo: Editora Mandarim, 2001.

SOKOLOV, Raymond. *The Jewish American Kitchen*. Nova York: Wings Books, 1993.

STERNBERG, Rohcrt (rabino). *La Cocina Sepharade – La Riqueza Cultura de La Saludable Cocina de Los Judios Mediterrâneos*. Barcelona: Editorial Zendrera, 1996.

SZPICZLOWSKI, Ana; BATYTA, Dora Fraiman; MARKUS, Miriam Katzenstein; GRIMBLAT, Priscila Morcinas. *Festas judaicas*. São Paulo: Federação Israelita do Estado de São Paulo, 1974.

UTERMAN, Alan. *Dicionário judaico de lendas e tradições*. Rio de Janeiro: Jorge Zahar Editor, 1991.

VIANNA, Dario. *A saga dos doces*. *Gazeta Mercantil*. 24/25 de março de 2001.

WERLE, Loukie & COX, Jill. *Ingredientes*. Barcelona: Könemann, 2000.

WERNER, Laurie; WILLIAMS, Deborah; COHEN, Steven; FISHER, Simon; GREENBERG, Keth;

LOWNDES, Leil; MIDGETTE, Anne; RAD KAI, Marton. *Nelles Guide – New York – City and State.* Nova York: Nellew Verlag GmbH, 1997.

WOLF, Frieda & WOLF, Egon. *Participação e contribuição de judeus ao desenvolvimento do Brasil.* Rio de Janeiro: Editora Santuário, 1985.

ZELDIN, Theodore. *Os franceses.* Rio de Janeiro: Editora Record, 2000.

ZENFELL, Martha Ellen. *Insight Guide New York City.* Nova York: Apa Publications GmbH & Co., 2000.

Este livro foi composto na tipografia
Garamond, em corpo 13/22, e impresso em
papel off-set no Sistema Digital Instant Duplex
da Divisão Gráfica da Distribuidora Record.